U0128634

上海老画报

SHANGHAI LAOHUABAO

周利成 著

中国文史出版社

图书在版编目（CIP）数据

上海老画报 / 周利成著 . —北京：中国文史出版社，2022.11
ISBN 978-7-5205-3856-5

Ⅰ . ①上…　Ⅱ . ①周…　Ⅲ . ①画报 – 介绍 – 上海 – 近代 Ⅳ . ①G239.295

中国版本图书馆CIP数据核字（2022）第195019号

责任编辑：金　硕

出版发行：中国文史出版社
地　　址：北京市海淀区西八里庄路69号　　邮编：100142
电　　话：010 – 81136606 / 6602 / 6603 / 6642（发行部）
传　　真：010 – 81136655
印　　装：北京温林源印刷有限公司
经　　销：全国新华书店
开　　本：787mm × 1092mm　1/16
印　　张：18
字　　数：248千字
版　　次：2023年3月北京第1版
印　　次：2023年3月第1次印刷
定　　价：68.00元

文史版图书，版权所有，侵权必究。
文史版图书，印装有错误可与发行部联系退换。

序

画报是一种图文并茂记录历史真实事件的媒介形式，在时效性上比不上报纸，在深度上比不上古籍。虽然新中国成立前的画报多为私人出资创办，多数画报或半途夭折，或昙花一现，但它记录了从清末到新中国成立这段时期国内外政治、经济、科学、艺术、市井趣闻等诸多方面的内容。它不仅记录当下，而且昭示后世，堪称一部部各具特色的近现代史。尤其是它以图画记录历史的显著特色，让历史更加直观、生动、鲜活。这样丰富的内容、翔实的资料至今仍散存在全国各级各类图书馆、档案馆，以及民间收藏者手中，始终没有人进行专门系统的大规模的整理，没有哪家机构、学校或个人撰写过中国画报史，这不能不说是一件憾事。

天津市档案馆周利成同志从2000年开始收集、研究中国老画报，20多年来，往来于全国各地图书馆、档案馆，扫描复制了900余种画报，潜心研究，选取上海、天津、北京三地最典型的120余种画报，撰写24万余字，配发画报图片近200幅，完成了《北京老画报》《天津老画报》《上海老画报》三部作品。书中对每种画报的创刊日期、终刊时间、出版者、编辑人、出版地、纸质、印刷、装帧设计等均做了考证，对画报的办刊宗旨、风格特色、图文内容、社会价值、学术价值、研究价值、社会影响等均做了初步研究，还摘录了画报对历史事件、历史人物的记述。

时间跨度上至晚清，下至新中国成立，这60余年正是中国陷于风雨飘摇的危急动荡年代，外敌入侵、内乱频仍、民不聊生的年代，同时又是中华民族不屈不挠、英勇抗争、励精图治、争取独立与民主的年代。在如此纷繁多变的历史背景下产生的画报，自有其独特的政治价值、文化价值、历史价值、审美价值、艺术价值以及收藏价值。收录的120余种画报中，如北京的《丁丁画报》《美美画报》《戏世界》《晴雨画报》《星期画报》《霞光画报》，天津的《银镫画报》《醒狮画报》《天津乐报画报》《中南报星期六画报》《玲珑画报》《青春画报》《小快报》，以及上海的《春色图画半月刊》《歌星画报》《都会大观园》《咖啡味》等20余种画报，均为首次与世人见面。因此说，《北京老画报》《天津老画报》《上海老画报》不仅是图文并茂、弥足珍贵的历史文献，而且还填补了中国画报史研究的空白，是研究中国出版史、中国新闻史、中国近现代史的基础工具书。

衷心希望能有更多的学者投身中国的老画报研究，并使其在当代以至今后中华民族文化艺术的建设与发展中发挥服务与借鉴作用。

荣　华

天津市档案局（馆）原局（馆）长

目 录

综 述

什么是画报?《辞海》《简明不列颠百科全书》等权威工具书中并没有明确的定义。有人说画报是“以画为主、文字为辅的期刊。图与文谁主谁次，是画报区别于一般杂志的分水岭”，但如果读了《二五八画报》《三六九画报》《一四七画报》等“以文字为主、图画为辅的期刊”后，恐怕您就会产生疑问了。笔者通过20余年的苦心搜集，在全国各大图书馆、档案馆及旧书市场，共扫描复制中国老画报200余种，加以整理研究。笔者以最具代表性的北京、天津、上海三地老画报为例做一综述。

一、中国老画报的分期

中国的画报诞生于19世纪后期是研究者一致公认的。至于画报产生的原因，著名报人萨空了在1931年的《五十年来中国画报之三个时期》一文中已有明确的阐述:“中国之有画报，半系受外国画报之影响，半系受传奇小说前插图之影响，此应为一般人之所公认。”旧中国的画报大致应该分为五个时期。

1. 1875年至1884年的西人创办画报时期。这一时期有《小孩月报》《寰瀛画报》《图画新报》等。这些画报的共同点是多用雕刻铜版印制，创办人、绘画者都是西方人。其中，《小孩月报》1875年5

月创刊，创办人兼首任主编是美国传教士范约翰。初期由美华书馆印刷，清心书院发行。1881年5月改名《月报》，1914年1月又改名《开风报》，1915年12月停刊，历时40多年，是近代中国画报中历时较长的一家。该画报图文并茂，以儿童为对象，以介绍西方科学文化知识为主要内容。1877年6月6日创刊的《寰瀛画报》，由英国人作画，英国印刷，蔡尔康编译。以图画为主，介绍世界各国风情习俗，上海《申报》馆印行、装订、代售。

2. 1884年至辛亥革命的石印画报时期。这一时期最著名的画报当数《点石斋画报》，该画报创刊于1884年5月8日，旬刊，吴友如主编，前后出刊15年，被认为是“中国近百年很好的‘画史’”。它所刊登的4000余幅美术作品，记录了19世纪末资本主义列强侵华史实和中国人民抵御外侮的卓绝斗争，揭露了清朝封建政权的腐朽统治，反映了科学技术的进步和人民对美好生活的希望与追求。在表现形式上，《点石斋画报》既继承中国传统的技法，吸取了明清时期木刻版画艺术的特点，同时又采纳了西洋绘画中透视和人物解剖的优点，构图布局、人体结构都较合理。由于形式内容上新颖活泼，时代气息强，因而有着广泛的群众基础。《点石斋画报》的问世，开创了近代中国美术创作的新气象，它像一股清新的春风，使老态龙钟而庞大的传统枝干上冒出新绿；它虽处寒凝之中，却唤醒了象牙塔中作笔墨游戏的“国粹”文人墨客。

继《点石斋画报》后影响较大的石印画报有《飞影阁画报》《白话图画画报》《飞云阁画报》《图画演说报》《启蒙画报》《北京画报》《当日画报》《民呼画报》《醒世画报》等。画报刊载了大量的讽刺画、时事漫画和宣传画，真实地记录了这一时期的社会风俗和奇闻逸事，其无论是在内容还是形式上，都为民国大量画报的出现准备了条件，也为此后漫画、连环画、年画兴起奠定了基础。

3. 辛亥革命后至全面抗战爆发前的画报鼎盛时期。军阀割据的

“乱世”状态为民主政治提供了发展空间，政治环境的宽松使得思想言论趋于活跃，出现了春秋时期的“百家争鸣”文化繁荣。加之摄影技术在中国应用，石印画报逐渐被先进的铜版、锌版、影写版画报取代，画报进入全盛时期，其主要内容为时事、名人、戏曲、电影、曲艺、摄影、书画、体育、教育、文物、人体、名闺、名媛等。自从19世纪80年代以《点石斋画报》为先河的石印画报问世，直至20世纪初，虽偶有铜版图片出现报端，但中国的画报却一直沿用手绘图画，多带有个人主观成分，难以真实地还原现实。随着欧美报纸附设画刊之风的盛行，时在上海《时报》任职的戈公振，最先认识到新闻图片对报纸生存、发展的重要意义，遂于1920年6月9日创办时报《图画周刊》。该画报结束了中国画报的“石印时代”，开启“铜版时代”，以中国第一份报纸摄影附刊的身份，掀开了中国画报史上崭新的一页，被誉为“中国现代摄影第一画刊”。这一时期最著名的画报当数上海的《良友》画报和天津的《北洋画报》，这一时期出版的400余种画报形成了风格鲜明的两大类型。1926年2月15日在上海创刊的《良友》，除短期铜版印刷外，多为影写版印刷，最令人称道的是它新颖别致的图片排版，丝毫不落伍于当代的画报，前期24页，第50期篇幅增至42页，为“书册式画报”。画报详尽、真实地记录了近现代中国社会的发展、世界局势的动荡、中国军政学商各界之风云人物、社会风貌、文化艺术、戏剧电影、古迹名胜等，多角度、多侧面地再现了20世纪二三十年代的大千世界。它比同类型的美国著名的大型画报《生活》画报早10年，比苏联著名的大型画报《建设画报》早4年，稍晚于英国的《伦敦新闻画报》。它不仅是中国画报史上较早出版的深受读者欢迎的大型综合性画报，也是世界画报史中的巨擘，作为了解中国的窗口，世界各大图书馆竞相收藏，被称为“民国第一画报”。随之出现了《大众》《中华》《现代》《文华》《时代》等几十种模仿《良友》的大型画报。这些大都市的大画报引领时尚潮流，展现都市摩登，报道时事人物，紧扣时代脉搏，俨然一道文化艺术风景线。

1926年7月7日在天津创刊的《北洋画报》，铜版印刷，8开本道林纸，每期4版，为“报纸式画报”。内容包括时事、美术、科学、戏剧、电影、体育、风景名胜等方面的图片和文字，以图片为主，兼有文字，画报印刷精美，版面一直沿用不易翻版的蓝黑色调。之后出版的《天津商报画刊》《中华画报》《北京画报》《国剧画报》等，在编辑形式、版式设计上无不竞相模仿。

4. 抗日战争期间的画报低谷时期。抗战爆发后，各大城市相继沦陷，绝大多数画报被迫停刊，画报数量锐减，中国的画报从此进入低谷。这一时期的画报大致可分为四类：一是积极宣传抗日的进步画报，如《良友》号外《战事画报》、《中华图画杂志》号外《战时画报》等，尤其是1942年9月25日在上海创办的《联合画报》，对宣传抗战、报道世界各国抗击法西斯战争发挥过重要作用，成为中国记录八年抗战历史最为完整的图片新闻报刊，是中国广大民众了解世界战局、增强抗敌信心、树立必胜信念的宣传基地，曾被誉为“世界战场的瞭望台”“联合国奋斗的缩影”。二是为日伪政权摇旗呐喊的反动画报，如由日本人出资、汪精卫政权政客操办的《新中华画报》，就是站在日伪的立场，赤裸裸地为日本的侵略行径摇旗呐喊，大肆宣传汉奸褚民谊1941年2月5日“出使”日本任“大使”时的情景，露骨地宣称“中日外交成功”“日渐崩溃的英帝国”等言论，而“太平洋防御如铁壁”则公然炫耀在太平洋上的各种日军战舰和舰用飞机，1941年3月30日，汪伪政府“庆祝还都”一周年时，特别刊登了伪主席汪精卫的大幅照片。北平沦陷时期问世、抗战胜利前夕终刊的《三六九画报》，也因为生存于日伪的黑暗统治下，多有亲日言论，甚至“在画报的边边沿沿常见亲日标语”。三是纯艺术性画报，如北京的《立言画刊》，其戏剧内容占50%以上，多为第一手资料，深受读者青睐，为中国文化史、戏曲史提供了宝贵的资料。其后创刊的《梨园周刊》则更是纯粹的戏剧专刊。天津的《游艺画刊》从不涉及政治，从不为伪政权做任何宣传，“以发扬戏剧功能，评定艺术价值，提倡正当的娱乐”为办刊宗旨，其“杂耍版”刊登的大量曲艺理论知识、艺人生涯、曲目介绍和评论，更为民国曲艺史研究提供了丰富而翔实的资料。四是娱乐性画报，如炒作明星八卦新闻的《明星画报》，披露名伶、舞女私生活的《都会》《大观园》，多为低级趣味、庸俗不堪的内容。

5. 抗日战争胜利后至新中国成立的南方萧条、北方第二次热潮时期。抗战结束后，中国步入了物资奇缺、百物腾贵、物价飞涨的经济困难时期。画报出版业逐渐北移，出现了南冷北热的现象，但总体画报数量减少。这一时期的画报多采用劣质的纸张、粗糙的印刷技术；以文字为主，少有图片，更罕见彩色图片；多为寒酸的16开本小画报。这与抗战前图文并茂、印刷精美的8开大画报相比，真有天壤之别，有些画报虽名为画报，却是“以文字为主、图画为辅的杂志”，甚至出现了如《红皮画报》这样的没有图片的画报。但画报数量上的减少和形式上的不足，并不能埋没画报内容上的光芒，针砭时弊、抨击政府、揭露腐败、关注民生是画报的主题内容。这一时期的画报以天津《星期六画报》《新游艺画报》《霓裳画报》《小扬州画报》《扶风画报》，北平的《二五八画报》《一四七画报》等最具特色。“美国报载700吨原子弹可将全球炸毁，何妨一试，我们换个新世界看看！……美国原子弹震撼全球，苏联的紫外线威胁全国，而中国的风（涨风、贪风、打风、骂风、罢风）亦未尝不知名全世界！”这两句惊人之句出自《扶风画报》的创刊号。尽管这个短命的画报仅出刊3期，但无论是它的创刊词，还是它的“疯话”栏目，无不是对时政畅快淋漓的揭露和批判，无不表现出一种拯救中国、拯救世界的大气魄，无不对未来社会充满了信心，它不停地大声疾呼："我们要打碎这个无药可救的旧世界，建立一个新世界！"《星期六画报》的征稿启事中写道："我们有个天真的勇气，大胆的干劲，不怕死的精神，我们只有一个脑袋，谁愿给搬家，就请'尊驾您'下手。我们有嘴就说人话。读者们，来吧！'另外一页'是自由的园地，可以发泄您的怨气，给您做不平之鸣，欢迎各地读者赏稿，换换新的口味！"画报之所以敢这样不计后果地公然向执政党叫板，一是因为当时民愤极大，如火山爆发，势不可当；二是国民党政府将全部精力投入了内战之中，已经无暇顾及画报的过激言论。

二、中国老画报的分类

从内容上，可分为科普、综合、时事、艺术、专业、娱乐、低俗、敌伪等八类；从形式上，可分为报纸式和书册式两种。

（一）从内容上

1. 科普类。中国画报创办早期主要以启蒙民智、普及科学为宗旨，尤其是在晚清明初这类画报居多。如晚清的《启蒙画报》《浅说日日新闻画报》《北京醒世画报》《醒俗画报》等，民国的《儿童科学画报》《常识画报》《知识画报》《科学画报》等。这类画报多以图画为主，配以通俗易懂的文字，让不识字的人或识字不多的人也能一望而略知其义，对提高国人的文化修养、科学素质确实起到了一定的作用。

2. 综合类。综合类画报大多囊括了时事、历史、文艺、电影、戏剧、人体、书画、文物、摄影、游艺等诸多方面内容，具有信息量大、生命力强、在旧画报中占比例最大、社会影响大的特点。这类画报的主办者大多有较强的经济实力，拥有强大的编辑力量、庞大的作者群、遍布全国甚至世界多个国家的通讯队伍。一是报纸的附刊，如北京有《京报》的《图画周刊》、《世界日报》的《世界画报》等，天津有《天津民国日报》的《天津民国日报画刊》、《新天津报》的《新天津画报》等，上海有《时报》的《图画周刊》等；二是拥有强大的社会支持，如受奉系军阀资助的《北洋画报》等；三是具有运作成功的公司集团，如上海的《良友》等。

3. 时事类。时事类画报具有报纸政治性、时效性、纪实性的特点，用图片和文字报道最新发生的国内外重大事件，政客、名流的往来消息。这类画报多为报纸的附刊，以图片为主，文字为辅，作为文字报纸的补充和完善，更生动、形象，图片更为珍贵。如《新闻报图画附刊》《申报图画周刊》和《联合画报》等。

4. 艺术类。20世纪二三十年代主要作为娱乐消遣的画报，多以“倡导艺术、提高国人素养”为号召，书画、电影、戏剧、摄影、收藏、人体、雕刻、治印等艺术或多或少在各种画报中出现，更有专门介绍单项艺术的画报。这类画报多由书画团体、电影公司、戏剧学会等民间组织和艺术爱好者主办。如书画类的《湖社月刊》，摄影类的《摄影画报》，电影类的《电影月刊》《电影画报》等，戏剧类的《立言画刊》《戏世界》《梨园周刊》《国剧画报》等，人体类的《健美月刊》等。

5. 专业类。专业类画报多由国家机构或社会团体主办，如故宫博物院编辑出版的《故宫周刊》、中国画学研究会创办的《艺林月刊》、中国科学社主办的《科学画报》、天津特别市公安局刊行的《公安画报》、铁道部全国铁路沿线出产货品展览会主办的《铁展画刊》、中华民国全国运动会组委会出版的《全运会特刊》等。

6. 娱乐类。中国老画报的主办者复杂多样，有官方、社会团体、民间组织，或是几个人甚至是一个人，而娱乐类画报则是多由几个有着共同志向或共同兴趣的人合作创办的。如上海的《歌星画报》《娱乐周报》等，北京的《新星画报》《晴雨画报》等，天津的《妇女新都会》《游艺画刊》《新游艺画报》等。

7. 低俗类。旧画报中有一部分以介绍妓院、舞场、杂耍场、咖啡厅、导游社等风月场所为主要内容的低俗画报。这类画报多为私人办刊，以天津的《风月画报》为代表。《风月画报》主要反映天津、上海、北京等地娼妓、舞女、女招待的生活，因而人们称之为“黄色画报”。但其办刊宗旨却是“以风月为前提，并不是导淫倡嫖……意义乃是寓警于娱，在谈笑之中，无形中可以示以嫖之利害，以及社会上一切黑暗狡诈等真实的情况”，并聚集了方地山、何海鸣、王伯龙、张聊公、何怪石、刘云若、巢章甫等一批津城名士为其撰文、作画。此外，还有《天津乐报画报》《小快报》《咖啡味》《都会大观园》等。

8. 敌伪类。全面抗战爆发后，沦陷区的民营报刊受到重大冲击。大部分“义不受辱”，或毅然停刊，或易地再办；一部分在夹缝中挣扎图存，不得不接受日伪的检查和干预；少数则屈膝附敌，成为汉奸报刊，同时出现了一些依附于这类报纸或由敌伪组织主办的画报。敌伪画报受敌伪操纵，以宣扬日军的威武，鼓吹“大东亚圣战”为主要内容。如《华北日报》被“北支那派遣军报导部”和伪治安总署强行接管，改称《武德报》，专供伪治安军阅读。武德报是一个由日军操纵的文化宣传出版机构，出版《武德报》《民众报》两种报纸和《时事画报》《民国杂志》《北京漫画》《妇女杂志》《新少年》等五种画报、杂志。这类画报虽然是敌伪政权的一个政治宣传品，但它刊登的那些侵华日军攻打、占领保定、正定、石家庄等战略要地等的图片，更是日本军国主义发动侵略战争的一个铁证。

（二）形式上

1. 报纸式。为一大张4版或几大张数版，未装订成册，类似于当年报纸的画报，多为日刊、三日刊或周刊，北方多于南方。这类画报以8开本、4版者居多，以《北洋画报》为代表。如上海的《上海画报》、《时报》的《图画时报》，北京的《北平画报》《日曜画报》，天津的《中华画报》《青春画报》等。此外还有先为6开本、4版，后改4开本的《银线画报》；有初为大16开、4版，后改为8开横本、2版的《戏世界》；有方12开本、12版的《宇宙画报》；有大16开横型版、8版的《语美画刊》；有16开本、8版的《红皮画报》；有方16开本、12版的《新游艺画报》等。

2. 书册式。为装订成册杂志式的画报，多在20页以上，周刊、旬刊、半月刊、月刊，全面抗战前南方多于北方，抗战后北方居多。这类画报最杰出的代表是8开本、月刊的《良友》，其后有《今代妇女》《时代》《中华》《大众》《美术生活》《时事画报》《湖社月刊》等。其次是16开本，如上海的《电影月刊》《科学生活》《联华画报》《联合画报》，北京的《立言画刊》《一四七画报》《三六九画报》《二五八画报》，天津的《扶风画报》《星期五画报》《星期六画报》、《霓裳画报》等。更有64开、36页的上海《玲珑》，是20世纪30年代上海女学生人手一册的“手掌书”“口袋书”，当年时尚的代名词，摩登女郎的名片。

此外，还有纸张上、印刷上、装帧设计上的分类。

三、中国老画报的作用

1. 开语启蒙：中国早期特别是晚清的画报，大多是以图画说故事，很多不识字或者文化水平较低的人，通过看图懂得了一些事情，明白了一些道理，这就是画报的开语启蒙作用。1900年义和团运动爆发后，有感于“无知愚民”几乎招致亡国的惨剧，社会各界有识之士开始创立阅报社、宣讲所、演说会，发起戏曲改良运动，推广识字运动和普及教育，创办白话报刊，展开了一场史无前例的民众启蒙运动。上海的《点石斋画报》、北京的《启蒙画报》《开通画报》《北京醒世画报》和天津的《醒俗画报》《人镜画报》等就是这类画报最典型的代表。

2. 传播知识：画报问世后就发挥着向民众灌输知识的作用，很多人也是通过画报学到了科学、美学、艺术、生活等方面的知识。以“介绍最新知识，提供现代文化”为宗旨的《知识画报》，认为“介绍实际知识是比介绍什么抽象的学问还来得重要”；以“知识就是力量”为出发点的《少年画报》，旨在“用真实的图画和浅显的文字介绍各种真实的知识，满足少年们的求知欲”；《常识画报》则是以“介绍科学、提倡美育、崇尚艺术”为目标；“要把普通科学知识输送到民间去”的《科学画报》，“用简单文字和明白有意义的图画或照片，把世界最新的科学发明、事实、现象、应用、理论以及谐说、游戏都介绍给他们”，从而达到“逐渐地把科学变为他们生活的一部分，使他们看科学为容易接近、可以利用的资料，而并非神秘不可思议的幻术”。

3. 娱乐消遣：全面抗战前的画报内容多以轻松娱乐为主，兼顾教育民众，纸质上乘，印刷精美，文字多为生涩难懂的文言文，且价格昂贵，因此，读者多为知识阶层和上流社会的士绅，他们只是把画报当成茶余饭后的娱乐消遣，为此画报专设“电影”“戏剧”“游艺”“舞场”“咖啡厅”“娱乐场”等栏目。如电影、戏剧的专业刊物《银幕舞台画报》，“寂寞烦闷者的好伴侣”的《丁丁画报》，侧重娱乐场所介绍的《风月画报》《天津乐报画报》，时尚的代名词、摩登女郎的名片《玲珑》等。

4. 指导生活：老画报中的“中学生”“妇女”“恋爱”“婚姻”“家庭”“育儿”等栏目，是人们特别是妇女们的生活指南，告诫涉世未深的少女们如何提高修养、社交、谈恋爱，教授职业女性如何在职场中打拼，传授家庭主妇们如何御夫、装饰家庭、教育孩子，讲解年轻的女性如何着装、化妆、美容，永葆青春。如《妇女新都会》详密地“介绍我国妇女固有的美德，并世界上妇女生活的动态，指示出我们生活上的正确轨道。她帮助我们处理家庭、教育儿童与服务社会，希求着做成家庭中的好顾问、儿童们的小福星与服务上的指南针。简而言之是增强妇女们的智力与能力”；《今代妇女》倡导妇女独立，呼吁女性们应该通过自己的努力取得相应的社会地位；《玲珑》更是让成功女性言传身教《我的交际》和《我的御夫术》。

5. 宣传教化：民国时期许多报纸附设画报，沿袭着报纸的功能，宣传教化自然也就成了画报的作用之一。如《联合画报》对宣传抗战、报道世界各国抗击法西斯战争发挥过重要作用，成为记录中华民族抗战历史最为完整的图片新闻报刊，是中国广大民众了解世界战局、增强抗敌信心、树立必胜信念的宣传基地，曾被誉为“世界战场的瞭望台”“联合国奋斗的缩影”；《扶风画报》肩负着“纠正邪念，易欺诈为诚化，化争夺为谦让，以达于‘明德之至善’，使贪者不贪，欲争者不争也，则社会之安宁幸福定可定也”的神圣使命，以“扶正国风”以使人们“洗涤邪恶，引入正轨，渐次熏陶，日进上达，待其人格养成，自然厌弃一切恶事，而为社会有用人物，无论任何事业，必有优美成绩，国家、社会均利赖之”为办刊宗旨；《中国画报》“报道我国社会生活的动态，介绍我国文化艺术的创作，发扬代表东方文明的中华民族文化，使之传达到西方去，俾外人对我有崭新之认识与了解；显示东亚唯一大国进步改革及其辉煌前途，以激励国人共起建国”。

四、中国老画报的价值

1. 文献价值：文献是用文字、图画、符号、影像等技术手段记录知识信息的物质载体。旧画报所刊载的内容和载体的性质、装帧设计、印刷等因素，决定了画报的文献价值。昨天的新闻就是今天的历史，旧画报有许多珍贵史料可供历史研究和学术研究。如民国曲艺史重要资料《游艺画刊》、重要抗战史料《生活画报》、珍贵戏剧资料《立言画刊》、中国最早的综合性科普期刊《科学画报》等。

2. 艺术价值：一册精品的旧画报就是一件精美的艺术品，尤其是书画、雕刻、治印、电影、戏剧、人体、摄影等方面的内容，凸显出旧画报的艺术价值。如早期的收藏专刊《醒狮画报》、“为倡导艺术的发达而设”的《美美画报》、以“提高艺术兴趣，增进人群美感为最高目的”的《华北画刊》，而《湖社月刊》《艺林月刊》更是专门介绍艺术的专刊。

3. 收藏价值：据不完全统计，新中国成立前的中国老画报已达400余种，但由于画报较诸书册典籍，一般在当时不为人重，阅后随弃，所以存世数量也就相对要少得多。加上书籍多有再版重印，而画报再版重印的又比较少，因此也就使得不少旧期刊至今已很难见到了。尤其是试刊号、创刊号、终刊号、休刊号、复刊号、改刊号等一些具有特殊意义的画报，更为收藏界关注。一些年代久远、存世稀少、具有重大历史意义的画报，更具备了文物价值。

五、京、津、沪三地画报之比较

南方画报以上海为典型，北方画报以北京、天津为代表，并且京、津两地的画报多是你中有我，我中有你，北京的画报中设有“天津专页”，天津的画报中置有“旧都见闻”等，可以把京、津两地的画报看作一个整体，因此，分析它们之间的特点，实际上也就是比较南、北画报的异同。

1. 第一次画报热都是出现在20世纪二三十年代，上海、天津、北平三地呈鼎足之势，上海数量最多，天津次之，北平第三。抗战胜利后北方出现了第二次画报热，但南方的画报业却是一蹶不振。

中国的画报发轫于上海，并且在全面抗战爆发前，上海一直引领着中国画报发展的方向。南方早期的画报以上海的《点石斋画报》为样板，出现了一批石印画报；中期以上海的《良友》做范本，衍生出了《大众》《中华》《时代》等书册型画报，相对受天津《北洋画报》影响的画报较少；全面抗战爆发后，由于战火与经济的原因，南方画报走向低谷。北方早期石印画报也是模仿《点石斋画报》，而出现北京的《启蒙画报》《浅说日日新闻画报》《北京醒世画报》和天津的《醒俗画报》《天津画报》等；但中期并没有受《良友》的影响而多以《北洋画报》为蓝本，涌现出《银镫画报》《中华画报》《风月画报》《青春画报》《北京画报》《艺林月刊》《美美画报》《丁丁画报》等数十种画报；全面抗战爆发后，尤其是抗战胜利后，画报的重心逐渐北移，以北京、天津为代表的北方出现了第二次画报热，天津、北平的画报不仅数量多，而且内容贴近生活、记录现实，它们拥有一个共同的办刊宗旨，发出同一个声音，那就是揭露社会黑暗，痛斥国民党的贪污腐败，抨击国民党政府在物价飞涨中无作为，同情下层人民的疾苦。如北京的《一四七画报》《二五八画报》《晴雨画报》《星期画报》《新星画报》等近10种画报，天津的《星期六画报》《宇宙画报》《红叶画报》《星期五画报》《扶风画报》等十余种画报。

2. 画报内容上，上海注重大、精、专，引领旧中国画报先河，北京、天津以种类多样取胜。

上海画报创造了众多的中国画报之最，如中国最早的画报《小孩画报》，中国现代摄影第一画刊《图画时报》，中国最早影写版画报《申报图画周刊》，中国最早的时尚杂志《玲珑》，中国最早的综合性科普期刊《科学画报》，中国人体摄影第一画报《健美月刊》，中国最早的歌坛杂志《歌星画报》等。

上海的画报内容突出重大题材，从晚清到抗战爆发40余年发生的重大历史事件、社会风云人物的行踪，在画报中均有或多或少的记录，如《良友》《新闻报图画附刊》《生活画报》《联合画报》等；画报形式精美，从取用刊名、封面设计到版式编排，无不体现南方人的精细、认真、严谨，如开画报绘画封面先河的《中华》、发端影写版的《申报图画周刊》、唯美主义的《时代》等；专业画报多是上海画报的一大特色，有集合美术界精英的《美术画报》、新华影业公司的《新华画报》、科普专刊《科学画报》、人体艺术的《健美月刊》等。

相对上海来说，北京、天津的画报简单、通俗、多样。京、津画报多以日期取名，如《三六九画报》《一四七画报》《二五八画报》《星期日画报》《星期六画报》《星期二午报画刊》《星期五画报》等，一是办刊人随意，二是读者简单易记、通俗易懂，三是说明画报没有突出的个性；京、津画报不乏《故宫周刊》《艺林月刊》《北洋画报》《醒狮画报》《银镫画报》《语美画刊》等有较高艺术水平的专业画报，也有记录民风民俗、突出地方特色的《春明画报》《北京画报》《北平画报》《天津画报》《小扬州画报》等，还有游艺类的《新游艺画报》《妇女新都会》《宇宙画报》等，更有内容低俗、文字通俗的《长城》《风月画报》《天津乐报画报》《小快报》《百花台》等。

3. 画报形式上，上海画报以单行本为主，京、津画报以8开4版居多。

从《点石斋画报》开始，到《良友》的鼎盛，上海画报除日报的单张画报外，大型的书册型画报居多，如《时代》《大众》《美术生活》《中华》等，且纸质较好、印刷精美、图片清晰、文字高雅。京、津画报形式多种多样，从出刊日期上看，有日刊、二日刊、三日刊、周刊、半月刊、旬刊、月刊；从纸质上看，有粉彩纸、宣纸、道林纸、铜版纸、新闻纸等；从纸张形制上看，有4开、8开、12开、16开、方16开、长16开、32开等；从颜色上看，有墨、红、黄、绿单色，有黑白双色、三色套印、五彩色等。

中国老画报从内容上看，有思想深度的不多，随波逐流模仿跟风的画报比比皆是，除专门行业和研究机构的画报外，其他画报存在着雷同、缺乏个性的特点。但其鲜活、全面地记录了从晚清到新中国成立60余年的历史，因此具有独特的政治价值、文化价值、历史价值、审美价值、艺术价值以及收藏价值，很值得大家深入研究。

中国近代著名画报《点石斋画报》

自清光绪十年四月十四日（1884年5月8日）起，上海《申报》的读者，发现送来的报纸多了一份轻薄短小的画册。该本画册以石印制版刊印，彩印封面，画幅勾勒工细、栩栩如生，而其“奇闻”“果报”“新知”“时事”四方面内容更是吸引人。它就是风靡全国达

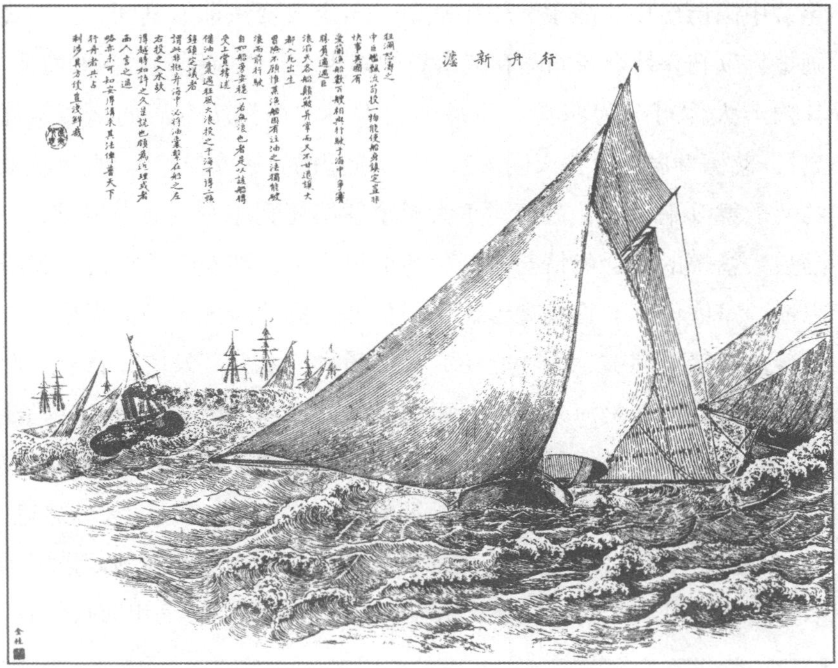

14年之久、开启中国近代雅俗共赏画报体式的《点石斋画报》。

《点石斋画报》为英国人美查创办，著名画家吴友如任主笔，绘画作者近20人。属综合性刊物，10日刊，每月逢6日、16日、26日出刊，每期8页，以天干、地支、八音、六艺等分别排序。1898年画报出至第44卷的第528期终刊，刊印画作计4650余幅，图说文字多达150万字以上，再现了一个世纪前上海文化风貌及晚清视觉通俗文化景观的一个独特视角，代表了上海乃至中国那个时代画报的最高水平，成为研究百年前半封建半殖民地旧中国历史的珍贵资料。

画报内容丰富，集新闻与美术于一身，既追求逼真，也包含美感。前者为我们保留了晚清社会的诸多面相，让我们充分了解到了晚清社会风尚、文化思潮以及审美趣味的复杂性；后者则让我们体会到中国美术的嬗变，除对中国近代民俗画、连环画有一定程度的影响外，也深具传布世界新知的文化启蒙功能。自1884年至1898

年，中国历经中法战争、甲午战争，至戊戌变法前，其间《点石斋画报》以刊登社会新闻画和战事新闻画为主，具有强烈的新闻特质。其内容大体可分为四类：一是国内大事，如光绪寿辰的《万寿盛典》、慈禧寿辰的《普天同庆》、皇帝选妃的《旗女应选》、皇宫演戏的《歌舞升平》等，甚至对重大时事新闻还刊印专刊集中报道；二是最大篇幅的社会民情与市民生活的风俗画，涉及奇人奇闻、灵异志怪、家庭伦理、官场现形、民俗信仰、民情风土、生活娱乐、自然现象、疑案侦破、人物介绍、动物植物、女性、妓院、饮食、医疗、儿童等；三是海外新闻、风物风俗，如洋人婚丧宴会、赛马斗牛、名胜建筑、异域风光等，而且还以大量的篇幅介绍外国的科技新知和新鲜事物；四是宣扬因果报应，如《变驴偿债》《天坛遇鬼》《入山遇妖》《借尸还魂》《孤遭雷击》等。这些内容真实地记录了画家们耳闻目睹的百姓的喜怒哀乐与街头逸闻趣事，传递出时代气息、

生活风貌，一个个中西方文明接触、抗斥、杂糅、涵化的新现象，展演在一幅幅图画上，体现出新文化的特点，构造出新文化的氛围。

大篇幅介绍“新知”是画报的一大主题，但其文字、图像有时又过于夸张。如《飞舟穷北》一文中述：“美国芝加俄地方有名匠造飞舟一艘，多其帆，如鸟革状。能载二百人凌空使驭，将往穷北极，以广眼界。演试之日，有在山顶寓目者，犹须仰首以观，则其飞之高可知矣。”事实上，薛福成在光绪十六年（1890）的《出使英法义比四国日记》中，已道出英人与美人拟合制飞船，但仍未成功之事。一般人当然不知道，对“新知”的渴求，成为他们阅读画报的动力之一，也是画报卖点之一。

画报通常是一幅图画一个主题，间有多幅表达一个重大事件。名为《捕役诬良》的画作，讲的是上海浦东的捕役受贿后私自放跑了在押犯人，而把另一同名船户诱捕归案，船户被冤不肯招认，遂被打得皮开肉绽，奄奄一息；《拐匪横行》讲的是新婚不久的王家媳妇在河边淘米，被过路船上跳下来的两个拐匪拖入船舱，最终被辗转卖入妓院；《为害行旅》讲述了发生在上海老西门外四明公所这处地僻人稀的荒凉险地，身后两名歹徒手持竹竿，把竿头的麻绳套对准某甲的脖颈，厄运即将降临在他的头上的那一瞬间。

《点石斋画报》除在上海随《申报》附送兼零售外，还在全国的点石斋石印局发行。其销售网络遍及全国，在北京、南京、杭州、南昌、西安、福州、广州等设立20多个分局，这些分局大多设在各省会，甚至省会的贡院里。作为一份以赢利为目的的新闻画报，该刊登载的各种社会新闻，固然符合了现代新闻的某些特质，为都市消费者求新求变，永远处在饥渴、欲求状态下的官能需求，提供了一个稳定渠道。

中国现代摄影第一画刊《图画时报》

自从19世纪80年代以《点石斋画报》为先河的石印画报问世，直至20世纪初，虽偶有铜版图片出现报端，但中国的画报却一直沿用手绘图画，多带有个人主观成分，难以真实地还原现实。随着欧美报纸附设画刊之风的盛行，时在上海《时报》任职的戈公振，最先认识到新闻图片对报纸生存、发展的重要意义，遂于1920年6月9日创刊时报《图画周刊》。该画报因结束了中国画报的“石印时代”，开启“铜版时代”，以中国第一份报纸摄影附刊的身份，掀开了中国画报史上崭新的一页，而被誉为“中国现代摄影第一画刊”。

时报《图画周刊》，主编戈公振，由上海时报社出版印刷，至1924年2月17日第186期，更名为《图画时报》，初为周刊，自第358期改为三日刊。至1935年10月13日停刊，共出刊1072期。

画报创刊号的《导言》称：“世界愈进步，事愈繁琐；有非言语所能形容者，必藉图画以明之。夫象有鼎，由风有图。彰善阐恶，由来已久。今国民敝锢，政教未及清明，本刊将继文学之未逮，一一揭而出之，尽画穷形，俾举世有所观感，此其本旨也。若夫提倡美术，增进阅者之兴趣，又其余事耳。”清楚地阐明了戈公振创办摄影附刊的目的，他强调指出摄影图片应起“彰善阐恶”的作用，其他方面都是次要的。在那个年代能提出如此深刻、正确的见解，可

Nq. 583, THE EASTERN TIMES PHOTO SUPPLEMENT PUBLISHED WEDNESD

十八年八月四日 AUG. 4, 1929.
每逢星期三星期日隨時報附送
第五百八十三號

圖畫時報

徵求本國國家地方社會紀事,名人,閨秀,科學,
裝,美術,考古,遊覽,古蹟,名勝,風俗,人種,
珍奇特異照片,凡足以增閱者之興趣者,本報
從優,如有必須寄回之照片,請於背後寫明

虹口游泳池炎暑中之熱鬧 (W)

THE HONGKEW PARK SWIMMING POOL IN SUMMER DAYS.

著名女體育家崇德籃球隊長李遂銀（右立）與隊員蘇梅影（坐）息觀游泳池

Miss Ida Li (right), famous captain and Miss Soo Mei-ying, member of Zung-tuh Basket Ball Team.

游泳池前景

Front view of the Swimming Pool.

游泳池側影

Side view

女體育家（右而左）李遂銀蘇梅影余季玉溫瑞珍泳後閒坐

Four famous lady athletes visiting Swimming Pool, from right to left. Misses Ida Li, Soo Mei-ying, Yu Chi-nyok and Wen Jui-chen.

游泳池後面

Back view.

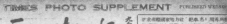

青島之夏（梁光）
The summer days in Tsintao.

蔡司伊康照相機
非常大廉價
機會難逢幸勿錯過！
明信片式 即三寸四分之一×五寸半）
F6.8 正光鏡 捲片硬片軟片包三用照相機
原價洋七十九元
現售二十六元五角
尚有同類鏡箱裝有不同快門及鏡頭者多種圖樣價目承索即寄
上海禮和洋行照相部啓

王開照相館
南京路卩五六八號樓上
電話中央一二六五號

女士（徐洪濬）
ing--Miss Lo-shih.

青島海水浴場之游泳者（徐飛濬）
Swimmers at the beack, Tsintao.

張屏之先生之二女公子
Mr. Chang Ping-tze's daughters.

林肯七座大轎車

上海售價銀從一萬二千兩至一萬八千兩
視選購之車身式樣而定

車夫駕駛之林肯七座大轎車、對於華貴高雅之人物、允爲完美無上之一大貢獻、其愜意之輝耀、壯麗之內部、寬泰而華貴之舒適平衡之儀表、與夫莊嚴之風態、在當世君王・總統・資本家・及社會領袖人物心坎中、均留得一極深刻之印象、

現已陳列　歡迎參觀

上海經理處
美通汽車公司
福煦路邁而西愛路轉角

上海福特汽車公司啓

谓难能可贵，表明戈公振具有过人的见识和作为一个报人对国家社会抱有的责任感。

画报为综合性刊物，8开本，4版，双面铜版印刷，初期随《时报》附送。以刊新闻照片为主，兼载美术摄影作品。该刊摄影图片分为六类：一是时事照片，如“一种特别集会，需是临时发生的、不常遇到的事情。不过要极其迅速，以在报纸上没有揭载过的为限”；二是风景照片，“不拘于名胜古迹，凡是有美术价值的，尽管它是一花之微，一羽之细，都表示欢迎”；三是学校照片，包括文化、体育、游艺，以及教育上种种新建设的照片；四是艺术品照片，目的是提倡美术，灌输赏鉴艺术的知识，介绍国内外美术家的最近作品及其小影等；五是名人照片，不拘男女，但需是国人所知名者；六是风俗照片，以异乎寻常的为限，不拘种类。从这里可以看出画报的选稿标准和充实的内容，对新闻照片的要求尤其严格，强调迅速及时，不用他报已发表过的照片，使读者感到新鲜。由于它能保持这种特色，在读者中逐渐赢得了声誉。

创刊号正面是铜版图22幅，除1幅美术作品、2幅漫画外，其余皆为新闻照片。其中有《上海圣美丽学校之跳舞》、《世界最长之人》、《日本普通选举之情形》、梅兰芳《天女散花》剧照等。其中一幅题名《官府号运舰之下水礼》的照片，是6月3日在江南造船厂拍摄的，距该刊出版日期只有6天，可说是最新消息了。

1925年“五卅运动”的爆发，激起许多新闻记者举起照相机投入战斗。6月2日，上海10家大报同时刊出征求“五卅惨案”中死伤者照片和简历的启事。《时报》6月2日刊登了五位惨死者的遗像；6月4日刊出了“六三”群众示威大会的摄影报道。直到6月底，《图画时报》顶住各方压力，主持公道，坚持正义，连续跟踪报道“五卅惨案”，深得国人尊重。

体育运动是大众喜闻乐见的新闻事件，但当年的报刊多以纯文

遊普陀 VIEWS IN POO-TOO.

觀音跳上之遊客　(鮑俊德)
Excursioners in Kuan-yin-tiao.

坐藤轎過千步沙　(鮑俊德)
Excursioners across the Chien-pu-sha by sedans.

梵音道中　(郭錫麒)
Path leading to Van-yin Grotto.

山徑　(郭錫麒)
Mountain path.

渡頭之轎夫　(郭錫麒)
Sedan carriers at the jetty.

渡頭之渡船　(臬仲良)
Ferry boats beside the jetty.

千步沙遠眺　(郭錫麒)
A distant view from Chien-pu-sha.

Agfa
BILLY
The Small Pocket Camera

必利
最新式廉美的卷片鏡箱
各埠照相材料店號均有出售
說明書函索附郵四分即奉

凡拉蒙
主治牙痛及一切疼痛
各大藥房均有出售
上海 德商先靈洋行

中国现代摄影第一画刊《图画时报》

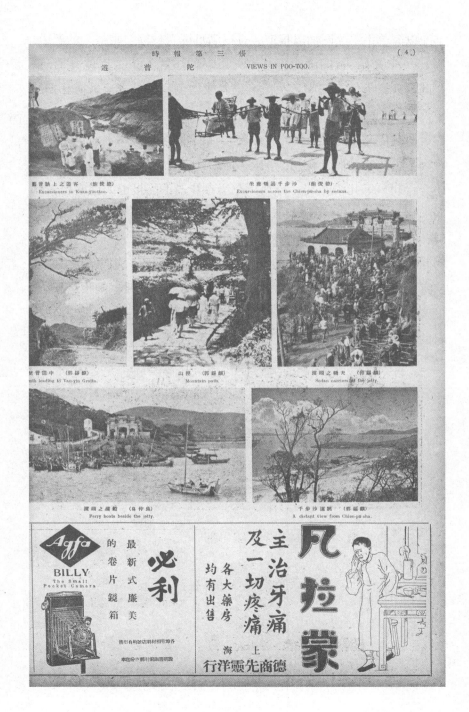

字配以简单手工绘图加以报道，难以满足读者一饱“眼福”的奢望。从1929年开始，《图画时报》率先以新闻图片为主报道体育消息，凡国内外重大体育新闻，都派遣记者或物色特派员进行采访。1930年3月，第四届全国运动会在杭州召开，《图画时报》先是报道上海市运动会情况作为全运会的“序幕”，后又陆续推出《上海市运动会特刊》《运动专刊》《杭州全国运动会预刊》《全运会预刊》《全国运动会特刊》等几个专刊、特刊，介绍参赛选手、报道大会盛况。江浙一带学校纷纷订阅该报，《时报》声誉鹊起，从此，与《申报》《新闻报》形成三足鼎立之势。

《图画时报》创刊后，很受读者的欢迎，《时报》销量随之大增。上海、北京、天津等地报人纷纷效仿，一时掀起一股“画报热”，京报《图画周刊》、《申报图画周刊》、《上海画报》、《北洋画报》相继问世，形成中国画报出版史上的第一个高潮。

民国画报热始于《上海画报》

如果说上海《良友》、天津《北洋画报》的成功创办带来了中国20世纪二三十年代画报热潮的话，那么早在1925年6月就已创刊的《上海画报》，则是这股热潮的肇始。

《上海画报》创刊于1925年6月6日，创办人毕倚虹，社址在上海天津路贵州路口320号，“鸳鸯蝴蝶派”的代表人物袁寒云、包天笑等为该刊的主要撰稿人。第70期后，毕倚虹因病休养，由周瘦鹃、钱芥尘先后接任主编。至第112期时，毕倚虹去世，画报特出“追悼号”，登载其遗像、手迹及《倚虹所著书目》等，以示纪念。画报于何时终刊没有明确记载，《全国中文期刊联合目录》的记载为1932年12月终刊，共出刊847期；1996年，在嘉德拍卖公司“古籍善本拍卖会”上，以24200元成功拍卖了一套《上海画报》，其年代从1925年6月6日至1933年2月26日，共858期。

画报出版之前，即先于《申报》《新闻报》《时报》《民国日报》等10余家报纸上广泛发布广告，在出版当日又请上海开洛公司用无线电台广播出版消息。为此，画报在创刊号上自豪地称：“中国报纸出版，由无线电话宣传的，本报是第一家。”画报在创刊之初即体现出认真负责的态度。创刊号第4版刊登了《张宗昌欲纳未成之艳秋》的照片，但这张照片在印刷中因工人的疏忽，“将艳秋的脸上和衣上污了小小的一点颜色，未免有损美观”，发行部发现后及时改正，但当时画报已经寄出了100余份，无法收回。为此画报在第2期封面的显著位置正式向这100余份的读者真诚致歉。画报对于外埠订户，特意在邮寄时将“包皮加长”，以免污损和折皱；为了让本埠订户在最短时间内看到画报，从第3期开始，“即由本社派专役乘脚踏车专送，出版之日上午10时一定送到”。

《上海画报》为综合性刊物，三日刊，8开本，道林纸，每期4版。画报内容丰富，图片清晰，社会新闻、人物影像、长篇连载、诗词歌赋、讽刺漫画、名流墨迹、文艺掌故等，应有尽有，是了解1927年“大革命”前后上海社会纷繁变化和“海派”文化新潮的重要史料。其主要内容从征稿启事中可见一斑：“1. 新发生之事件；2. 名人摄影；3. 名伶；4. 名妓；5. 名胜风景；6. 各国裸体画。”

创刊之时，正值“五卅惨案”发生，画报不仅以文字及时向社会报道了新闻消息，而且还刊登了许多现场图片，如《沪潮中我之历险记》《学生在华界沿途讲演》《凄凉之南京路》《热心之学生募捐队》《南京路之西兵防守》等，激发了广大市民同仇敌忾、视死如归的决心。其后，又结合时事新闻登载了圣约翰大学学生反对外籍校长阻止爱国运动而造成全体退学的照片，如《课堂中之激昂气氛》《圣约翰之旗杆禁止学生升中华国旗之西校长卜航济》《人去楼空之圣约翰大学》等，配以题为“约翰潮”的文章。出于爱国热情，市民纷纷争先购买。由此《上海画报》一鸣惊人。

《上海画报》为现代化上海艺术界的主要媒介，介绍上海各种艺术节、艺术展览、艺术教育机构新闻、文学活动等，但是也刊载文艺界主要人物的八卦新闻，将文学艺术最近动态跟当时的文艺界与社会人士结合，塑造全面艺术现象。画报创刊不久即标榜“文学叛徒胡适”“艺术叛徒刘海粟”，似乎为“时尚”添了个“先锋”的脚注。不仅这两位教主的身影频频见报，其他如徐悲鸿、田汉、邵洵

我們的宣言

我們盡我們的能力。搜羅有興趣有價值之照片和圖畫。貢獻於「上海畫報」的閱者。我們更盡我們的精神搜取有興趣的消息。有價值的文藝。貢獻於「上海畫報」的讀者。同時我們要求「上海畫報」的讀者。亦代我們搜取圖畫文藝。寄給我們披露。我們很感激。一般讀者也很感激！

淒涼之南京路　（心心攝）

感謝心心

此次滬上發生空前之慘劇、南京路一帶、戒備甚嚴、行人且不易通過、故攝影等事、無從着手、本社特請心心照相館、於無可設法中、攝取數影付印、以供衆覽、心心照相館之熱心匡助、本社至深感佩、今後該館仍允繼續供給各種攝影、本社當轉以貢獻於一般閱者、特先預告、

驍馬嘶風圖

熱心之學生捐募隊　（心心攝）

南京路之西兵防守　（心心攝）

滬潮中我之歷險記

（畢倚虹）

五月三十日上海公共租界、不幸發生空前之慘劇、其發禍之地點、則在南京路巡捕房前、事變後、南京路之巡捕房、成爲租界戒備最嚴密之所在、而吾儕新事業之上海畫報館、適在該捕房之毗鄰、捕房側門、即在貴州路、距吾館僅數武、

余以畫報出版在卽、自五月二十日始、卽與社員約、每日下午二時、卽至館治事、五月三十日午後、余應程豔秋之約、至其寓所談話、至五時始到館、行經南京路、見萬人攢動、俱現一種憤鬱之狀態、余甚異、及館門、見捕房側門已嚴扃、社員告余故、余始恍然、使余前兩小時經過、或正捲入混亂而危險之潮流中也、

三十一日、各界醞釀罷市之舉動、是日南京路已戒嚴、一日各商店一致罷市、余與社員議、以當此非常事變發生、吾人尤宜努力、將租界實在之狀況、報告於讀者、以盡吾人之天職、因是吾人益努力於六日之出版期、治事如恆、是日下午五時許、友人潘君、邀余訪一友於靜安寺路、談話約一時許、比歸、經寗波路口、忽覩三武裝西人、二人持手槍、兩人持長槍、狠顧虎跳而來、向余與潘君之車作瞄準狀、潘君之車夫欲停機、此三武士已向南京路方面去、始知頃之瞄準、爲戒備、非對吾輩施射擊、但潘君已知有奇變、車至貴州路、不欲前進、余別潘下車、見路上武裝西兵、已三五成群布滿、行人咸向北奔逃、余以社員在館候我、遂沿牆而行、西兵見余、未加阻止、入館後、甫登樓聞門外槍聲大作、知爲手槍聲、其聲斷續、已而槍聲不止、如機關槍聲、聲甚近、子彈若將穿窗而入者、余與社員均避至樓下、此時電話已不通、門外寂然、惟聞槍聲斷續、從空氣中傳來、似予吾人以警訊、迨六時五十分、槍聲已杳、余急欲至望平街、啓關出視、見大道無一人、路角有西兵兩三人一簇、挾械防守、余出門、登車、向東行、甫數武、防守先施公司屋角之西兵、忽舉槍向余、余之車夫、似未覩、仍前進、西兵誤會余與抗、其勢欲開槍、危機一髮、生命在呼吸間矣、余急呼迴車、仍返館、爾時余甚焦灼、且憤怒、因時屆黃昏、時報館亦待余編輯甚急、今無辜爲武力所禁阻、大苦惱也、方踟躕間、忽一西兵、挾槍探首入門、余卽告以故、詰其胡以禁阻行路、兵似有所悟、與余點首、以手西指、似經此可通行、余又登車、卽由此一西兵導余向北、出險境、迂道至畫錦里、始得越南京路而南、達時報館、途中屢遇困難、因許多羣衆爲西兵巡捕驅迫向北、奔避不遑、狀如潮湧也、

余竊歎租界素有秩序、不圖今日舉步成荊棘、危機四伏、使行人立於最險之境地、夫何因而至此、余更重有感、租界者、中國之土地、以條約之關係、租賃與外人者也、今租我土地者、對於土地之主人翁、如此之待遇、爲主人者、其何能堪、思之、思之、夫何因而至此耶、余個人之歷險、一極渺小之問題、余不惮瑣瑣而記述者、俾世人因余一人之歷險、可以推測當時上海租界中居民之恐怖耳、

銀燈詞

（天狼）

流蘇秀髮小腰圍。一片天眞活欲飛。弄胡琴兒弄曲。黎娘到處送寒衣。

神女生涯夢未殘。良心最後耐人看。銀燈照澈煙花海。不惜黃金贖牡丹。

紅樓電影　張光宇作

近有人提倡中國古裝電影、以紅樓夢爲腳本者、張光宇氏特繪此圖、一方爲導演家攝影家、一方表演時鬟補裝、工緻絕倫、亦藝林新作品也、

學生大游行之一部　（心心攝）

閱者注意　此邊放闊以備裝訂

中華民國十四年六月六日

上海畫報

PICTORIAL SHANGHAI

第一號

本報的謝忱

▲這一次。我們承許多朋友。寄來祝詞。祝畫等等。因爲篇幅有限。不能登載。非常的感謝而抱歉。

▲本報出版的這一天。蒙上海開洛公司無線電話。爲本報宣傳。中國報紙出版。由無線電話宣傳的。本報是第一家。這也應該感謝開洛公司的。

▲本報在未出版以前。上海著名的報紙。如申報。新聞報。時報。時事新報。民國日報。新申報。晶報。金鋼鑽。風人。大報皆刊有極美的介紹詞。本報也是很感謝的。

上海美術專門學校人體寫生科攝影

上海美術專門學校、爲劉海粟氏所辦，國中用模特兒、實習人體寫生，亦以該校所爲始，當時社會中腐舊之人物，頗加非難，劉氏不爲浮言所搖動，毅然進行，使美術界上呈一種新氣象，皆劉氏力也，顧外間不察，對模特兒一事，猶多懷疑，甚至造作種種蜚言，致多誤會者，本報記者，特請於劉海粟氏，將該校生徒，實習人體寫生時，攝影列布，俾明真相，高坐裸體影者，即模特兒也，（芸生）

定報價目

每三日出版一張每張售大洋三分 本埠預定每月大洋三角每四月一元全年三元（郵費在內）外埠預定每月附大洋四角每三月一元全年四元（郵票在內）郵票代價九五折計算限一分半分

社址 上海天津路貴州路口三百二十號 電話 中央六千六百號

廣告價目

特等 登於第二版新聞之中色樣價目面議

頭等 登於封面每期每一英方寸洋七角 乃登頭頁照算 登於中縫分二段每期每段洋八元

二等 登於後幅每期每一英方寸洋五角五分

本報徵求照片圖畫文字條例如下

一 如有以照片圖畫投寄報酬如下 （甲）每片三元 （乙）每片二元 （丙）每片一元 有特別優點者報酬不在此例

一 已在他報發表之圖畫照片請勿投寄

一 投寄照片如欲原件寄還者預先聲明足附郵資

一 如有以小品文字及有趣味之消息見寄者致酬如下 （甲）每件二元 （乙）每件一元 （丙）每件五角（不以字數論）

一 不確實之消息無趣味而冗長之作品幸勿見寄

一 文字投稿刊否原件概不寄還

一 圖畫文字一經刊登隨時致酬不欲金錢報酬者贈閱本報以答高誼

一 投稿者須附詳細通址姓名

下期預告

人去樓空之聖約翰大學

華裝之卜舫濟博士

上海慘劇的眞相

殷明珠之裸體攝影

女明星張美烈

楊樹莊之愛妾

歐陽予倩夫婦

其餘未定

明星影片公司新片特告

宣景琳 傅綠痕 鄭小秋 黃君甫 王獻齋 主演 小朋友 十一本

六月五日開映于中央大戲院

火裏罪人 是……太平洋影片公司第一次出品

導演者 黃夢覺 攝影將竣 不日開演 女主角 劉漢鈞

聯合影片公司俠情新片 盜窟情人

導演者張慧冲兼任主角 女主角張美烈 徐素娥

攝製已畢不日在卡爾登開映

游美注意

暑假將屆游美諸君速宜預定艙位辦理出洋手續如承委託敝部代辦一切定當竭誠以答 盛意 今年清華學生赴美仍由敝部承辦所乘之S. S. "President Jackson"定於八月十七號由滬啓椗諸君如欲附輪同行可得種種便利且到美後備有專車候接開赴東美詳情函詢當即奉答

上海銀行旅行部啓

上海四川路九十七號 電報掛號五八八七 電話中央八七四一

上海老画报

上海

女明星徐素娥

徐素娥女士、爲聯合影片公司之演員、前演「人心」「情海風波」諸片、爲輿論所許可、近攝「[illegible]情人」女士任劇中要角、女士芳齡甫二十、曾肄業上海神州女校云、

學生在華界沿途自由講演（心心攝）

……影付印、以供衆覽、心心照相館之熱心匡助、本社至深感佩、今後該館仍允隨時供給各種攝影、本社當轉以貢獻於一般閱者、特先預告、

南京路之西兵防守（心心攝）

余竊歎租界素有秩序、不圖今日舉步成荊棘、危機四伏、使行人立於最險之境地、夫何因而至此、余更重有感、租界者、中國之土地、以條約之關係、租貸與外人者也、今租我土地者、對於土地之主人翁、如此之待遇、爲主人者、其何能堪、思之、思之、夫何因而至此耶、余個人之歷險、一極渺小之問題、余不憚瑣瑣而記述者、俾世人因余一人之歷險、可以推測當時上海租界中居民之恐怖耳、

驕馬嘶風圖　胡伯翔繪

記紫羅蘭盦石象（周瘦鵑）

意大利夙以石象名、神工鬼斧、雕鏤絕精、以嚴冷無情之石、洒一變而爲宛轉有情、誠神技也、予生平愛美術品甚篤、而尤愛意大利石象、年來購求所得、大小凡九尊、陳之紫羅蘭盦中、晨夕坐對、彌足以怡情而悅性焉、之九象者、皆意國名師所手斲、潔白如玉、生動有致、一曰「讀書樂」、一女俯伏、兩手扶頰、目注書、有喜色、似謂讀書樂也、自頂至踵、長尺許、二曰「海濱」、一女半披紗、似爲海風所襲、紗作飄拂狀、女屈右臂、於首之背、持紗之上端、左手亦半屈、持紗之中幅、左脛後屈、纖足踐石上、首微側、右向、笑容絕美、象高約尺許、三曰「嬌慵」、一女作橫陳狀、長僅五寸許、雙臂上屈、交擱於腦後、右腿微屈、覆左腿、左足外露、與右踵接、面如滿月、雙頰有酒渦、甚媚、四曰「羞澀」、長稱是、一女側臥玄絨之上、露股、兩腿上屈可八十度、以右手持頷際、面呈微笑、狀似羞澀、五曰「日下」、高七寸許、一女立短石柱側、身微側、金髮一束、垂於胸次、左手上屈、握髮、右手加額、掌外向、如蔽日然、六曰「愛鴿」、一女側立、雙手捧一鴿、與之接吻、高尺有半、下承石座、高三尺許、七曰「燈底」、一女旁立、左脛後屈、足踐石、右手搴衣、高舉其左手、持大石燈一、下有矮座、度其高、合三尺許、八曰「醉後」、一女斜倚溫榻之上、兩手扶頭、右腿屈置榻沿、左腿加其上、足下垂、榻畔有燈、作紫色光、燈明時、嫣頳微酡、如美人薄醉時也、長尺有半、下承石座、高二尺有半、九曰「狄根斯」、爲英國名小說家狄根斯遺象、和顏美髯、作儼然可親狀、象僅半身、高尺許、聞吾宗美權先生、亦愛意大利石象、收藏各佳品、他日有緣、當一賞覽之、

上海影片公司新片「重返故鄉」

素女　殷明珠
虛榮　韓雲珍
美麗　賀佩蓉
青年　謝采貞

銀燈詞

流蘇秀髮小腰圍、一片天眞活欲飛、鄰弄胡琴兒弄曲、黎娘到處送寒衣

黎明暉女士、工影戲外、擅歌曲、曲皆其尊人黎錦暉君手製、不同凡響、近來海上每有會集、節目中、皆有黎明暉之唱歌、歌時、其父爲奏梵鳥林、名父淑女、相得益彰、「寒衣曲」一爲黎所常歌者、明暉斷髮、額覆如流蘇、無愧亦嫵媚、蓋一極活潑之少女也、

神女生涯夢未殘、良心最後耐人看、銀鐙照澈煙花海、不惜黃金贖牡丹

宣景琳女士、爲明星影戲公司攝「最後之良心」後、聲譽鵲起、蔚爲明星、顧景琳生小落籍平康、芳標隸小金牡丹、無術自拔、明星公司惜之、爰以金二千四百元、爲景琳了樂籍夙逋、拔之出泥犂、今後宣景琳非[illegible]中人、乃銀幕中人矣

（天狼）

名女優呂美玉、爲呂月樵之女、歌失足很大有名、此其最近攝影（心心攝）

……髮補裳、工緻絕倫、亦藝林新作品也、

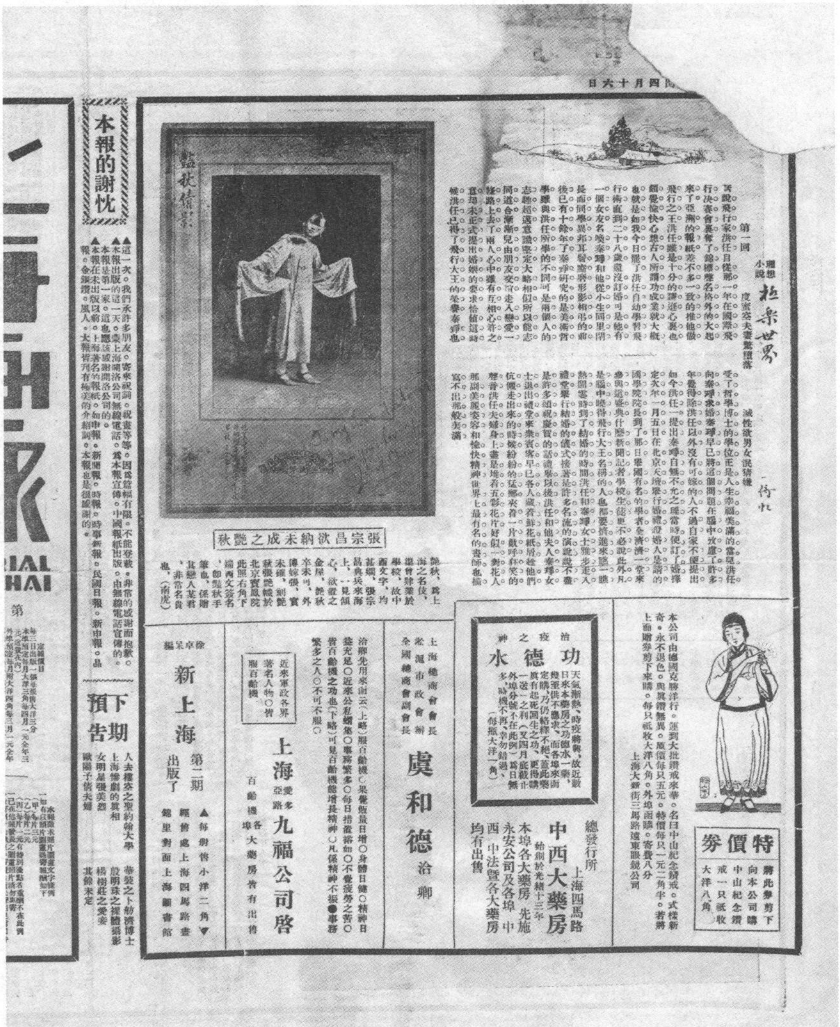

RIAL
HAI
第
四月十六日

本報的謝忱

▲這一次。我們承許多朋友。寄來祝詞。祝畫等等。因爲篇幅有限。不能登載。非常的感謝而抱歉。

▲本報出版的這一天。蒙上海開洛公司無線電話。爲本報宣傳。中國報紙出版。由無線電話宣傳的。本報是第一家。這也應該感謝開洛公司的。

▲本報在未出版以前。上海著名的報紙。如申報。新聞報。時報。時事新報。民國日報。新申報。晶報。金鋼鑽。風人。大報皆刊有極美的介紹詞。本報也是很感謝的。

下期預告

人去樓空之聖約翰大學
上海慘劇的眞相
女明星張美烈
歐陽子倩夫婦
華裝之卜舫濟博士
殷明珠之裸體攝影
楊樹莊之愛妾
其餘未定

艷秋倩影

張宗昌欲納未成之艷秋

艷秋、爲上海之名伎、曾肄業於學校、故中西文字、均甚嫻。張宗昌與兵來海上、一見傾心、欲置之金屋、艷秋辛未可、外傳嫁張、實未確、刻艷秋張艷幟於北京寶鳳院、此照右角下端西文簽名、卽艷秋手筆也、保贈其戀人某君、非常名貴也、(南虎)

理想小說 極樂世界 一衍

第一回 度蜜姿夫妻驚墮落 減性欲男女混猜嫌

其說飛行家洪任自從那一年在國際飛行決賽會裏奪了錦標聲名播外的大起來了亞洲的報紙差不多一致的推他做飛行之王洪任雖是十分的謙遜心裏也頗覺愉快心想古人所謂功成業就大概也就是如我今日能了洪任自幼學習飛行術直到二十八歲還沒訂婚可是他有一個女友名喚秦琤和他從小生同里閈長而同學異邦耳鬢廝磨形影相弔的鄰後已有十餘年了秦琤研究的是美術哲學雖與洪任所學的不同可是兩個人的志趣超邁意識堅定大略相似所以能志同道合漸漸兒由朋友交究走入戀愛一條路上去了兩人心中雖有互相心許之意却未正式提出婚姻的要求恰值這時候洪任已得了飛行大王的榮譽秦琤也受了哲學博士的學位正是人生幸福美滿的當兒洪任向秦琤求婚秦琤早已將這個問題在腦中放慮了許多年覺得除洪任以外沒有可嫁的人不過自家不便提出如今洪任一提出秦琤自無不允之理當時便訂了婚擇定次年一月五日在北京天壇舉行婚禮證婚人是請的國學院院長到了那日舉國有名的學者全濟濟一堂來參與這盛典什麼新聞記者學校生徒更不必說此外凡是腦中曉得飛行大王名將的人也都要擠進來一睹熱鬧霎時到了結婚的時間洪任和秦琤女士雅步走入禮堂舉行結婚的儀式接著是許多名流的演說說不盡是許多頌祝慶賀的話證婚以後洪任和他夫人秦琤女士退出禮堂來衆賓客早已各人藏着鮮花紙屑趁他們伉儷走出來的時候紛紛的猛擲來着一片歡呼狂笑的聲音洪任夫婦身上盡是堆着五彩花片好似一對花人那副美麗姿容和愉快精神世界上最有名的畫師也描寫不出那般美滿

治疫之神 功德水

天氣漸熱、時疫將興，故近數日來本藥房之功德水一藥、幾至供不應求、而各埠來函定購，乃仍絡繹不絕、蓋此藥眞有起死回生之功、更得購一送一之利（又四月底截止）爲日無多、外埠分號不在此例，時機不再、幸勿錯過、（每瓶大洋一角）

總發行所 上海四馬路 中西大藥房 始創於光緒十三年
本埠各大藥房 先施 永安公司及各埠 中西 中法暨各大藥房 均有出售

本公司由德國克勝洋行。運到大批鑽戒來華。名曰中山紀念鑽戒。式樣新奇。永不退色。與眞鑽無異。原價每只五元。特價每只一元二角半。若將上面贈券剪下來購。每只祇收大洋八角。外埠函購。寄費八分
上海大新街三馬路遠東眼鏡公司

特價券
將此券剪下向本公司購中山紀念鑽戒一只祇收大洋八角

上海總商會會長 淞滬市政會辦 全國總商會副會長
虞和德 洽卿
洽卿先用來函云（上略）服百齡機○果覺飯量日增○身體日健○精神日益充足○近來公私蝟集○事務繁多○每日措置裕如○不覺疲勞之苦○皆百齡機之功也（下略）可見百齡機能增長精神○凡係精神不振●事務繁多之人○不可不服○

近來軍政各界著名人物○皆服百齡機
上海愛多亞路九福公司啓
百齡機各埠大藥房皆有出售

徐卓呆編
新上海 第二期 出版了
▲每冊售小洋二角▼
經售處上海四馬路壹錦里對面上海圖書館

美等“新派”人物也在画报中频频闪亮登场。

追捧女性是《上海画报》的一大特色，那些京昆名伶自不消说，就连京沪两地的青楼名花也是屡见不鲜，更大量刊登了名门闺秀、演艺明星以及各行各业的职业女性，如陆小曼、吕碧城、潘玉良等。

“新女性”典范陆小曼既有冲决罗网、追求个人幸福的勇气，又虚心好学，醉心于传统文艺。她正式登场是在1927年6月6日《上海画报》“二周年纪念号”头版上的大幅照片，只见陆小曼两手托腮，面带微笑，发际簪一朵花，既有名门淑女的清秀典雅，又不失妩媚动人。从此，这位来自“北方”的“名媛领袖”便成为《上海画报》的常客。其玉照出现在头版的频率，远远超过当时大腕级的公众人物胡蝶、阮玲玉、唐瑛等。《上海画报》记录了徐志摩、陆小曼从结婚到徐志摩早逝的整个感情旅程。

徐陆结婚不久，《上海画报》就刊出了《徐志摩再婚记》一文，称“鼎鼎大名自命诗圣徐志摩先生”和“也是鼎鼎大名声震京津的陆小曼女士”，各自经历了婚姻破裂后重新找到了感情的归宿，“从此，徐先生无妻而有妻，陆女士离夫却有夫。真是一时佳话，多么可喜”。

从徐陆的“闺房亲昵”，到徐志摩去欧洲游历，陆小曼结识翁端午后成为瘾君子而移情别恋，最后到他二人出现感情危机，徐志摩赴京飞机失事，《上海画报》一直在维持陆小曼的美好形象。画报记述了徐志摩去京时还带着陆小曼的山水长卷，友人交相称赞，他颇为得意。而行前陆小曼也曾一再叮嘱徐志摩“飞机还是不坐的好”。而这段传奇式的罗曼史终以天才英年早逝而终结。

1930年2月6日刊出的特写照，差不多是陆小曼在《上海画报》上的最后亮相。图为陆小曼侧面头像，黑衣、黑发和黑色的底子混成一片沉重；面部由高光打出，目光略朝下，略长的钩鼻，抿紧的嘴唇，显得肃穆而沉毅，悲剧色彩笼罩着一个悲剧人物。

中国研究摄影理论第一画刊《摄影画报》

1925年8月5日，曾任圣约翰大学摄影学会会长的林泽苍，在上海发起成立了中国摄影学会，同时创刊会刊《画报》，先是更名为《中国摄影学会画报》，至1932年第6卷第278期改称《摄影画报》。主要刊登会员摄影作品，普及摄影知识，探索研究摄影理论。如果说1920年创刊的时报《图画周刊》，因最先以摄影作品为画报主体

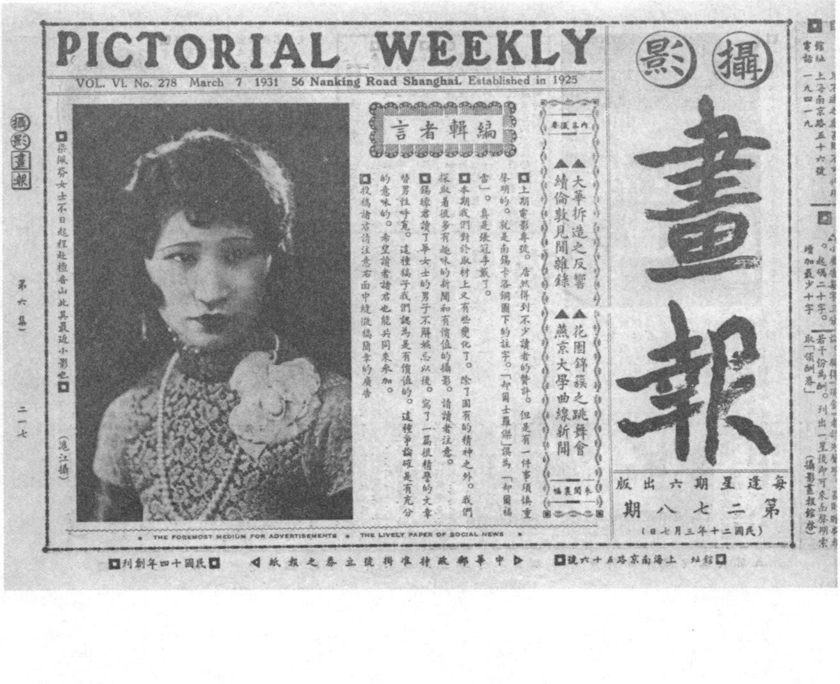
PICTORIAL WEEKLY

VOL. VI. No. 278 March 7 1931 56 Nanking Road Shanghai. Established in 1925

攝影 畫報

每逢星期六出版

第二七八期

（民國二十年三月七日）

攝影畫報 第六集 二一七

◘梁佩芬女士不日起程赴檀香山此其最近小影也◘

（滬江攝）

編輯者言

◘上期電影專號。居然得到不少讀者的贊許。但是有一件事須慎重聲明的。就是南錫卡落鋼圖下的註字。「却爾士羅傑」誤為「却爾福雷」。真是張冠李戴了。

◘本期我們對於取材上又有些變化了。除了固有的精神之外。我們採取着很多有趣味的新聞和有價值的攝影。請讀者注意。

◘錫璘君讀了華女士的男子不解娛忘以後。寫了一篇很精警的文章替男性呼冤。這種稿子我們認為是有價值的。這種爭論確是有充分的意味的。希望讀者諸君也能共同來參加。

◘投稿諸君請注意右面中縫徵稿簡章的廣告

▲大華折造之反響

▲續倫敦見聞雜錄

▲花園錦簇之跳舞會

▲燕京大學曲線新聞

館址 上海南京路五十六號

電話 一九四一九

增加最少十字

（攝影畫報館啓）

THE FOREMOST MEDIUM FOR ADVERTISEMENTS • THE LIVELY PAPER OF SOCIAL NEWS

◘民國十四年創刊◘ ◀中華郵政特准掛號立券之報紙▶ ◘上海南京路五十六號◘ 館址

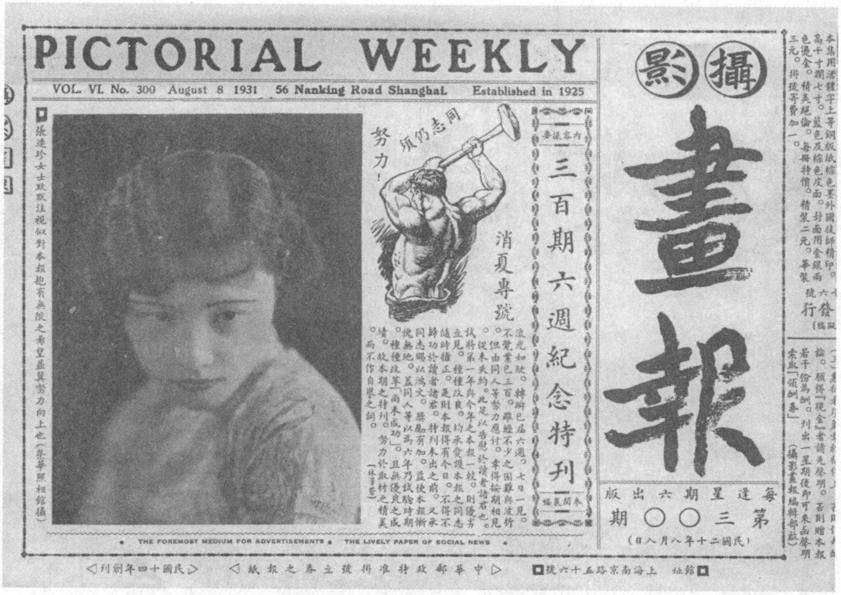

PICTORIAL WEEKLY

VOL. VI. No. 300 August 8 1931 56 Nanking Road Shanghai. Established in 1925

張蓮珍女士默默注視似對本報抱有無限之希望並冀努力向上也（榮華照相館攝）

同志仍須努力！

消夏專號

內容提要

三百期六週紀念特刊

流光如駛。轉瞬已屆六週。七日一見。不覺業已三百。雖經不少之困難與波折。但由同人等努力應付。幸得按期相見。從未失約。此足以告慰於讀者諸君也。試將第一年與今年之本報一較。則優劣立見。種種改良。均承愛護本報之同志隨時指正。是則本報得有今日。不得不歸功於讀者諸君。本特刊未出之前。又承同志賜以鴻文。獎勵有加。益使本報慚愧無地。蓋同人等以為六年乃試驗時期。種種改革「尚未成功」。且無優良之成績。故本期之特刊。努力於取材之精美。而不作自誇之詞。—林澤蒼—

攝影

畫報

每逢星期六出版

第三〇〇期

（民國二十年八月八日）

THE FOREMOST MEDIUM FOR ADVERTISEMENTS · THE LIVELY PAPER OF SOCIAL NEWS

◁民國十四年創刊▷ ◁中華郵政特准掛號立券之報紙▷ 館址 上海南京路五十六號

内容而被誉为“中国现代摄影第一画刊”的话，那么，《摄影画报》则是“全国首创唯一研究摄影之周刊”。

《摄影画报》属摄影艺术类刊物，周刊，逢周六出刊，初时为16开，8版，从1932年第8卷第375期停止报纸型画报，改为书册型画报，32开本，每期40页，页数连续计算。创办人兼主编林泽苍，图画编辑徐今生，文字编辑林泽民、彭兆良，由中国摄影社出版，华丰印刷所印刷，三和出版社发行，社址在上海南京路54号。从第十三年第9期起，改为半月刊。1937年“八一三事变”后，出至总第570期后终刊。

画报“图文并茂、编制新美、印刷超群、信用久孚”，文字、图片多为林泽苍、朝琼崖、胡光良、丁陞保、聂光地等当年国内著名摄影家所撰所摄。每期刊登十四五幅摄影作品，有世界摄影杰作、国内摄影作品和各种摄影展作品选登，多为人物、动物、景物等，均为黑白图片，每幅图片配以文字说明，部分还有摄影业内人士对

攝影畫報
10¢
拾卷・二期・
漳州炸後
首都元旦
林碧英女士
（林澤蒼攝）

復旦大學學生胡季任女士
（陳昺德攝贈）
時代學生
17

摄影作品的点评。文字内容极为丰富，“举凡一切有关摄影上之原理、实验之研究及心得，靡不赅备无遗。常阅画报者，初学可以无师自通，且可免无谓之损失，已学者更能日益精进。诚为初学及已学摄影者所必备之良师益友”。画报开设“漫谈”“社会缩影”“大晶播音”“电影界”“学生时代”“摄影周刊”等专栏。

传授摄影知识，介绍摄影最新技术是画报对中国摄影理论的突出贡献，也是研究中国摄影史的重要史料。刊载的《摄影实技》《如何摄影火车》《娱乐摄影者适用何种尺寸之镜箱》《云的摄影》《摄影术》《跳舞摄影》《镜头之保护》《风影美术是如何摄法》等一系列的关于摄影知识、理论方面的文章，语言通俗易懂，对摄影者的拍摄工作有着现实的指导意义。而《针孔摄影》《最新暗房技术》《美术摄影分析》等文章介绍的世界最新摄影技术和理论，大大开阔了国人的眼界，提高了国人的摄影水平。林泽苍发明的“活页底片保留袋”，不仅可以用来保存摄影底片，而且出售时还配以中外影星玉照，多为好莱坞10寸原照片，种类极多，美丽清晰，大大满足了当年追星族的需求。

画报自创刊之日起就开始面向社会举办中国最早的摄影月赛，参赛者有摄影家、报社摄影记者及一些摄影爱好者，来稿图片要求一律“在3寸以上，放大者尤佳，在照片背后注明姓名住址、露光时间、光圈大小、天气情形、用何种相纸”，所有来稿均由中国摄影社审查、评比，入选者在画报上发表，并在发表作品中评选出一、二、三等奖，予以奖励。这项活动一直坚持了13年，不仅培养了一批中国早期的摄影家，而且还促进了中国摄影事业的发展，促成了数家摄影团体的成立，组织了多个大型摄影展览。1930年，《摄影画报》举办了中国第一个摄影大赛，吴中行拍摄的《雪花冻断杏花村》荣获一等奖。

《摄影画报》虽是专业性极强的刊物，但为了扩大受众面，增加

中國電影

聯華新片『人生』係聯華上海第一廠出品

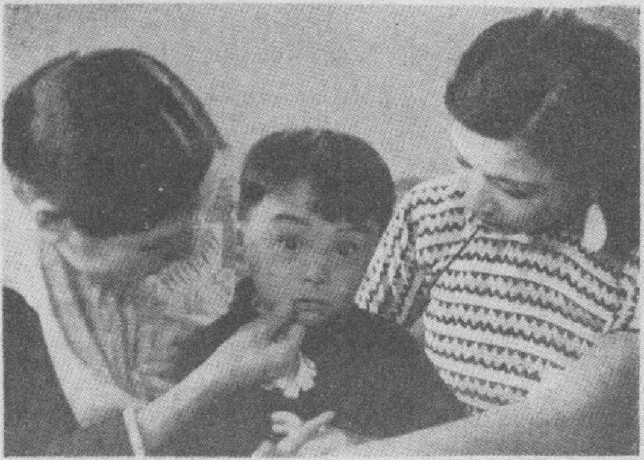

人生中之教養院一幕

阮玲玉林楚楚與黎鏗之玩笑

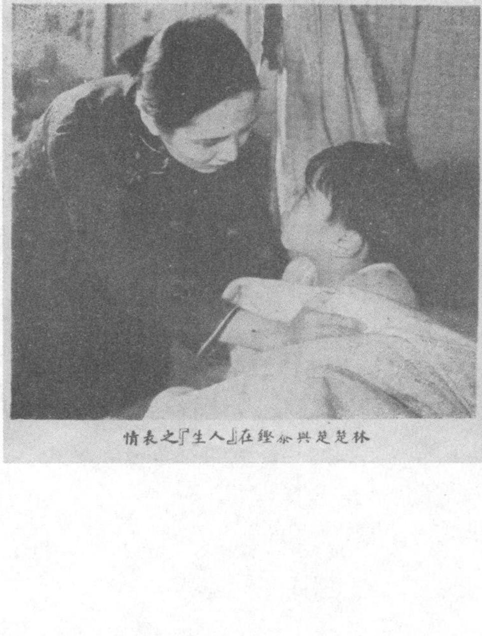

林楚楚與黎鏗在『人生』之表情

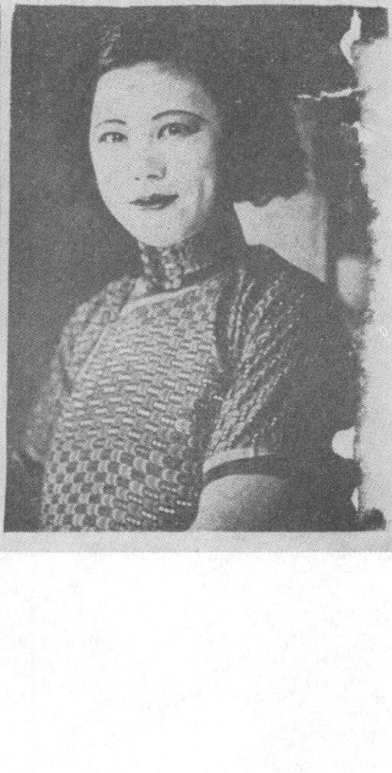

胡珊女士近影（下圖）（陳嘉震攝）

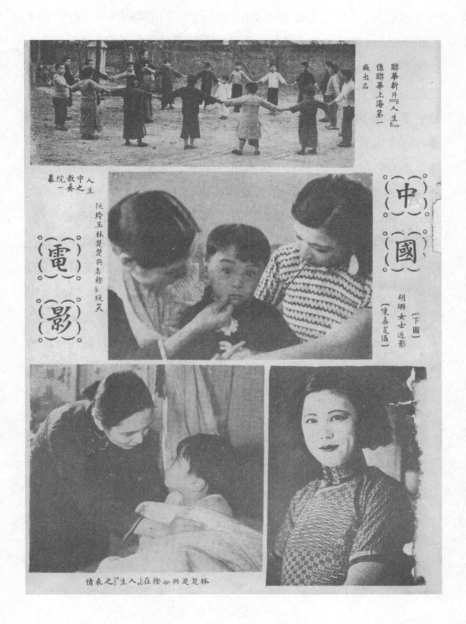

趣味性，也刊登了一些时事新闻、名人活动、趣闻逸事，如《蒋介石生活近况》《日人大捉烟馆女招待》《李烈钧酣舞失眠》《俞鸿钧主张怕老婆》《世界最富女人》《马雀博士发明肺痨特效药》《张恨水的如夫人》《沈从文与丁伶二人是同乡》《文艺界秘密追悼丁玲》《林语堂的幽默演讲》等文。“大晶播音”栏目更是刊载了“摩登女子在乳峰臀部突出为美，其投机商人拟门设一化妆店，专为制造假乳假臀等，以迎合社会的需要”“巴黎的火车因为看得男女们接吻来得太甜蜜，不觉馋涎起来，也来一次热烈的接吻”等道听途说的花边消息。

20世纪30年代，上海的社会风尚与西方几乎同步，受好莱坞文化的影响，美人照盛行于世，当时许多画报的封面、插图都是影星、歌星、坤伶、名花、闺秀、名媛、校花等。即使是《摄影画报》这样严肃的专业画报也未能免俗，名媛、美女、歌星、舞星时常出现在画报的显著位置，诸如《恋爱争胜后的生活》《有意味之吻》《世界最长的吻的纪录三小时零二分》《某新娘报告恋爱》等文章更是为了满足读者的低俗需求。值得一提的是，林泽苍固守的不刊登模特裸照原则也被打破了，但仍坚守着不刊登妓女玉照的底线。

“海上杂志之冠”《紫罗兰》画报

1925年12月，《紫罗兰》画报在上海创刊，主编为鸳鸯蝴蝶派的杰出代表周瘦鹃，大东书局出版发行，撰稿人有朱瘦菊、郑逸梅、范烟桥、王小逸等。画报既承继清末民初通俗文学传统的血脉，又根植于20世纪二三十年代上海上升期中的现代化土壤，堪称这一时期的“杂志霸王”“海上杂志之冠”。1930年6月15日，画报出刊至第4卷第24期，总第96期时，因故停刊。1943年5月复刊，仍任主编的周瘦鹃独具慧眼，从复刊号开始连载张爱玲的处女作《沉香屑：第一炉香》，不仅促成了一颗文学新星的冉冉升起，而且也使画报畅销一时。复刊后的画报于1945年3月出刊至第18期后终刊。

说起《紫罗兰》画报刊名的来历，还有一段让人辛酸的故事。中学时代，周瘦鹃去观看某女子中学的联欢演出，偶遇一位名叫周吟萍的女生，她不但表演引人注目，而且活泼秀美。周瘦鹃一见倾心，热烈追求。此后，他二人鸿雁传书，山盟海誓，情意绵绵。谁知有情人难成眷属，家道殷实的周家，看不上周瘦鹃这个穷学生，强行拆散了这对恋人，将周吟萍另行婚配。周瘦鹃痛不欲生。因周吟萍的英文名为Violet（紫罗兰），从此，周瘦鹃就爱紫罗兰成癖，他的案头供着紫罗兰，写文章用紫罗兰色的墨水，作品集多以紫罗兰命名。正如他自己所说的：“那段刻骨伤心的恋史，以后二十余年

间，不知费了多少笔墨……我的那些如泣如诉的抒情作品中，始终贯串着紫罗兰这一条线，字里行间，往往隐藏着一个人的影子。”那么，他主编的画报取名《紫罗兰》也就是顺理成章的事了。

《紫罗兰》画报属文艺类刊物，初为半月刊，方20开本，封面上的民国美女图，为著名月份牌画家杭樨英的作品，梅兰芳、袁寒云等题写刊名。复刊后改为月刊，36开本，每期近200页。画报以散文、小说为主，连载小说颇具特色，除有大量插图外，每期还有多页图片专版，图文俱讲求情趣消遣性。丰富多彩的内容、精益求精的形式编排和灵活巧妙的商业运作方式，使得画报在上海风行一时。

画报始终贯彻着周瘦鹃的编辑理念，不仅融汇了通俗文学期刊编辑理念的共性特征，而且贯通着他独特的创作风格、人生经历、

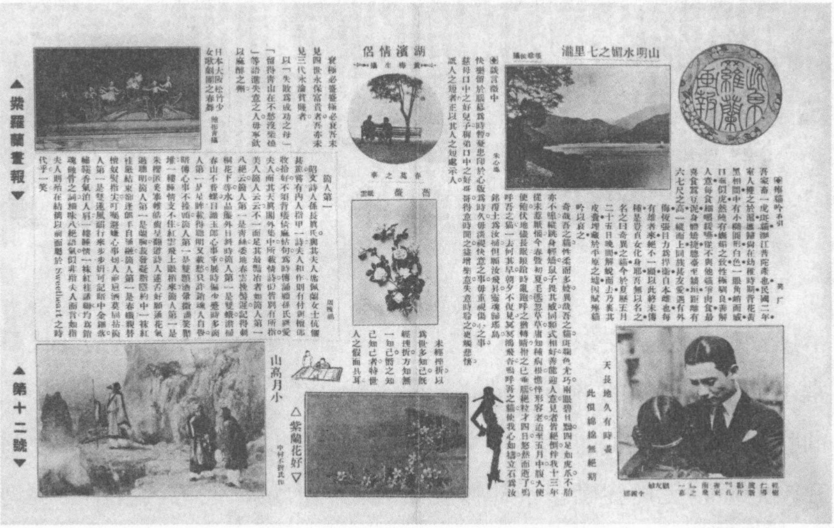

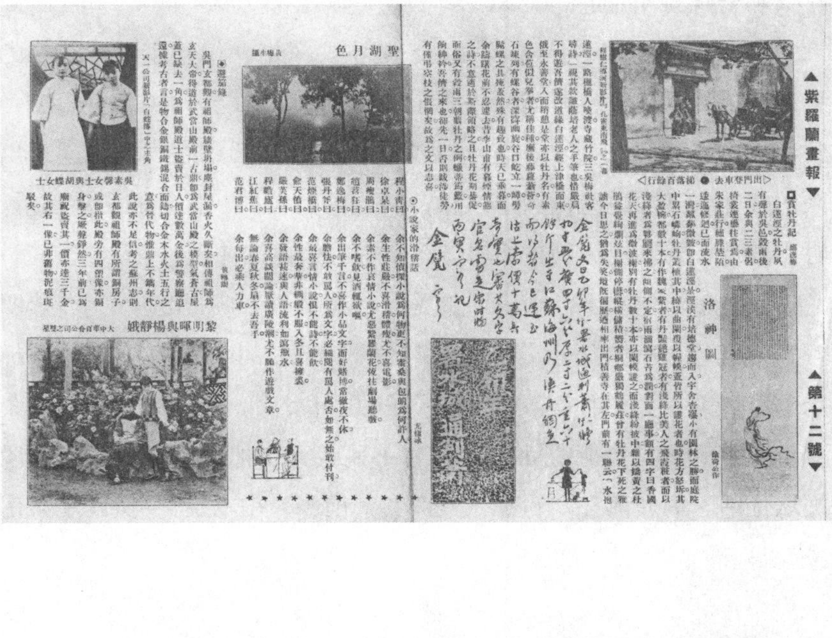

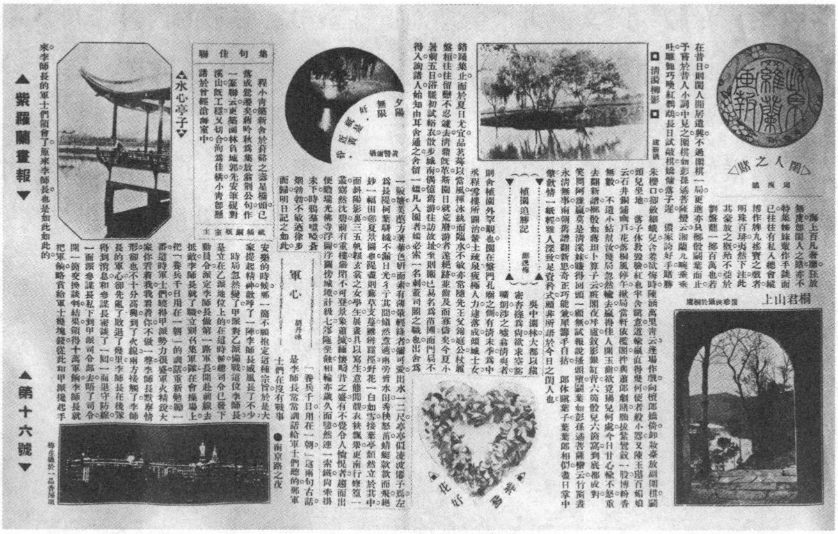
紫羅蘭畫報
第十六號
水心亭子
集句佳聯
清溪柳影
閨人之勝
桐君山上
植園追勝記
軍心
南京路之夜

情感创伤等因素交织而成的个性气质。画报表面看仅仅只是现代日常生活审美创作的平面展示，不同于新文学狂风暴雨、摧枯拉朽式的意识形态革命，或者传统文人头破血流的负隅顽抗，但是，生活政治的润物无声在画报中却体现出无比的力量，使得读者不自觉地喜欢和全身心地靠近。

日常生活的叙事是《紫罗兰》的主要风格，偏向于女性定位的格调，成为一份女性时尚画报。全面叙述1925年至1930年上海多元裂痕的本土性现代化、沪上商业文化和民众生活状态。画报呈现出来的多元、开放的时尚叙事风格，文化的商品性，日常的生活政治，时尚的现代性，成为画报编辑方针中最有价值的体现。

张爱玲早年在上海成名，就是从《紫罗兰》画报起步的。《紫罗兰》复刊后，一直秉承着“文学与科学合流，小说与散文并重，趣味与意义兼顾，语体与文言齐放”的办刊宗旨。正当周瘦鹃为《紫罗兰》复刊忙碌之际，张爱玲捧着书稿找到了他，于是成就了一段文坛佳话。周瘦鹃在《写在〈紫罗兰〉前头》中写道：“黄园主人岳渊老人介绍一位女作家张爱玲女士来，要和我谈谈小说的事……说着，就把一个纸包打开来，将两本稿簿捧了给我。我一看标题叫做《沉香屑》，第一篇标明《第一炉香》，第二篇标明《第二炉香》，就这么一看，我已觉得它很别致，很有味了。当下我就请她把这稿簿留在我这里，容细细拜读，随又和她谈起《紫罗兰》复活的事。”周瘦鹃读完张爱玲的作品，感到与英国名作家毛姆的风格很是接近，更依稀见到了《红楼梦》的影子，让人爱不释手，当即决定采用。随着《沉香屑》在《紫罗兰》与读者的见面，张爱玲的名字首次引起上海文坛瞩目。

民国第一画报《良友》

1926年2月15日，上海街头报童手举一册崭新的大型画报高声叫卖，画报封面是手捧鲜花、笑靥迎人的妙龄女郎大幅玉照，她就是日后红极一时的影星胡蝶，这本画报就是享誉海内外的民国第一画报《良友》。

《良友》画报创刊于上海，社址在上海北四川路851号，创刊人兼第一任总编辑伍联德，后因业务繁忙，从第5期开始由周瘦鹃主编，但周瘦鹃并不擅长画报业务，遂于1927年的第13期后聘请当时正在齐鲁大学就读的青年梁得所主持。梁得所会作画、擅摄影、文笔好，接任总编后，大力革新，仅用了两年的工夫就让画报的销量由最初的7000册激增至4万册，行销美国、

加拿大、苏联、澳洲、日本等27个国家和地区，当年凡是有华侨居住的地方就有《良友》，赢得了“良友遍天下”的美誉。1933年，梁得所另起炉灶创办《大众》画报，从第79期起由马国亮主编。张沅恒、张沅吉兄弟是画报的第五任主编，编辑出版了第139期至第172期。1941年12月，良友公司被日军查封，画报被迫停刊。1945年画报曾一度复刊，后因股东分歧而于同年10月终刊。

《良友》画报为综合性刊物，初为月刊，自1935年7月第90期开始改为半月刊，不久又恢复月刊。除短期铜版印刷外，多为影写版印刷，最令人称道的是它新颖别致的图片排版，丝毫不落伍于当代的画报，前期24页，第50期篇幅增至42页。画报在出刊172期中，共刊登彩图400余幅，照片达3.2万余张，详尽、真实地记录了近现代中国社会的发展、世界局势的动荡，中国军政学商各界之风云人物、社会风貌、文化艺术、戏剧电影、古迹名胜等，多角度、多侧面地再现了20世纪二三十年代的大千世界。著名画家齐白石的生活照、好莱坞童星秀兰·邓波儿的彩色照片、一代文豪鲁迅先生逝世时的现场照片、摄影大师郎静山的众多佳作、显赫一时的前卫美术团体中华独立美术协会和决澜社的作品展，以及鲁迅、老舍、

傅秉常與林靜影二氏之作品

美術攝影

女足

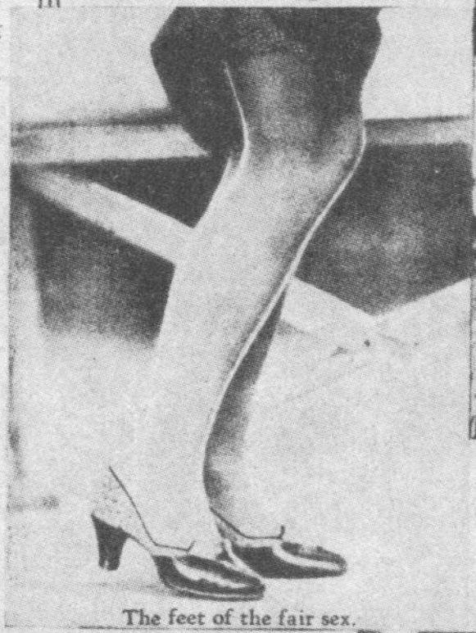

傅秉常作

The feet of the fair sex.

瀟洒 Bamboo. 傅秉常作

輪 Wheels. 傅秉常作

巧笑倩兮 A charming smile. 傅秉

冰英 Chrysanthemum. 林靜影作

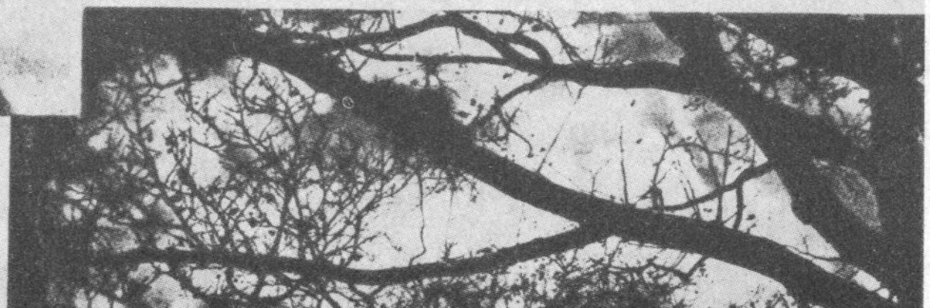

瓊珂

A big tree with many branches

林靜影作

RT PHOTOS.

P. C. Fu and C. Y. Lin.

巴金、茅盾、林语堂、丰子恺等众多文人的文学作品，在画报中都能找到。更为珍贵的是胡适、张学良、蔡元培、梅兰芳等一个个曾改写中国历史的重量级人物为画报题写的刊名，默默地诉说着这份画报当年的地位与荣耀。

画报之所以能顽强地生存20年，一是得益于每年一次的改版，让画报常以崭新的面孔出现在读者面前；二是因为画报的选材严谨，它在征稿中多次强调，“图片选择以内容充实为原则，时事方面则力求富有普遍之重要性，属于趣味性的则力求趣味深厚，一切无聊的照片、无利于大众智识的文字概不登载”；三是拥有梁得所、马国亮、谢恩祈、韦廼纶、万籁鸣、陆上之等一支正直、敬业、多才多艺的编辑队伍的支撑，让画报做到了“学者专家不觉得浅薄，村夫妇孺也不嫌其高深”；四是良友公司的巨额投入，《良友》画报首创成本昂贵的影写凹版印刷，而且每期还有三页彩色插图，更于1932年10月派出以主任梁得所，干事司徒荣，摄影张沅恒、欧阳璞等4人组成的全国摄影团，历时9个月，艰苦跋涉5万余里，拍摄“中国28个省市的风土人情、历史古迹、山川美景、交通工具、农工物产”的珍贵照片1万余张，采写文章数十万字，陆续在画报上刊发。这些图片还先后在上海、南京、香港、广州、厦门、北平、汉口等地举办巡回展。

《良友》是中国新闻史上办得最成功、影响最大、声誉最隆的一本画报。它的代售处遍及全世界，堪称中国现代新闻出版史上出版时间最长、发行范围最广、发行数量最大、报道信息最及时、内容最丰富的一部大型综合性新闻画报。它比同类型的美国著名大型画报《生活》画报早10年，比苏联的著名大型画报《建设画报》早4年，稍晚于英国的《伦敦新闻画报》。它不仅是中国画报史上较早出版的深受读者欢迎的大型综合性画报，也是世界画报史上的巨擘，作为了解中国的窗口，世界各大图书馆都有收藏。

从《银星》到《新银星与体育》

《良友》画报创刊半年后，良友图书印刷公司的第二本画报《银星》画报诞生了。《银星》是中国早期研究电影艺术的画报之一，1926年9月1日创刊于上海，社址在上海北四川路良友公司内，卢梦殊编辑。1928年1月出至第16期后，因亏损过重而停刊。同年8月复刊，更名为《新银星》，卷期另起，陈炳洪主编，新银星社编辑，良友图书印刷有限公司发行。1930年4月出至第3卷第20期后与同为良友公司发行的刊物《体育世界》合并，改名为《新银星与体育》，仍由陈炳洪主编，新银星社与体育世界社联合编辑出版。1931年3月15日出至第4卷第29期后，恢复原刊名《新银星》，同时脱离良友公司自办发行，同年10月10日出刊至第4卷第33期后终刊。前后共出刊49期。

《银星》属娱乐类刊物，月刊，16开本，曾一度改为8开本，后又恢复16开本，旨在“提倡电影艺术和引起阅者研究电影艺术的兴趣”。开设“卷头语”“中国片评”“外国片评”“读者园地”“银屑”“银讯”等栏目，注重向专业人士特约稿件，对缺乏艺术性的商业片盛行、武侠神怪片泛滥等当时中国电影界的现象和存在的问题提出了批评。刊登中外电影的理论、知识、技术、评论、影坛动态和影人近况。国内国外内容较为平均，国内方面有《国产电影今后应有

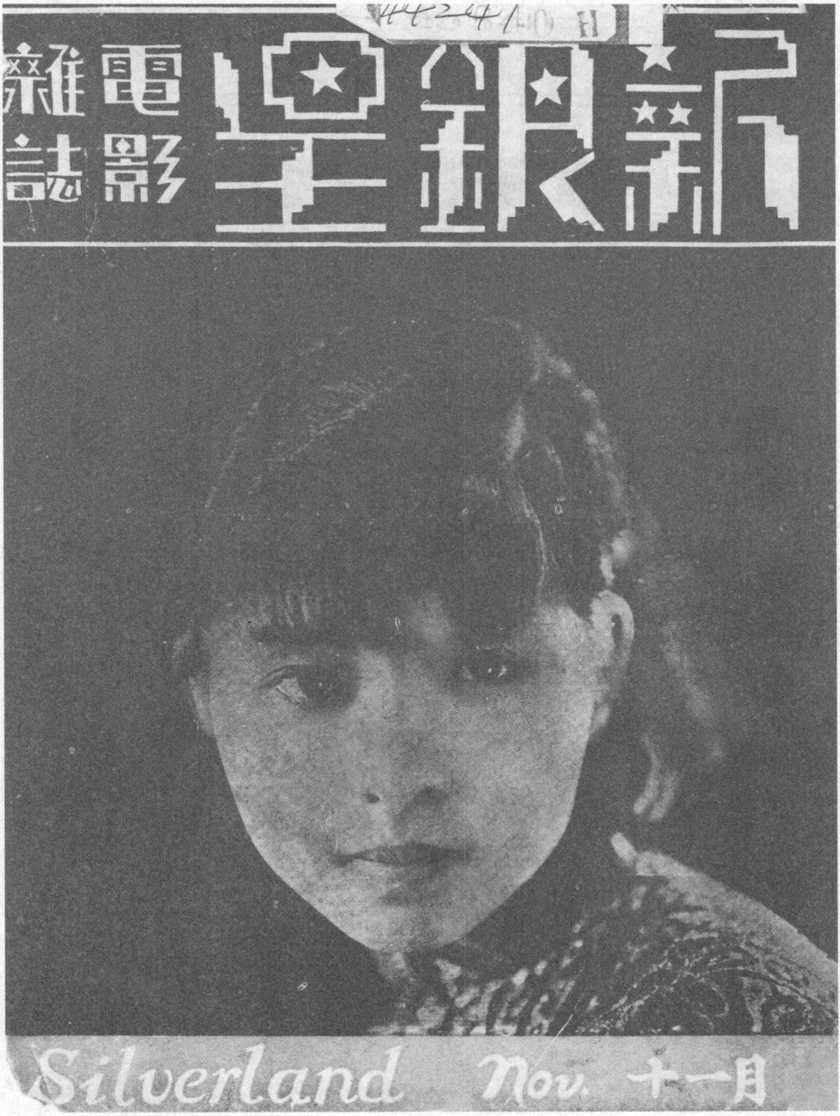
新銀星
電影雜誌
Silverland Nov. 十一月

續王氏四俠之一

王次龍　金燄　王元龍　鄭超人

續王氏四俠之二

王次龍　鄭超人　金燄　王次龍　周文珠　苗菊貞

大中華百合出品

的新趋势》《电影与革命》《民国十七年国影剧》《畸形的中国电影》等；国外方面有《全球影戏院之统计》《日本影业谈》《日本之银幕事业》《世界电影今昔谈》等。

《新银星》，月刊，16开本，50页，虽仍为娱乐类刊物，以刊登电影界消息、趣史、明星逸闻及影评介绍为主，但已将主要精力投向国外影坛，国内篇幅缩水至不足八分之一，每期只刊登少量的国产新片介绍、剧照、明星小传等。其主要原因是“与国产电影贫乏相比，国外电影尤其是好莱坞电影内容更充实”。画报除特约撰稿人外，还与欧美各大影片公司取得联络，因此发布消息比其他报刊更为快捷，图片也更精良。画报在栏目设置上也颇费心思：有刊登欧美影人近况趣闻的“十字街头”，传递影界各方之最新消息的“快邮”，报道明星、民新、天一、长城、孤星、皇后、华剧、昌明、海滨等电影公司的拍片情况的“中国影场消息”，通报上海各影院近期上映新片的“上海影戏一览”，而“声片栏”为记录电影界的最大特点——有声电影的信息，这是国内电影刊物中最先为介绍有声电影而设的专栏。

《新银星与体育》属体育类刊物，月刊，8开本，40页，电影、体育两项内容各占一半。电影部分基本延续《新银星》的风格，以介绍国外电影为主。除一般的影坛消息外，对当时上海电影界发生的一些重大事件也有深入报道。体育方面除关注上海本地的体育活动外，还详细报道了第十届奥运会的筹备情况、第九届远东运动会精彩赛事、全国运动界消息、广东水上运动会、东北四大学运动会等。

画报坚持“主持正论，态度公开”的办刊风格，除少量特约稿件外，大多为自由投稿，内容面向广大普通读者，只求普通，不求深刻，故而专业性的文章一律不予刊登。

贴近读者，倾听读者声音是画报的特色。每期一版的“读者讲

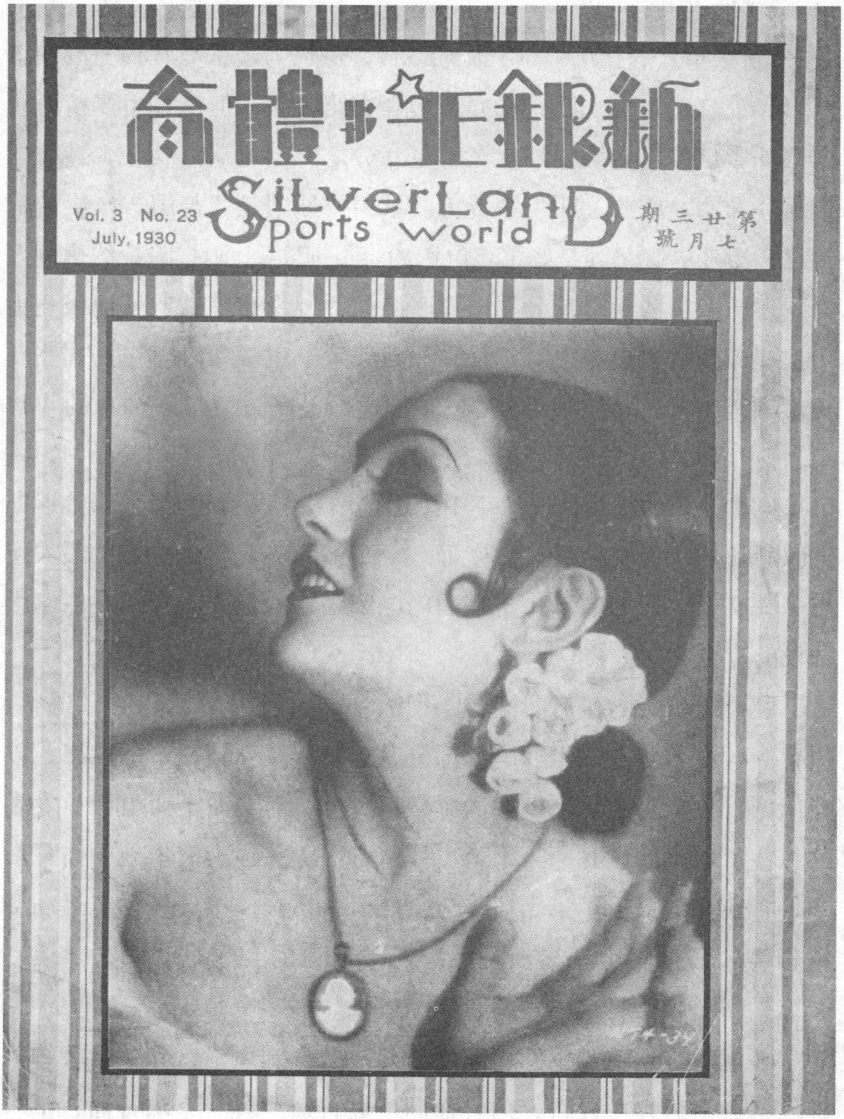
新銀星與體育
SILVERLAND
Sports World
Vol. 3 No. 23
July, 1930
第廿三期
七月號

東北運動會一瞥

晶攝

符寶廬撐竿

標槍鐵球第一劉仁秀

千五百米得勝者王銘紳姜雲龍劉古學馬德剛

百米起賽情形

女子運動員之一班

張學良與于鳳至女士在場訓詞

八百米第一王銘紳

籃球擲遠第一---同澤何振坤女士

萬米第一劉古學

—10—

坛”栏目，专门刊载读者对画报的各种意见和建议。主编陈炳洪亲自撰写的“编后话”，是与读者沟通的桥梁，回应读者来信，解答读者困惑，畅谈办刊理念，甚至是向读者诉苦。《新银星》与《体育世界》合刊后，原想让读者得到一举两得的利益，但读者并不买账，来信称“不应该将电影、体育这俩风马牛不相及的东西放在一起，无需合刊，不如以前的纯电影刊物了”，建议恢复《新银星》。报社遂于第23期、第25期即合刊后的第4、第6期尝试舍弃体育，出版了两期纯电影画报。令报社失望的是，虽然读者来信好评如潮，但并没有像读者预料的那样销量大增。报社遂于第26期重新加重了体育的分量。报社就是这样在左右摇摆中走向衰落。

号召女性直立于社会的《今代妇女》

辛亥革命后，女权问题被列入政治议题，一批有识之士纷纷筹备创办女性期刊，以呼唤中国女性的觉醒。1927年下半年，由上海良友出版公司创办的《现代妇女》，正是带着让女性“直立于社会”的神圣使命，用轻松活泼的文字和精美鲜亮的插图，以休闲娱乐的优雅风格展现给广大女性读者，被誉为“最具当代女性时尚杂志雏形的刊物”。

《现代妇女》为时尚类刊物，主编马国亮，良友图书印刷公司出版发行，社址在上海北四川路851号。在新加坡、中国香港、广州、梧州等国家和地区均设有代理处。月刊，8开本，40页。1928年6月更名为《今代妇女》（英文名为The Modern Lady），期数从头计起。《今代妇女》画报封面为四色胶版印刷的美人玉照，但马国亮一直不满意用照片做封面，遂从1931年1月改为方雪鸪的水彩画做封面，直到同年7月第29期终刊。

画报以妇女人物为主，倡导女性独立，呼吁女性通过自己的努力取得相应的社会地位。其征稿启事称：“照片方面，如妇女生活，女界名人介绍，家庭儿童等；图画方面，如妇女时装，房屋装饰，漫画，及富有兴味之黑白书画等；文字方面，如关于妇女问题探讨之论文，中外女界名人传记，家庭日常生活之研究，以及文艺作品如散文、小品、诗歌、小说等等俱极欢迎。”画报内容有介绍国外妇女生活的《海外杂录》《爱娜斯丁许曼汉克传》《美国女子的户外运动》《你是世间最伟大的情人》等，有传授女性社交技巧的《恋爱技巧》《社交须知》等系列文章，有讲授女性生理卫生知识的“每日卫生撮要”“卫生顾问栏”等栏目，有亢德的《梦》、江之岛的《未送的画》、张若谷的《十颗活跃的心》、焦若的《玫瑰姻缘》、吴印咸的《美丽的背心》等文学作品，有分析女性现实生活的《闲暇之时》《终身大事》《给女人们》《再给女人们》等杂文。

画报初期图文并重，从1929年下半年开始，更加侧重文字内容，图片由原来的近100幅减至六七十幅。为此，马国亮解释说：“良友画报便是以图画为主体的杂志，取材广博精美，印刷方面又好。至于本杂志呢，既然和良友杂志是同一的公司隶属之下，当然不能这样不高明地大家都挤在一条路里。并且本杂志的使命又根本与良友画报不同，所以我们要用文字做主体，用浅显有趣的文字来贡献一切妇女们所需要的智识，来尽力于我们的使命……我们每期必定精选六七十幅图片插在文字里，文图两相关联，既不失杂志的本旨，又能使读者们对于文字方面增加兴味。”

“探讨女性最关注的话题，争取妇女在社会中的地位”是画报的始终主题。1931年3月的第26期出版之时正值国际三八妇女节，该刊刊登的《我们的三月八日》和《编辑后记》强调了“应该是妇女们直立起来的时候了”的主题。“我们可以看到，外国的妇女们都已很坚强地在人类中和男子们一样地直立起来了。在中国，我们看见能够直立起来的不过寥寥几个，有些是想立起来而没有气力，有些是口里只晓得呼喊着‘直立’口号，而自己却尽在懒懒地伏着不愿起来，有些却简直不知道她是应该要站立起来的。三八节就是向全世界的妇女敲着的一只警钟，敲响了妇女们的灵魂，叫她们站立起来。但是要站立起来必得要自己有气力，不能靠男子的力量。正如

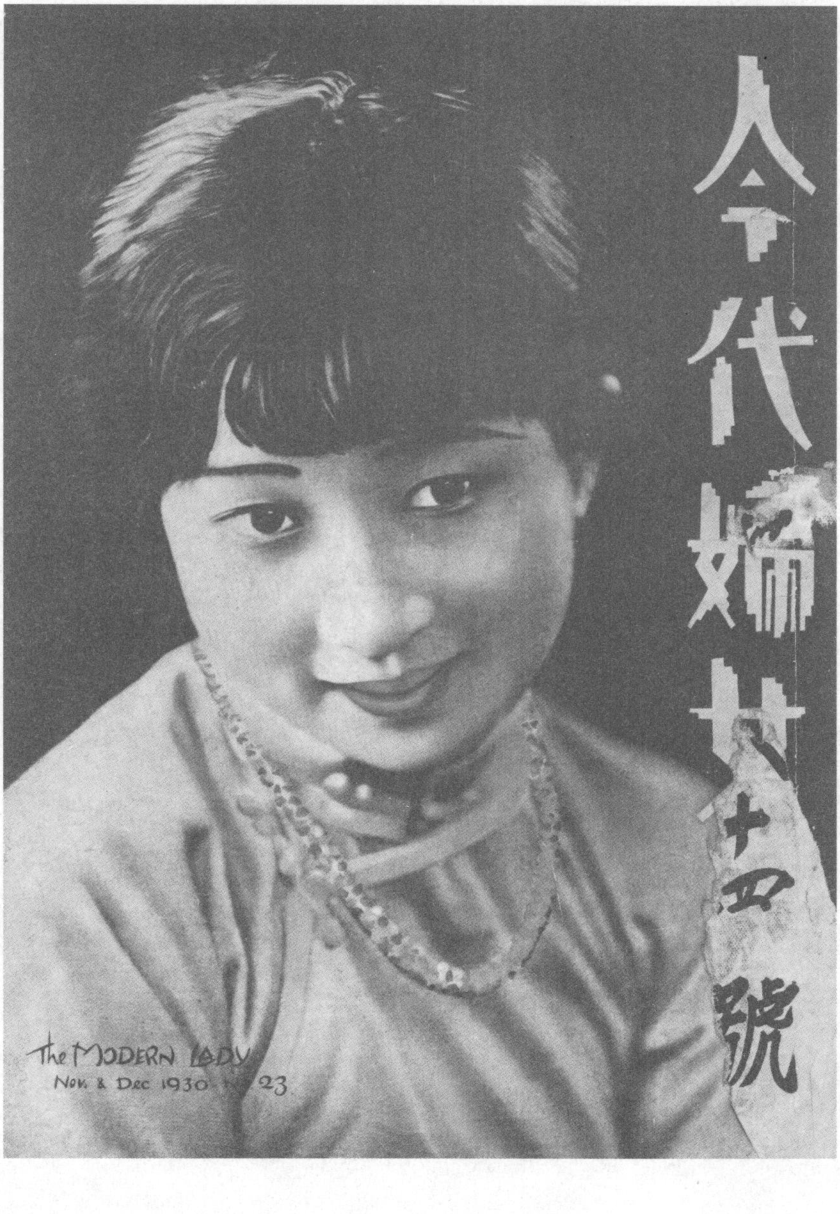

号召女性直立于社会的《今代妇女》

奏琴——消遣閑暇方法之一　徐鴻基攝

閑暇之時

高雲池

「閑暇」這件事，雖則對于無論何人都是極需要的，然而誰也不去重視它。一般人在空的時候，往往不知道如何處置自己，把良好的光陰耗費在無聊。或是不正當的事情裏，像飲酒賭博等等。可是，這並非是白對縮短工作的理由。反之，有了閑暇，就該先利用，不可輕忽放棄。惰懶的人，常抱着「臨時抱佛脚」的心，過度工作着，結果是草率了事。那些終日閑暇者，從不知道時間的價值，更不識到暇時的快樂。

過于閑暇的人和過于忙碌的人比較起來是極少數，——如果我們把一般因懶惰失業而被迫工作者包括進去的話——；然而雙方都有困難的地方。

譬如說，一個有家庭而勞動的婦人，便沒有多時間去處理家務了，倘若要處理家務，她也常需休息。但是，她們雖則過于疲勞，卻很重視閑暇的價值。在英國有好多的婦女組織「婦女合作社」，「婦女工黨部」，「婦女成人學校」，等等。此外尚有「婦女協會」，雖不包含討論政治和宗教的問題，因而減少她們的活動園地，在鄉村的無論家庭中外，卻有了不少的興味，如提倡手藝，運動，園藝，養蜂等等。

可是，因爲勞動階級的婦人非常忙碌，社交婦人過于閑暇的緣故，有一般年青女子便從事於實業，商業以及專門職業，每天除了六小時的工作外，尚有兩個至四個自由的鐘頭，從事于遊歷，甚至兩個鐘頭內也有不少事情可幹，在這篇東西裏，是要考慮怎樣才能把閑暇快樂地有效果地利用着：這並非是容易的事，因爲一個人能知道利用閑暇，便能懂得人生藝術了。

在我未將利用的方法建議以前，且把各種困難的地方略加說述。

(一)困難

(A)房屋

家庭中一有了擁擠，什麼事情便不能幹了。假使房內有了紛擾和喋喋聲，無論你要讀書，寫字，甚至很正經的談話，都難辦到。年青女子在工作後回到家中，見這情形因而再出去的，並不算爲奇事。我想房屋是很需要的，雖不必怎樣講究，在這公共的房屋裏，可以組織混合團體，俾青年男女能得自由聚集，或是讀書，或是討論各人的嗜好，或是閑談有趣的事體，看他們所需要。在勞働羣衆中，什麼團體幾乎都是男女分開的，但時常亦有人出來反對，主張混合的機關。在工業學校，藝術學校，以及傍晚學會等，是男女同班的，但亦不過爲熱心教育者所設而已。

讀書——消暇方法之二　（陳傳霖攝）

(b)不願，或不能保守固定的時間

一般沒有固定閑暇的時間的人，要想去利用閑暇是極難的事，而且他們並不希望有什麼閑暇，有許多人，甚至有時很可以利用它，也不願什事前有所準備。他們不願受了束縛。因此，雖有固定工作的日子，要有意義的利用閑暇，是絕對不可能的了。

(c)傾向于服從的暗示

著述——消暇方法之三

有一種極大的營業，它的目的是拿特殊的娛樂。而去勸告人家化錢。這些娛樂，雖然是厭倦的，耗費的和無用的，對于社會並不反抗。有一般不法之徒，他們具有一種人類所缺陷的狡猾的智能，以刺激男女的性慾而致富；實則除了一點機械式的興味，可以忘去片刻的疲倦外，便無別種價值了。

（續見第三十五頁）

希望于他所十分鍾愛的女子的。我曾經講過，你就不用這些德性，都可以吸引一個男子，但是永遠要保這種愛慕，就是另外一個事情了。

當我告訴你，說你最後一定要表示所謂「較好的性質」，不可這樣幻想，在戀愛事件任何時期中，你可以完全表示出公道的心腸，并準備在你鍾愛的祭壇之上，犧牲你一切的幻想及希望。這種時候是遠不會降臨的；但是你可以不必走到極端，而表出你良好的性質，滑稽的感應，及友誼的可能性。

最親愛的淑女，現在討論一下，女性的無能力。一種諛揚男子最好的方法，就是在每種他有本領的事情，除了要表出同樣的本領就會與他較爲諧和，而增加你與他接觸的機會，比方如在遊戲，運動，及藝術方面之外，則你要假裝作一個白癡。比方說你是一個很好的絨球手，而你想吸引一個絨球的專家，若果你特別是在別個人的面前，不佔了他的上峯，或者想教訓他，則你的技能，但是大體來講，是要有區別性的，就會成爲一種最好的資產。就算在我講述那幾件事，你一定不可令到你的技能，高出他的技能之上。

一個男子會與一個幫助他表現出他的優點的女子發生戀愛。許多女子不認識這種心理，很老實的與她們所想吸引的男子比賽，想得辯論上的勝利，指出他的弱點，并常常使他過意不去。我很確實的知到你，我的學生，若果我可以這樣叫你，就不會幹這樣愚蠢的事情。

你一定要在他很實際的地方，表出不實際之處。若果他是這樣的人物，即是永遠不記得貼記行李，存放單據，及要求狗的特許證的，在這些事件中，你一定要表示出空虛及昏鈍的態度。反之，若果他是屬于少有的典型，即那些夢想者，則你的效率，就會得到他的敬仰。

但是有一門的事件，你常時可以表現出你的能幹的，與任何人的交接而關係你自己的，但是并會消磨了你的女性；即是那些與你最受人稱贊的溫柔的感情的事件。「當痛苦及渴望使人困苦的時候」一個男子還想能夠叫你做一個待奉的天使，如在別個時候，他還喜歡你是「沒有定見，莊嚴，及難于令你喜歡的人一樣」。在他晝寢較爲嚴肅的期間，一個他所歡愛的女子，走近他的病榻——溫柔，輕微，比較六個看護婦還更爲有用——或者與他手接手的握着 跪在他所坐立的椅旁，低頭懷着熱望或痛苦。親愛的淑女，在這些事件中，你不會覺得是太過有用的。

在我未結束這章之前，這一章對于我的目的是太過簡單，但我恐怕對的你的愉快是太過冗長了，我一定要用多少的時間來講及他種的德性，而爲男子所希望于我們的——嗜好的精練。除非你面記得這是包括三種重要的東西的；精細的心腸，精細的語言及精細的人品，則聽起來并不像一種優良的德性。若果殿知到若干個女子會想用劣拙的談話及粗鄙的言語來說明他們是現代的及時髦的，則你就會驚訝起來。我的能夠用過重的說話來責罰這種態度，使我們全部分較女性都受許多損害的。若果男子們不相信我們是比他們較爲精細的人物，則我們所應得的俠義的舉動，而我們所需要于他們的，又從何處得來呢？我知到有些男子會寬恕這種女子的粗鄙性的，而有幾個壞種要會覺得是津津有味的；但是就算她不能夠損壞她自己的吸引力，則對於其他女性的尊敬上，就會使她不去說那些粗言鄙語。

女性的談話，應該絕對免除反抗，的要素，而一個男子應該知到他與你所談論的題目，與男子所講論的有絕對不同的地方。若果他沒有感覺到，則他就以爲是與一種容易惹起誤會的婦人相處，而你就應該立刻改正他的印象。你常時要避免那些會形容出一種不愉快的印象的詞句，并且不應該對于粗鄙的事件，作長時間的討論。講到那些淫邪的故事，一個與你稍相熟的男子，就想講給你聽，那不過是有意或無意之間羞辱你罷了。我親愛的淑女，對于這種明顯的事實，你不必要人講到，想已明白，但是許多女子沒有道德的勇氣，來用冷靜態度來斥責那個侵犯者，就嗜笑起來，以滿足他的慾念。

講到個人的精細性的主要的特性，你自然沒有需要知到的東西。但是這個論題中有一兩方面，并不十分需要，但并不是多餘的，就應該檢驗一下。這些題目很正當的可以留在下章，在下章的篇幅中，我就會略爲討論一下。

（未完）

三月八日上海婦女團開紀念會之攝影。台上演講者爲社會局長潘公展氏（本誌特約記者陳昺德攝）

我們的三月八日

書生

公歷一九〇九年的三月八日，美國先覺婦女們因痛心于人權的被奪，集合羣衆，作盛大的示威運動，以期喚起同性，共策進行，來達到自由平等的目的；次年，一般信仰社會主義的婦女，在丹京哥布哈報開第二次代表大會的時候，就定下三月八日爲國際婦女節，這便是三八節的由來。

三八節是一種另有國際性的婦女運動，這種運動有光榮的歷史和偉大的影響，歐美的婦女們在政治，法律，社會，經濟和教育種種方面，都能夠和男子處在同一的地位，就是這次運動所得的結果。可是我們中國婦女運動還是一種萌芽，一般婦女們還沒有澈底的認識。現在我且將攷察所得的，中國婦女們對于三八節運動的意識和觀念寫在下面：

這不過是受着好奇心的驅使罷了，明知沒有受過教育洗禮的婦女們怎樣能够明瞭「三八節」這個名詞的意義呢；我也曾問過一位無產階級和未受過教育的女勞動者——女工，我問她：「你聽見過三八節這個名詞沒有？」她說：「你說什麼節呀？八月節麼還是五月節呢？」我說：「不，不，我不是說八月的中秋節，也不是五月的端五節，我說的是一二三的三，和六七八的八的「三八節」，你聽見過嗎？」我說的時候，一面數着指頭解釋給她聽。她曉得了我的問題之後，反覺得不耐煩的回答：「我從來不曾聽見過三八節，自己也未曾過過三八節，要不是洋鬼子的節氣吧！我眞也不懂得什麼三八廿四的節」。

又有一次我問過一位受過中等教育的小姐，問她懂不懂什麼叫做三八節，她說「三八節是和勞的紀念節一樣，不過是關于婦女的方面罷了。這個節依我看來，是沒有多大的意義！」我接着問她何以見得三八節是沒有多大的意義呢？她的回答是在她念書的時候，從來不曾有過因三八節而放假的，因此可以知到這個節不是重要的了。

更有一次我問過幾個在大學受教育的女同學們，她們都說三八節是婦女謀解放的紀念節，後來我再進一步問她們對于三八節的歷史背景能否告知一二呢？她們這時候就老實不客氣對我說，因爲她們對于三八節沒有相當的注意，所以它的歷史是不大清楚须莱纳女士说，她们不能靠男子的力量，这是无用的。因为她根本是自己太软弱了，即使他扶起了她也一样地会跌回下去。所以，我们妇女们想站立起来的根本要件，不是在三八节的那一天里摇旗呐喊几声，而是好好地把自己的体力和智力培养，这就是支持你能够站立起来的气力。”

《终身大事》一文，记叙了20世纪二三十年代知识女性对婚姻的迷惘，分析了当年出现女大学生嫁不出去的怪现象的原因。当时流行着这样一个说法：“女学生一进大学就难嫁了，大学一毕业就嫁不出去了。”对燕京大学60名女生的调查显示，竟有四分之一赞成独身，“其他人想嫁的尚不知能否达到她们的理想”。该文得出的结论：“一是女性向上看的惯例，即小学的女生想嫁中学的男子，中学的女生想嫁大学生，大学里女子想嫁博士。小学女生年纪太小谈不到结婚，中学生的理想大学男生尚多，所以很容易找到，唯有大学的女生要寻硕士、博士或是外洋毕业的就少了。二是从男子方面说，男子娶妻大多选择美貌，而且希望女子比自己小五六岁。在混乱不定的中国大学毕业后出路难寻，男子毕业通常要二十四五岁，至少要做三四年事业才能有所积蓄结婚，这时就得二十八九岁了，如果要他娶上一个同龄的女子总不免显老一些。三是从女性方面说，女大学生在大学里目空一切，志高气傲，让男生视为畏途，知难而退，造成她们在大学里找不到对象。等走向社会后，面对一个个男人阴险的面目，狡猾的手段，不纯洁的目的，她们更加惶恐而兢兢不前了。”

唯美主义的《时代》画报

“我们要从宇宙的残忍的手中，挽回这将被摧残的一切，使时代的青华，永远活跃在光明美丽的园地中，不再受到转变的侵蚀。”《时代》画报的创刊词旗帜鲜明地表明了它的办刊宗旨是追求美、留住美、弘扬美。而办刊人漠视利润，无视发行量，一味追求艺术美，甘愿赔本赚吆喝的唯美主义风格，在当年的画报中更是独树一帜。

《时代》画报，1929年10月在上海汉口路544号创刊，由上海时代图书公司出版，8开本，初为半月刊，1936年改为月刊。张光宇、叶灵凤、张正宇、叶浅予、张大任、梁得所等先后担任主编。至1937年5月停刊时共出刊118期。画报是由一群老上海最为时尚的文化人，依循自己的审美理想生产出这份极富现代都市感的大众读物，反映出20世纪30年代上海中产阶级的思想空间。它延续了《点石斋画报》《良友》等中国画报的传统，集绘画、摄影、文学、新闻、评论以及流行报道于一身。它把握时代前进脉搏，大量采用当代著名摄影家、摄影记者采摄、提供的时事新闻照片，反映全国的风云变幻，展现全国军民团结奋起、反对日本侵略的斗争。该报曾出版“东北义勇军专号”，刊载义勇军照片150幅；刊登《热河故事》图片50幅，《到西北去》照片30幅。更为可贵的是，在1935年12月20日出版的第9卷第1期封底，刊出《北平全市学生于十二月九日为反

生活的掙扎

MAKING EFFORTS FOR LIVING

天津三不管臨之女子馬戲
Circus, Played by Women in Tientsin

耍狗熊者
A black bear charmer

施粥廠前之孤兒
Orphans, before a congee- distributing house

倪煥章攝

对华北自治而请愿》的照片，并在此后多期刊出有关“一二·九运动”和各地群众抗日救亡的新闻和图片。

追求艺术美的风格使得《时代》更像是一本艺术画册。它能将所有的重大话题表面化、休闲化，甚至娱乐化，抽取其中吻合摩登生活的要素加以发挥。虽然画报的新闻时事报道也占有一定的比例，但它却硬是将政治性引向艺术性，从而隐藏了新闻事件中的政治意味。如《建设途上的苏俄绘画艺术》，是在一个深远而复杂的社会背景下应运而生的。当时正值中苏建交，两国联盟不但使中国的政治气候变得更为微妙，也是国际关系的转折点之一。对于这件20世纪30年代中期的大事，各种媒体无不卖力报道，胡蝶和梅兰芳等人的访苏之行更是轰动一时。它们不但对中苏建交过程中的各类新闻事件予以追踪报道，而且还有不少花絮和背景资料，对苏联的情况做了比较全面的描述。而《时代》的报道则只谈些苏俄艺术，若是对历史背景不很熟悉，可能根本看不出来介绍苏俄绘画艺术之外所隐含的政治意味。第8卷第5期的《莫斯科大检阅》一文，本是可以多角度发挥的题材，但《时代》突出的是大检阅的雄伟壮观，还是绕回艺术性上来了。

那么，就让第3卷第7期的《北平的姑娘

们》一文带领着我们，着实地领略一番20世纪30年代北京的摩登女郎的风采：

……常到北京饭店、六国饭店去的，多半是富有交际手腕的姑娘们。她们每日里驾着汽车东逛逛西玩玩。她们对社会也常尽义务，就是开什么募捐游艺大会，如最近的冬赈游戏会，若没有她们出场，又哪里会有三四千元的收入呢……到欧美同学会这些地方去的，多半是外交家的女公子、夫人，或者其他海外归来名士的眷属……多半洋话讲得很好，尤其是那尖溜溜的法国话，常常可以听到。常到女青年会去的，大半是各界名人的太太，她们的一部分是社会上的过去名花……这班女子是北平城中盛开之花，其春香溢于四方，其美超于寻常。她们的生活是北平城中所谓的贵族生活，其中大部分是趋向欧化的。不能不说她们热忱爱国，在她们的身上休想检出件把日本货来。她们的衣服，是在王府井大街新华洋行做的；她们的用品，是惠罗公司买的；她们的手套、袜子、帽儿，是东交民巷巴黎公司的货品；她们到最贵族的同生去拍照，还喊不好；崇文门大街法国面包房的牛酪，还嫌它味道不正；永兴洋行的文具，她们说它太便宜、不好；义利洋行的装饰品，她们说那些不是最新式的；德林的首饰，她们满口骂中国人工的太粗劣……一切的一切，她们没有说过满意。平安电影院去，说是地方太小；到哈尔飞、开明去听中国戏，又说人臭太大……什么地方都不能使她们快活，因此有的小姐常闹病，故而协和医院的生意可以兴隆，但她们又嫌医院内太拘束，便只有到颐和园去静养几天；恐怕又要说太寂寞了吧？那么找几个小伙计去陪着不就称心了吗？

而在旗的旧家小姐们不可以算是不时髦了：头发烫着，又薄薄地涂上一层头油，更光灼灼地显出波纹的起伏了；朱唇、画眉、曲线；不肥不瘦的腿，被一层丝袜包着，登在一双高跟鞋上，虽无天

獲得最新紀錄的

運動健將

廣東全省運動會顏秀容擲標槍二六・七七公尺破全國紀錄，按二十二年全運第一名陳榮明成績二六・三八公尺

上海萬國運動會中的女子標槍第一中國隊潘瀛初，成績二九・一○公尺破全國紀錄

五月四日廣東全省第十三次運動會張潔瓊破全國一百公尺紀錄，按二十二年全運第一名錢行素成績十三秒五，

五月二十六日中華競走會主持的五萬公尺競走（合華里一○二里）舉行結果王遲仁以五點九分四秒奪得冠軍，相距一九三二年在美國召開之世界運動會國際競走怪傑英人格蘭(T.W. Green)四點五十分十秒相差僅十八分強，打破該會第三名紀錄二分鐘，圖為王君至終點時姿勢。（王昆攝

上海萬國運動會中的女子跳遠第一中國隊盧淑，成績四・九○五公尺，破全國李媛芬紀錄四・七九五公尺。

上嫦娥的天然美，也着实赛过人间的西施！没有替她们提大氅的男子在她们的身旁，她们却替跟着自己的小脚母亲或姑妈们夹着一包货物；她们的汽车里除了汽车夫没有一个男子，即使有，也一定是自己的亲弟兄，不然便是什么表兄姨弟，可是至少有一个老太太夹在当中……她们日常在家里闲得无聊时，便开了话匣儿学青衣，所以，十个当中有九个会哼唱几句。遇到新艳秋、雪艳琴、杜丽云、章遏云、荀慧生、尚小云，这班名角儿登场的时候，简直少不了这班小姐……早晨，她们起得很晚，在床上七点钟时便喝了一瓶本地人制的牛奶，再睡。她们唯一解闷的工具，便是各色说部，最爱看的有两部，是我亲眼见到的：一是《金瓶梅》，一是《红楼梦》……

拥有职业摄影记者的《新闻报图画附刊》

如果说《时报》的《图画时报》是中国现代摄影第一画刊，而《京报》的《图画周刊》是我国北方地区创办的首家摄影副刊的话，那么《申报图画周刊》和《新闻报图画附刊》则以设备完备、制版精良著称，标志着中国摄影技术的日臻完美和中国职业摄影记者队伍的初步形成。正如报人张友鸾所说："吾国报纸，近年亦知图照重要，故略具规模之新闻社，必皆设立摄影制版部。上海以《时报》图照为最佳，《申报》《新闻报》之制版部，亦甚完备。而年来摄影记者之专门人材亦辈出。"

1930年5月4日，《新闻报图画附刊》在上海创刊，社址在上海山东路260号，由《新闻报》负责副刊的副总编辑严独鹤主持，编辑周冀成、陆诒，属时政类画报，周刊，4开一大张4版，道林纸，影写版印刷，随报附送，不另取资。从1931年6月17日的第55期开始，改为8开一张2版。初期随《新闻报》免费附赠，后与报纸一起发行。终刊时间不详，已见1932年1月27日出刊至第84期。

《新闻报图画附刊》主要刊登新闻图片，配以简要的文字说明。图片大小错落有致，版式新颖，制版精良。一版为名伶、明星、名闺玉照，二、三版均为时事图片，四版为广告。如创刊号封面是整版的大幅仕女像，二版是宋庆龄和爱迪生的照片，三版刊登了张作

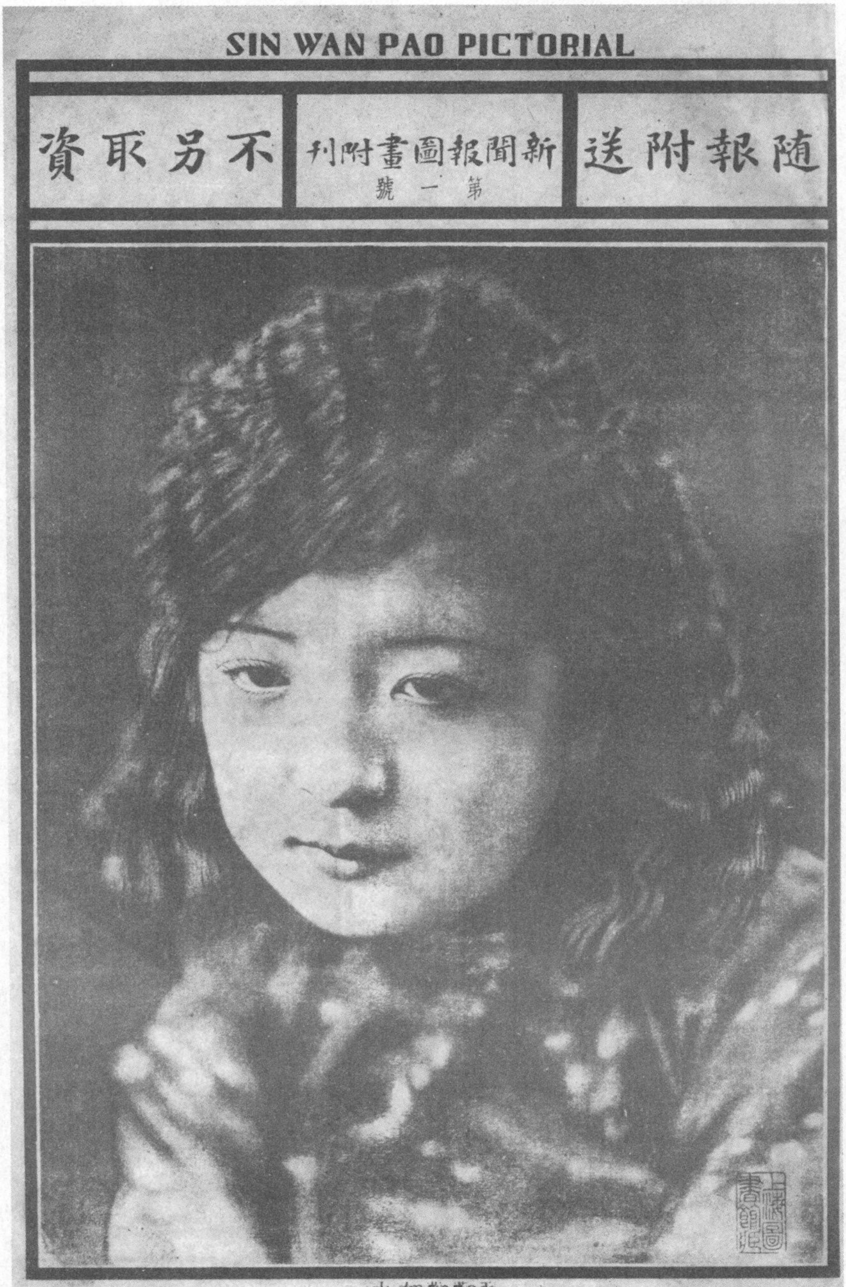

拥有职业摄影记者的《新闻报图画附刊》

醫學博士葛友廉與陳湘舲女士結婚儷影

自左至右(1)張靜娥女士(2)胡美英女士(3)張敏知女士(4)新郎(5)新娘(6)沈柏康君(7)陳亞貞女士(8)陳潔貞女士

首都靈谷寺之牡丹花

于右任先生之第二公子于想想女士

江灣種植園之牡丹花（楊壽明攝）

女童子軍李含如湯然蔣秀三女士（汪鑑榮攝）

滬大女教務長潘條登女士（山石梯攝）

北平北海公園中之金橋玉闕

李麗茜女士爲李合肥之孫女長於吟咏及英法文（卡爾生攝）

一葉扁舟（蔣軍攝）

徐韞嫻女士爲中西女塾學生（周世勳贈刊）

馬愛妮女士本年將畢業於香港大學（卡爾生攝）

清心女學運動會

(4)希臘行軍（魏芳攝）(5)賽跑（龔明攝）

香港之四大網球明星 1阿拉綱 2林寶華 3及4爲香港網球冠軍林珍昆仲

(1)觀衆（瑞祥攝）(2)運動員入場（瑞中攝）(3)繞帶舞（龔明攝）

艇艫紛集（新加坡港口）

綠蔭蔽道（新加坡風景）

美麗牌香煙
品質高尚
法製自
華成煙公司出品
My Dear
CIGARETTES
古銅高柱床
特点
無縫鋼管
柚鋼床梗
噴漆搪磁
鋼質輪脚
唯一堅固
保用五年
價洋三十二元
闊五尺長六尺
大華鐵廠精製
勇青年將破浪向東京前進（壽明攝）
排球選手黃炳坤攜鳥籠登輪（順麟攝）
愛國女學生至碼頭歡送（壽明攝）
網球選手李杜丹尹李蓮花兩女士（壽明攝）
朱少屏君扶馬老伯伯（相伯）進入會場（壽明攝）
廿四團體招待全體選手（壽明攝）
黃郛執鋤行破土禮（壽明攝）
英士先生紀念塔破土禮完成後工務局長沈怡、(自右至左)前外長黃郛市長張羣等相偕離場
陳英士先生家屬自右至左（一）中委陳果夫先生爲英士先生之胞姪（二）長公子銑夫（三）次公子甘夫（壽明攝）
英士先生紀念塔之模型塔高九十六尺將巍然矗立於上海方斜路民國路之間（壽明攝）
湖州南門外峴山陳英士先生之墓
陳公英士之墓
（韓慕將攝）
先施公司
大減價
念一天
五月八日起
上海虎標永安堂
北四川路八十九號
各大藥房各煙紙號均有出售
臥遊與除病（連）
讀新聞報圖畫附刊可當臥遊。備永安堂四種名藥可除百病。永安堂秘製之四種虎標名藥。即萬金油。八卦丹。頭痛粉。清快水是也。主治內外百病。奏效如神

隨報附送 不另取費
SIN WAN PAO PICTORIAL
新聞報圖畫附刊
趙粉
大瓣紅
天香
國色天香極言牡丹之可貴
顧佳種不多即有亦培植不易
北平中山公園中現值牡丹盛開絢艷可愛
本刊駐平記者日昨特攝取其著名十種寄滬並為製圖披露如上以供愛花者之賞覽

新聞報畫附刊
生生牌
香烟
用上等綠烟
定價低廉
華成烟公司出品
得力風根
經驗最老
構造最新
TELEFUNKEN
雙妹老牌茉莉霜
超等牙膏
多咳傷肺

霖8个儿子的照片，使人大开眼界，四版为上海地区各企业广告。

1931年5月16日，在上海举行了国际儿童大会，有22个国家的数百名儿童参加了大会，会上各国儿童开展了各项文艺、体育活动，增加了了解，促进了友谊。画报以《国际儿童会中奥童之表演》《苏俄儿童独立精神之训练》《日本儿童表演舞蹈》等图片报道了这一盛况。同日，在南京明故宫飞机场举行了阅兵仪式，国民政府邀请出席国民会议的全体代表前往观看。画报以《阅兵台》《蜚声于东北交际界之张四小姐（绮霞）与其西友携手入场》《蒋总司令乘骑检阅》《炮兵队之一部》《骑兵队之一部》等多幅图片报道了这一消息。

我国的职业摄影记者最早出现在上海，至20世纪20年代末已渐成规模。《新闻报图画附刊》第1期曾刊登启事，招请摄影记者，每埠一人，“专任摄取有关新闻性质之各种照片”。不久，画报便建立了一支包括鉴荣、祁学章、霁明、魏守忠、陈其昌、恼武等达十数人的庞大摄影队伍，这在当年的报刊界是首屈一指的。他们的足迹遍及全国各大城市，他们的活动对发展我国的新闻摄影事业发挥了重要作用。

弥足珍贵的旧中国体育图画资料——《全运会画刊》

中华民国全国运动会（以下简称全运会）始办于晚清1910年，是中华民国最高级别的运动会。1949年前因政局动荡，间隔不规则地举办了七届全运会。1930年3月，《时报》附刊《图画时报》最先以画报的形式报道了第四届全运会的盛况，拉开画报报道体育的序幕，此后的第五、第六、第七届全运会全国各家报刊纷纷出版图画专刊，为旧中国体育史留下了弥足珍贵的图画资料。

1930年4月，在杭州举行的第四届全运会由国民政府主办，组织工作全部由中国人担任，规模较大，当局很重视，政府要员林森、戴季陶、何应钦夫妇等赴杭出席，戴季陶任大会会长，蒋介石也身着戎装出席并在民众中发表演说。表明当局对体育健身和体育运动发展的重视。此届第一次采用按省、市行政区划参赛制，有14个省、7个特别市和华侨共22个单位的1500余名运动员参加。比赛项目有男子田径、全能、游泳、足球、篮球、排球、网球、棒球8项，女子田径、篮球、排球及网球4项。

体育运动是大众喜闻乐见的新闻事件，但此前的报刊大都是纯文字或配置简单手工绘图，难以满足读者一饱“眼福”的奢望。自从摄影技术被引用到报刊上之后，栩栩如生的体育画面频频见诸报

第七屆全國運動會

★★★
男子短距離徑賽
★★★

男子百公尺起點情形。右角第一人為徐天德起跑姿勢

百公尺第一台灣徐天德

男子百公尺決賽到達終點，右角第一人為徐天德

國紀錄，亦是值得稱讚的事，她不但練習跳欄有四年的歷史，同時她在短跑方面亦有相當的成就，再加上她始終能夠保持三步一欄的優美姿勢，實是難能可貴。

總而言之，我國的徑賽水準，實在距理想還有一段相當遠的距離，今後唯一的希望，祇好寄託在第八屆大會中，能夠把所有舊紀錄，全部予以刷新了。（章耀浩）

四百公尺決賽冠軍陳英郎，二十三歲，台南北港人，現任職於臺灣[illegible]

二百公尺決賽第一台灣許遇

陳英郎到達終點後攝影一

男子四百公尺決賽第一台灣陳英郎衝達終點姿勢

上海老画报

第六屆

全運會畫刊

第七期

大會動態躍然紙上・手執一卷宛如親臨目睹

男子一百一十公尺跳欄賽姿勢成績兩皆佳妙

十月十六日 東方雜誌號外・商務印書館發行 定價一角

弥足珍贵的旧中国体育图画资料——《全运会画刊》

活躍的狀態寫眞·縱身一躍·跳過竿頭百尺·向前

縱身一躍跳過竿頭百尺

向前猛衝捷足先達目的

李小姐芳名處處留不易偷閒坐一息

今年是李森年

刊，使载有大量新闻图片的体育报刊一时成为公众竞相阅读的“新宠”。上海的《时报》及其附刊《图画时报》，最先发现了公众对体育的热情，自1929年起，将体育新闻作为重头推出。1930年3月，第四届全运会召开在即，《图画时报》为吸引读者眼球，抢先将上海市运动会情况作为全运会的“序幕”，用专刊和特刊形式加以渲染，图片介绍的都是各地即将参赛的选手。创办之初，因缺乏经验刊名几经变更，开始叫《上海市运动会特刊》，两期后改称《运动专刊》，仅出版一期又称《杭州全国运动会预刊》，出版后读者提出意见，认为全运会虽然在杭州举行，但不能冠以“杭州”字样，报社觉得颇有道理，于是又改为《全运会预刊》。全运会正式开始之后，会刊名称才算敲定，称《全国运动会画刊》，每周两期，共出版了5期。从此，《时报》声誉鹊起，与《申报》《新闻报》形成鼎足之势。

第五届全运会历经坎坷，原定于1931年10月10日在首都南京东郊新竣工的号称“远东第一”的中央体育场举行。不料1931年9月突然发生“九一八事变”，紧接着1932年1月又发生“一·二八”淞沪抗战，使全运会延期至1933年10月10日举行。不过这届运动会引起全国人民高度重视，参赛运动员多达2248人。第五届全运会是国民政府组织筹委会主持。大会总干事张信孚，副总干事吴蕴瑞，参加单位33个，运动员2697人。比赛项目除与上届相同外，加女子游泳及垒球两项，首次将“国术”（中国武术）列入竞赛项目，北平、南京队分获男女“国术”团体冠军。辽宁刘长春的男子百米跑以10秒7的成绩创民国时期最高纪录，并接近当时的世界纪录。比赛结果共打破21项田径、4项游泳全国纪录。上海时代图书公司的叶浅予主编了专刊，铜版纸精印，名画家张光宇负责发行。

1935年10月10日至22日，第六届全运会在上海新落成的江湾体育场举行。这届全运会由政府完全包办，政府大员几乎都介入，第一次按国民政府教育部颁布的《全国运动大会举行办法》执行，在参加办法、比赛规则、录取办法等方面趋于规范化。参加单位38个，运动员2700多人（其中华侨168人）。此前，在全国38个省市进行了预选赛。上海市呈准中央发行巨额公债，大兴土木建造运动场所。开幕式上，上海3000名小学生集体表演了太极拳，近10万观众观看了开幕式。运动员入场式上，东北运动员身穿黑色丧服以示国土沦陷，高举黑白两半的旗帜以示不忘故乡的白山黑水，他们还表示“不在竞争胜负，惟希国人勿忘东北而已”。全场观众为之肃然。这届全运会共打破11项田径、8项游泳全国纪录。辽宁刘长春不负众望，仍夺得男子百米第一，马来西亚华侨傅金城、上海黄安国分别摘走200米和400米桂冠。香港女子游泳选手杨秀琼，身材苗条，容貌靓丽，囊括50米、100米自由泳，100米仰泳，200米俯泳全部冠军，故人称“鱼美人”，轰动一时，成为体育明星，各大报刊竞相刊登其泳装照片，第六届全运会纪念册专门为其印制一张泳装彩像。六运会是民国时期办得最好的一次，许多报刊都设专版或专刊介绍，《东方杂志》为此专门出版了号外《全运会画刊》，商务印书馆发行，从10月10日开始每日一期，出刊期数不详，现存至10月16日的第7期，8开本，铜版纸，不仅内容翔实，图片清晰，而且印刷精良，正如其广告语所说：“大会动态跃然活现纸上，手执一卷宛如亲临目睹。”

1948年5月，风雨飘摇的国民党政府为粉饰太平，在上海举办了第七届全运会，参赛运动员2677人（其中华侨358人）。大会开幕式仿效奥运会搞了火炬接力跑。5月2日下午，运动员手擎火炬，肩负“蒋总统对大会训词”，从南京总统府出发，沿沪宁公路南下，5月5日下午抵达上海江湾体育场。此届全运会成绩不甚理想，仅打破全国纪录10余项，且多系香港、台湾及华侨运动员所为。首次参赛全运会的台湾队一鸣惊人，获得男子田径赛全能桂冠、男子垒球冠军等多项好成绩。女子游泳运动员以香港黄婉贞、黄婉生最显赫。

相比之下，内地运动员由于多年战乱等原因，技术水平退步，仅男子长跑运动员楼文敖（聋哑人，但参加正常人比赛，仍取得冠军）和女子全能运动员王淑桂成绩突出，成为全运会亮点。上海10家报纸还联合出版了《第七届全运会联合特刊》。实力雄厚的《申报》更是专门出版了特刊8开本的《第七届全国运动会画刊》，共出版了10期。对赛会的场馆建设，开幕、闭幕实况，运动员、裁判员人数，比赛盛况，赛场花絮等都做了详细报道。

早期影写版画报《申报图画周刊》

《申报》的摄影附刊创刊于1930年5月18日，这在民国时期上海几家有影响的大报中算是起步较晚的。该刊的出版主要应归功于时在《申报》供职的戈公振，他曾建议“本报为中国唯一大报……倘有图画增刊，不仅增加声价，扩广销数而已，且将为国家光荣有进一步之努力焉”。于是，由戈公振建议创办并由他主编的《申报图画周刊》就这样诞生了。《申报》的史量才与中国照相版公司订立合同，《申报图画周刊》由该公司用影写版印刷，图片质量清晰上乘，当称当年画报之冠。当时中国报刊插图多用铜版，影写版印刷首先试用于《东方杂志》的插图，报纸摄影附刊采用影写版，《申报图画周刊》是中国的第一家。

《申报图画周刊》属时事类刊物，4开本，正反两张，逢周日出版，随报免费附送，逢元旦及节日，扩大为2开。以图片为主，配以文字说明，多为时事、文艺方面的摄影作品，少量著名画家的山水、人物画。摄影作品有较强的时效性，如《梅兰芳赴苏俄演剧》《赛金花六十时寓居北京小巷中》《苏联版画展览》《最近由港来沪之革命耆宿万烈》《史量才被刺在沪殡仪及遇害处》《上海文化协会欢迎离国十年之郭沫若及救国会七君子》《北平学生之救国运动》《日人在绥之特殊机关松田公馆》等，具有一定的历史意义和参考价值。

“一·二八事变”发生后，画报出至第81期后休刊。1934年3月15日画报复刊，更名为《申报图画特刊》，4开，一周双刊，逢周一、周四出版，仍为影写版印刷，随《申报》免费赠送，期数重新计算。1935年10月，戈公振去世后，由摄影家胡伯洲兼任画报的编辑工作。1936年1月15日，恢复周刊，直至1937年8月日军进攻上海时终刊，共出刊265期。

画报图片主要包括：国内外突发事件、群众运动、集会结社、名人行动、各地新建设、农工状况、学校生活、社交界、妇女儿童与家庭、华侨与留学生、考察旅行、科学研究等时事类，以及绘画、雕塑、建筑、服饰等艺术类。从《申报图画特刊》的第73期起也开始刊登裸体照片。由于《申报图画特刊》为民国画报中极少见的4开大版，图片要比当年其他8开、16开本的画报大很多，再加上影印版印刷，因此所有图片既清晰又精美。

画报始终坚持时事为主的办刊宗旨，大凡从1930年至1937年国内政界、军界发生的重大事件和重要人物的活动，均可在画报中寻到踪迹，如《监察院于佑任回陕与陕主席邵力子游太白山留影》《港粤报界考察团在津与河北省主席于学忠会晤》《孙科夫妇参观虹桥疗养院》《避暑庐山的段祺瑞》《陕西绥靖主任杨虎城赴赣谒见蒋介石》《庐山陆军军官训练团》《中央军校驻赣训练班》《军事委员会派员检阅上海南市保卫团》《广东燕塘军校野战演习》《三十二军军长商震奉蒋介石召赴庐山就任第二期军官训练团团附职》《何应钦在沪行踪》《班禅大师行踪》等；关注国际时事，介绍异国民风民俗是画报的重要内容，如《意大利之乡村教育注重户外活动及农场作业》《英国空军巡视殖民地在阿富汗、印度间山地飞行》《美国驻俄大使威廉布里脱自备飞机一架遨游苏俄全土》《德国总统兴登堡逝世》《英国空军演习》《日本风灾后的大阪惨状》等；记述20世纪30年代间中国外交人物的往来，如《比利时专使强森抵沪》《驻意大利公使刘文岛回国》《旅日华侨在日本侵华时受尽残酷待遇，无礼驱逐》《新任驻菲律宾总领事邓宗瀛与美国驻菲陆军总司令派克将军合影》《驻华苏俄大使鲍格莫洛夫回国》《中美尼加拉瓜副总统爱斯比诺萨到沪》《驻华英使贾德干南下视察侨务及观光建设》等；记录南方各大城市举办的大小体育赛事，如《江南八大学第七届运动会中大女选手队》《上海新闻记者公会第三届新执监委员宣誓就职典礼》《广州海陆空三校联合运动会》《上海童子军友谊团际娱乐比赛》《国立中央大学教育学系四年级组织华北教育考察团》《参加远东运动会之女子排球队》《上海市总工会组织的上海工人运动会》《上海市中等学校运动会》《上海第六届小学运动会》等，游泳冠军、素有美人鱼之称的杨秀琼是当年画报里的大明星，画报除刊登了她的多帧大幅玉照，还时常报道她的行踪，如《杨秀琼姊妹在庐山晋谒林森主席留影》等；用摄影记者的镜头留存下了许多中国各地区的名胜景观，如《九萃山风景》《四川峨眉山风景》《齐云山之风景》《雁荡山风景》《华山风景》《黄山探胜》《宜兴庚桑洞与善卷洞奇观》《天台山瀑布》《富春江上》等。

画报中最具价值的当数多个中国边疆地区的专版，它为我们研究民国时期中国少数民族文化留下了珍贵的图片资料，并且对这一地区的历史、风光、风俗、文化、服饰、劳动、建筑等都做了较为详尽的考察和研究。如《蒙古时事》《蒙边近事》《蒙古风俗片段》《川边戎人生活》《西北风光》《青海一瞥》《西藏近况》《廓落克》《蒙边宣抚》《川边考察》《西戎现状》等，值得一提的是这些地方当年都还没有公路可言，摄影记者到那里去要经过跋山涉水、风餐露宿的艰难，要有坚韧的毅力和较高的职业素养，让我们记住他们的名字吧：黄剑豪、徐天章、舒少南、朱稼青、钱世英、吴中行、陈传霖、黄凯露、李尧生、胡伯翔等。

出版专号是民国画报的时尚，自然也是《申报图画特刊》的一

JULY 12. 1934
SHUN PAO PICTORIAL SUPPLEMENT
No. 35. P.2.
現代中國繪畫一斑
四馬路
杏花樓
發行代價券
美麗牌
香烟

个噱头，如第9期的《上海市第四届儿童纪念节盛况》、第54期的《毋忘“九一八”专号》、第58期的《中国红十字会全国代表大会在上海商会开幕盛况》、第108期和第109期的《伦敦中国艺术展上海预展会开幕》等。

突出上海本地画报的特色也是画报的一个重要方面，这为研究上海近代史又提供了一份翔实的资料，如《上海跑马厅前之四行储蓄会大厦落成》《黄浦江畔》《社会经济调查所在上海南阳路成立》《上海市行将采用之新式黄包车构造与私家包车略似》《上海县积谷仓落成》《上海各界痛念九一八国耻日》等。

画报头版的美人玉照和广告都是用三色印刷的，制作精美的广告不但为《申报图画特刊》招徕众多的广告客户，更为画报带来了不菲的收入。长期在画报上刊登广告的有美丽牌香烟、华通电风扇、唯一国产烟台啤酒、上海东方饭店、白金龙香烟、白玉牙膏、药特灵痢疾药、祥生汽车、宁波天厨厂味精，以及连续刊登的由国民政府航空公路建设奖券办事处发行的各期航空公路建设奖券等。

开画报绘画封面先河的《中华》

1930年7月，继《良友》《时代》成功出版发行后，上海滩又出现了一本名叫《中华》的画报，它虽从内容到形式多有模仿《良友》《时代》的痕迹，但又有它的独到之处，那就是在中国画报史上最先采用彩色绘画作品作为封面。稍晚出版的《大众》的绘画封面则又有抄袭《中华》之嫌。《良友》《时代》《中华》《大众》这四种风格特点极其相似的画报，并称为中国画报史的“四大名旦”。

《中华》画报社社址在上海海宁路北四川路口B25号，经理陈露衣，总编辑胡伯洲，编辑周志静、许和、严独鹤等，由中国照相版印刷公司承印，上海中华杂志社出版，新中国图书公司总发行，国内各大书局均设代售处，并且远销新加坡、日本、朝鲜及欧美等国家。画报约于1941年8月停刊，共出刊104期。

《中华》画报为综合性刊物，8开本，40页，影写版印刷。封面多为阳光健康、充满生机、憧憬未来的鲜亮东方美人，但它一改传统的摄影作品，以丹青妙手胡伯翔的绘画作品取而代之。除每期两篇的长篇小说为文中插图外，其余部分均以图片为主，且简要的文字均为中英文对照。画报的“名画”专栏，刊有徐悲鸿的《雄鸡一声天下白》《枇杷图》，黄少强的《朱门积雪》，郑午昌的《山水》，刘狮的《战后之闸北》，王石谷的《仿宋人雪霁图》等；“科学拾零”

THE CHINA PICTORIAL
Number 15
中華
第十五期
THE MOST POPULAR ROTOGRAVURE PICTORIAL IN CHINA
中華郵政特准掛號認為新聞紙類
上海新中華圖書公司總發行

圖畫中華雜誌

【上】綏遠運動會女子百米競走起點（高廣廣攝）
The start of 100-meter dash.

【上】漢口第三次市民運動會女子排球冠軍敏軍隊（潘毅攝）
The winning team of the girls' volley ball in Hankow.

【上】漢市連動會女子跳高第一名陳隆嚴女士越竿姿式
Miss Chen Lung-yen, winner of high jump in an athletic meet recently held in Hankow.

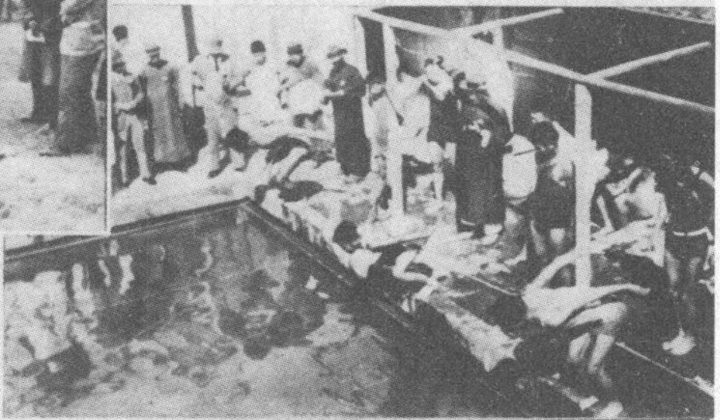

【右】暹京華僑學校聯合運動會中連奪三項錦標之新民女校選手郭金蓮女士明年全國運動會開郭女士擬回國參加云（暹京謝建勛攝）【上】漢市運動會男子籃球決賽兄弟隊獲得最後勝利（潘毅攝）【右上】漢市運動會游泳比賽五十米蛙式起點（潘毅攝）

(ABOVE) Basket ball game; (CENTRE RIGHT) Swimming in the Hankow athletic meet; (RIGHT) Miss Kwok Chin-lien, a famous lady athlete in Siam.

科學拾零

【右上】近代博物院之設計此種形式光線配置均匀最宜建築於房屋稠密之區【上】

【左】有聲電影收音情形片已製成可收各種方言以便分運各國公映

【最上】美國洛山磯之新事業飛機置於機車之上每小時能行四十五哩隨時可以上昇極爲便利

(RIGHT) A model of a modern museum for a congested city area with a unique lighting arrangement, designed by Howe and Lescaze, architects of U. S. A.; (TOP) From a special platform rigged on top of this auto, the plane took off when the car reached forty-five miles an hour; (ABOVE AND LEFT) SPEECH TO FILM: In these cells trained linguists speak the translated dialogue, each performer being guided by a disk so the words will be spoken at the right time to fit the action in the picture.

天氣寒冷之報告

當霜降立冬一節的一節的報告天氣寒冷君之需要清導丸較之平時更爲急切因爲傷風受冷多半是大便秘結之究竟如果不時稍服清導丸使腸部潔淨則保障安康過此令冬意中事耳

天津特市公安局秘書段君克恭云「鄙人偶患感冒呑服清導丸輒奏良效此外因便秘發生諸病服用此丸亦大有開胃爽神平肝導滯之功頭目暈眩更覺有效是眞家庭必備之良藥也」

清導丸導滯平肝十全十美如尊處無從購買可向上海江西路四五一號韋廉士醫生藥局購備每瓶七角六瓶三元五角郵費不取

14

姑娘們
【上】智仁勇女校李素榮女士（徐雁影攝）【下】大夏張桂芬女士（OK攝）
(ABOVE) Miss Lee Su-Yong; (BELOW) Miss Chang Kwei-fen
【上】常熟淑琴女中楊起鳳女士（陸禎芝攝）【下】周靜英女士（陳昺德攝）
(ABOVE) Miss Yang Chi-feng; (BELOW) Miss Chow Chin-yin.
【上】愛國女學畢業生唐筱厂女士（李俊瀾女士贈）
Miss Tang Hsiao-an, graduate of Ai-Kuo Girls' School.

“世界科学”栏目，介绍近代博物院、美国洛山矶新事业飞机、有声电影收音情形片等；“电影”“银幕新影”专栏，介绍中外影片和明星；“漫画”专栏，刊载漫画家胡同光、陶忠澄、孤鸿等的作品；“长篇小说连载”刊登的是谷兰的《人伦》和张资平的《人兽之间》；另有“风景”“石刻”等栏目。

每期多达近20家的广告和高达3万份以上的销量，是画报成功发行的根本保障。画报在刊登广告上也是大有讲究，据其广告部称，“所登广告均经过严格审查，凡滑头商店、不道德营业等广告，悉加拒绝”。这样，“不仅不致薰莸杂混，且使刊登广告之商家，无形中提高地位，增加信用”，更让读者认为，凡能在《中华》上刊载广告的主顾必定是信得过的厂家和商家。画报刊登的广告图案、样式均经专业人士设计，“优美雅致，异常名贵”。

《中华》画报出刊之际，中国正处于风雨飘摇、山河欲坠之时，时事内容是画报不可回避的重要内容，一组纪念照片展示了“秋瑾生前佩带之短剑”，“纪念‘九·一八’五周年”的一组照片说明是“东北流亡学生与上海各界举行纪念活动，沿途法租界巡警进行监视”。

爱国思想渗透于画报的每文每图。“一·二八事变”发生后，上海闸北及杭州等地，惨遭日军飞机蹂躏，有识之士恍然于航空建设之不容迟缓，一时航空救国的声浪甚嚣尘上。为此，画报特搜集了有关航空方面的大量材料，出版了一期“航空专号”，内有《飞机种类》《空中通讯》《演习》《防空》《跳伞》《爆炸机、战斗机》《飞机构造简图》，并请航空第六队黄毓沛队长撰写文章。试图以这期专号，引起国民政府对航空的重视，“把对航空的觉悟变成有组织有计划的持久行动，为国家前途带来一线新希望”。第14期刊载了孤鸿的《苦乐悬殊之秋夜》两幅漫画，一图是虽经“一·二八事变”重创，而不减当年的灯红酒绿、脂香粉腻、载歌载舞、通宵达旦的娱乐场；一图为赤土千里、哀鸿遍野、草根树皮罗掘净尽，秋风秋雨之夕，正处饥火中烧、辗转待毙中的贫民。第15期别出心裁地登载了一版《蟹》图，在说明文字中写道："持螯赏菊为秋令韵事，想到强暴侵凌，'看你横行到几时'的诅咒不觉浮上心头。这里刊载了几帧蟹的照片，想可以引起读者各自不同的观感吧！"

崇尚英雄、蔑视败类是画报爱憎分明的立场。著名的爱国实业家、教育家、社会活动家卢作孚，1927年春曾在四川北碚出任江（北）、巴（县）、璧（山）、合（川）峡防团务局局长。他在清剿匪患的同时，对峡区进行乡村建设试验。在这里修公路、开运河、办农场、建工厂、辟公园、盖医院、设图书馆，建成了四川第一条铁路——北川铁路，组建了当时四川最大的煤矿——天府煤矿，创建了西南最大的纺织染厂——三峡织布厂，创立了中国唯一最大的民办科研机构——中国西部科学院，在四川率先建成了乡村电话网络，开辟了被誉为重庆北戴河的北温泉公园。画报在创刊号上就曾介绍过峡防团务局的大略情形，当时卢作孚刚刚从四川来到上海，"同行者10余人，相约每人实习实业一种，回川后即预备在峡区实施"。1932年底，卢作孚因公来上海时，画报主编胡伯洲在青年会再次采访了他。卢作孚详细介绍了北碚的近况。记者撰写了访谈录，并配发了四川北碚里模范村的10余幅图片。文章在最后慨叹道："卢先生在内战最多的四川居然能建设这样组织完善的新村，实属难能可贵；在战事纷扰的中国，这里倒像是世外桃源了！"而画报刊登的1932年9月15日清逊帝溥仪为建立伪满洲国与日本特使武藤签订《日满议定书》后的两张图片《傀儡登场》时，文字说明则写道："在日人包围指使之下的溥仪，与郑孝胥垂头丧气，神色沮惨，犹如大祸将临。"

探索中国电影发展方向的《电影》月刊

“我们举起旗帜了，我们呐喊起来了，我们前进了，我们也做出来了！人们，中国的人们！你们当前有了绝大的危机，你们须奋然起来参加我们的工作！”这是《电影》月刊第4期“民族主义电影运动专号”向全国民众发出的号召。当时，中国电影还处在模仿美国的萌芽阶段，画报能够高举“电影民族化”的大旗，积极探索中国电影的发展方向，实属难能可贵。

1930年7月10日，《电影》月刊在上海创刊，上海文华美术图书印刷公司印刷、出版、发行，社址在上海周家嘴路、保定路交叉口，上海文明书局总经销，

在天津、汉口、广州、香港的体育周报社设立分理处，全国各大书局均设有分售处。初期主编为卢梦珠，从第5期开始改任周世勋。其终刊时间不详，已见1933年12月出刊至第28期。

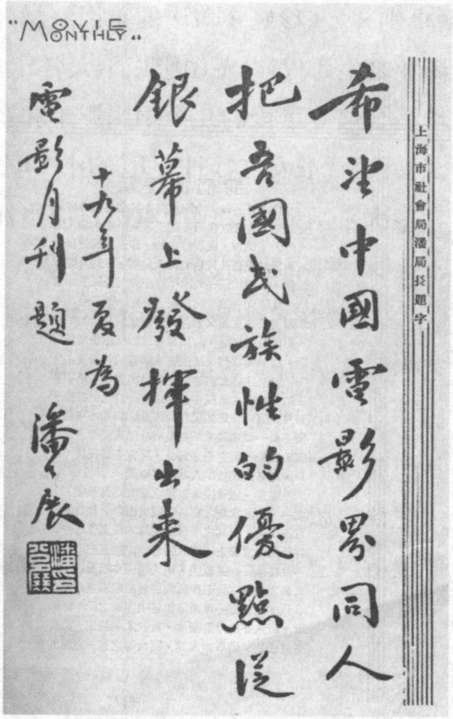

《电影》月刊为电影类刊物，月刊，每月10日出版，16开本，76页，彩色封面，内文黑白双色。从24页至64页除两页广告外，均为图片，有明星生活照、影片剧照、著名导演、电影拍摄现场、电影公司办公楼以及好莱坞明星、导演的豪宅等。前、后两部分均为文字和广告，有电影理论文章，如《声音到底是影戏所需要的吗》《献给全国电影检查会》《中国电影事业两大改革》《化妆的秘诀》；有剧情梗概、电影评论、明星小史、明星逸闻和影星、导演撰写的记录个人私生活的文章，多为国外译文。“读者园地”“编辑的话”“我们的答复”“我们的话”等栏目是读者与画报的桥梁，或介绍本期画报内容，或预告下期内容，或记述画报从约稿到出版的过程，或回答读者提出的各种各样的问题。画报每期不厌其烦地回答最多的问题是，某明星的年龄、身高、婚姻（有几个夫人、姓名）、业余爱好，等等，可见当年就已经有狂热的追星族了。

在美国电影称霸全球影坛的年代，《电影》月刊初期刊登的多是美国明星、美国导演、外国影片，如《希佛来的身世》《两个嘉宝》

《卓别林》《珍妮·盖诺的重回》《好莱坞幕外新闻》《谁操纵美国电影业之生死权》《美国影坛十大名导演传》等，只是间有胡蝶、梁赛珍、金焰等可怜的几个中国影星和《逃情的哥哥》《野草闲花》《荒江女侠》《歌女红牡丹》几部国产电影的剧情介绍、剧照。为此，读者多次来函提出“国产电影也应当在贵刊上占有几页，但事实上却不然”，并指责画报负有“失于检点，倡导不力”的责任。而画报在《不多刊登国产电影的理由》中强调：“电影是一种含有多量兴趣的艺术，要先有兴趣的鼓励，才能吸引起人们的好奇心而起来研究。国产电影的现在，本身尚在研究时期，是无兴趣而枯燥的时期，无从引起人们的好奇，更无从使人们感到有兴趣而起来研究。”后又有人建议出版一期“国产电影专号”，画报为慎重起见，在读者中做了广泛的民意调查，但没有得到半数以上的读者认可。于是，画报在第7期出版“健美专号”的同时，开辟了一个“国产有声影片”专栏，算是给热爱国产电影的读者的一个交代吧。

1930年6月1日，中国最早的民族主义文学社团前锋社在上海成立，并发表了《民族主义文艺运动宣言》。他们认为，中国的文艺界正处于受封建思想和阶级斗争思想等多型意识纷扰中

的危机中，而要摆脱这种危机，必须致力于以民族主义为中心意识的文艺。为此，《电影》月刊第4期特出版“民族主义电影运动专号”予以响应，并强调出版专号的目的是：“促使我国电影界的觉醒，树立以全体民众为中心的中心意识，使我们的电影界紊乱畸形进展状态纳入正轨，集中力量，一致地为民族而争斗。”

时任上海社会局局长潘公展为专号题词：“希望中国电影界同人把吾国民族性从银幕上发挥出来。”许多电影界名流为专号撰写文章，有包罗多的《中国需要有民族特征的影片》、李椿森的《民族主义电影的建设》、秋原的《电影之民族性》、唐崧高的《中国应有中国的新兴电影》、卢梦珠的《民族主义与中国电影》等。其中包罗多的《中国需要有民族特征的影片》一文最具权威性，也最有鼓动力：

……有人说，每一个民族没有不具有自己的民族性，天天吃番菜的中国人，无论如何不会一变而为一个番人。所以，民族主义是不必提倡的。这几句话当然有些可以拥戴的地方，不过我们看见那穿着西装的村俗小贼拍在影片上，以及穿着方帽道袍的大学毕业生拍在照片上，总觉得是何必如此去抄袭呢？没有意识的抄袭，使我们发生了不快之感。民族主义的思想至少可以指示我们应该去走哪一条路。每一个民族自己的特征，不一样样地指示出来，世界上的人是不会去注意到的。为了这一层，我们才不得不出来讨论我们的民族主义！……每一个民族都有他们自己的低级趣味，现在中国人在影片里面居然也输入了美国式的低级趣味，我们不应该起来检点一番吗？中国的民族特征在什么地方？这是艺术家应该去探索的。成功的艺术作品，没有不具有每一个民族的特征的，尤其是近代的艺术作品是如此！还有一样，我要告诉你们：每一个民族的特征，可以在时时地在演进之中。这就是说，我们应该负有去创造一代的责任。

时尚杂志《玲珑》

1931年3月18日在上海创刊的《玲珑》画报，以“为增进妇女优美生活，提倡社会高尚娱乐”为号召，瞄准大都市已嫁或待嫁的时髦女性，倡导有知识、讲洋话、善打扮、长跳舞、通家政、懂烹饪、管男人的女性时髦生活，其思想之新潮，言论之大胆，品味之高雅，图片之精美，文字之轻松，堪与当今的《女友》《瑞丽》相媲美。因为《玲珑》小巧，更成为20世纪30年代上海女学生人手一册的“手掌书”“口袋书”，当年的《玲珑》已成为时尚的代名词，摩登女郎的名片。可以说《玲珑》的出现，为中

玲瓏圖畫雜誌　第一卷　第一期　六

女子與音樂

（李翠貞）

李女士六歲即練習鋼琴幼年成名至今極有心得歷任各校鋼琴教授成績斐然

音樂足以感動聆樂者之心弦。使其轉哭爲笑。轉樂爲悲。音樂有如此之魔力。實非尋常人所能聽信也。女子具有精細之觀察鎮靜之性情者方能學習。而覺其興趣。余學習鋼琴。十餘年于玆矣。愈學愈覺音樂之奧妙。高深無底。雖每日練習六七小時。似猶不足。但對于精神之愉快。實非筆墨所能形容。女子天性好靜，故于音樂最易有所心得。如願專心于音樂者。則將來不惟能得一藝之長。抑亦娛樂中極高倘之良伴也。愚意如斯。不知吾女同志以爲然否。

作者李翠貞女士

国女性开启了一扇时尚之窗，实现了女性领域在公共空间的扩张。

《玲珑》画报从出版人到编辑乃至撰稿人多为小资情调的新女性，周世勋负责娱乐，陈珍玲负责妇女，林泽民负责摄影，华商三和公司负责出版兼发行，社址在上海最繁荣、最时尚的南京路56号。画报为时尚类刊物，周刊，64开，每期36页，很像后来的小人书。初期，它关注的是妇女的独立与解放，把培养社会政治角度的新女性当作了己任；后期更加侧重倡导女性的摩登与时尚。张爱玲总结说：“《玲珑》杂志就是一面传授影星美容秘诀，一面教导‘美’了‘容’的女子怎样严密防范男子的进攻。”

画报每一期封面都有上海美女巧笑嫣然，创刊号为邮票大王周今觉的新嫁女周淑蘅。“妇女要闻”栏目介绍的是世界各地的女性时尚新闻，如《世界妇女三八节》《中国职业妇女同志社》《女青年会》《万国职业妇女联合大会》。“银幔新影”刊登中外电影动态，影星剧照、生活照。连载图书《她与他》情场图解12集，“内容系采用深刻入微之笔法，正是针针见血，揭发男女伪面具，披露新派情场之黑幕，阅之痛快有趣”。

画报突出时尚栏目，教导女性如何提高自己的素养、出入各种

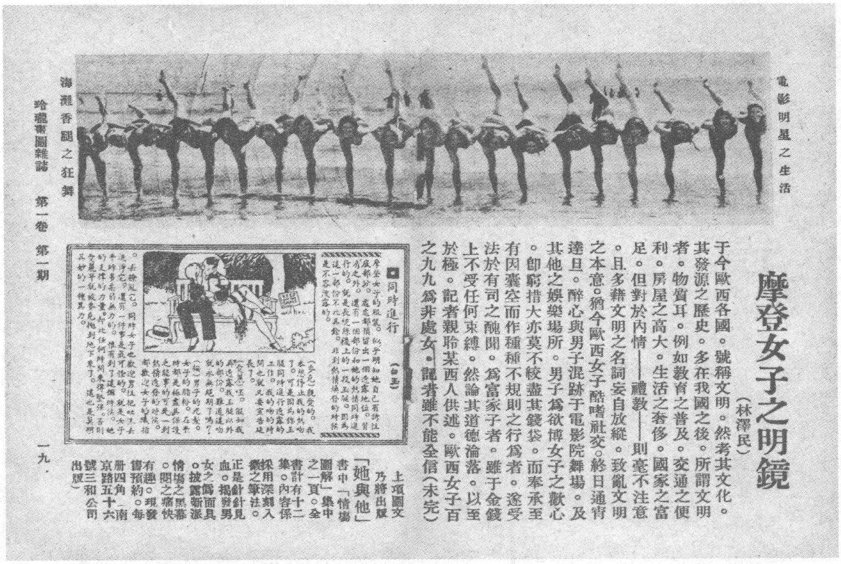

玲瓏畫圖雜誌　第一卷　第一期

摩登女子之明鏡

（林澤民）

于今歐西各國。號稱文明。然考其文化。其發源之歷史。多在我國之後。所謂文明者。物質耳。例如教育之普及。交通之便利。房屋之高大。生活之奢侈。國家之富足。但對於內情——禮教——則毫不注意。且多藉文明之名詞妄自放縱。致亂文明之本意。猶今歐西女子酷嗜社交。終日通宵達旦。醉心與男子混跡于電影院舞場。及其他之娛樂場所。男子爲欲博女子之歡心。卽窮措大亦莫不絞盡其錢袋。而奉承至有因囊空而作種種不規則之行爲者。遂受法於有司之醜聞。爲富家子者。雖于金錢上不受任何束縛。然論其道德淪落。以至於極。記者親聆某西人供述。歐西女子百之九九爲非處女。記者雖不能全信（未完）

上項圖文乃將出版「她與他」書中「情場圖解」一集中之一頁。全書計有十二集。內容係採用深刻入微之筆法。正是針針見血。是揭發男女之僞面具。披露新派情場之黑幕。閱之痛快有趣。現發售預約。每册四角十南京路五十六號三和公司出版）

一九

交际场所、装饰自己的家居、应对男人的出轨、筹划自己的家庭。如交际界明星梁佩琴的《我的交际》，就是指导女性如何在交际场中应用自如；《摩登的脚》则教导女性如何做脚部运动和按摩，使脚部优美，不致变形或生鸡眼，以便能穿上当时妇女最摩登的高跟鞋；绣翎的《怎样使手美观》指出女性在修甲后要在指甲软皮上涂美容膏，而勤于工作的女性亦须涂滋润手部的化妆品。这些文章的作者多为在校女学生和交际明星，很像今天的美女作家，与其说她们在写作，不如说是在拉家常，说一些姐妹间的私房话。与文章一起刊发她们的玉照，是《玲珑》的一大特色，也是吸引读者的一个噱头。“时装”“美容”是两个典型的时尚栏目，漫画家叶浅予就经常为画报绘画各类妇女时装，包括各季新款时装，以及晨、昏、晚、交际装，乃至学生装、运动装等。此外，《玲珑》亦经常报道好莱坞及上海电影明星的新闻及形象，读者从中可以了解明星的最新潮流及装扮。

梁佩琴的《我的交际》一文，细细读来，颇有韵味：

女子从家庭插足到社交场中去交际，并不是一件坏事，并且可以助长女子的见闻，洞察社会的真相和男性的虚实。从前的女子每以为接近男性和当着众人之面活动为羞事。这是误解，这是旧礼教害人，害得旧女子容易上男子虚伪的当。但是话又要说回来了，从前的女子生活虽太枯燥，可是现在的女子交际上也每失之太浪漫。其实社交也得有一个分寸，不能过分，过分了就受人的指责，也不能不及，不及被人笑为呆板，总之，随机应变，视人视地而异，才不至于因交际而送了自己的名誉。女子到社会场中去交际的目的，老实说就是希望多认识几个男友，但男友既多，待遇须平等，否则社会会发生许多无谓的讥笑与误会。对男友的态度不可闷声不响，第一须使所遇到的男友感到相处或同游的愉快，不过有一件事须慎重地声述的，就是女子对于自己须抱定极冷隽的心灵和光锐的眼睛去观察对方的动静，是否有恶意，若果然被你看出他确有恶意，那你就得立时和他绝交，以免以后的危险。总结一句说，女子的交际就是要知道男性，可以免去“一见钟情”的弊病和“男子都是优秀”的见地。

玲瓏圖畫雜誌 第一卷 第二期

貞男的球迷 （麗芬）

二十世紀的時代，那裏還有什麽“貞男”但是在好萊塢裏。偏多這一種聲浪，不能說她們是發狂，因爲好萊塢的女性和全世界的女性，她們都十二分饑渴着預備向貞男雷門諾伐羅進攻。

唉，雷門畢竟是貞男，他不願去救濟女性的饑渴，他不願去享受女性的温柔。破壞他自己的貞操，整日的在他幽雅的花園中，平坦的草地上，約了二三知己大拍其網球，果然不上兩年，球術的進步很快，而他那球迷的聲名反駕乎貞男的雅號之上了。

▲貞男諾伐羅

介紹親友 定閱本刊

【六二】

传授女性“御夫术”是《玲珑》的一大主题，第4期长着一张娃娃脸的郭慧珍总结了这样几条：“一、将厨房里的事情全部抛去。这是怎么讲呢？要知道现在所称的时髦女子，恐怕连灶头怎样造都莫名奇妙呢，因为她们对于煮饭这些事，都让仆人做，有谁肯下到厨房里去，那些闺阁名媛更不用说了；二、对丈夫要诙谐，不论他说的是否可笑，也应该发笑，现在一般的姐妹们，往往对丈夫的态度很冷淡（也许是外表冷淡，内心发烧）。现在我们要迎合丈夫心理，故作强颜欢笑；三、衣橱里往往都给妻子的衣服占据着，现在应该留四分之一空隙，供丈夫安置衣服；四、丈夫夜间偶尔迟归，不必过分啰嗦，因为丈夫在外面酬酢烦忙，不能如期而至，不要做说不出的推测，以免伉俪间情爱破产；五、醋意不可全无，也不可过分；六、多哭不得。因为我们女人最大的特点就是多哭，丈夫最厌恶；七、每日装饰需要多花费一小时，因为男子都爱好修饰，所以他们对于妻子的修饰，十分关心。”不知道90多年前的御夫术是不是对当代的女性仍有一些借鉴。

《玲珑》虽以引领女性新潮深受读者青睐而销量不减，但在1937年抗日战争全面爆发后，在国难当头、时局动乱之际，不得不在出版了第7卷第31期后，依依不舍地告别了喜爱它的读者。

重要抗战史料《生活画报》

1931年“九一八事变”后，日本侵略者开始了对东北三省长达14年的黑暗统治。14年间，中华民族众志成城、不畏强敌、浴血奋战，终于取得了最后的胜利。这期间，中国文化、艺术、出版界的民族自尊心也在这场艰苦卓绝的战争中，升华为抗日文化艺术精品，商务印书馆、文华美术图书印刷公司、中华书局、良友图书公司等出版机构，出版了一大批抗日爱国书刊、画报。《生活周刊》出版的《生活画报》，以大量的历史图片，以锋利的文笔，揭露了日本侵略者的残酷暴行，抨击了国民党的不抵抗政策，号召全国民众积极投入抗日战斗，成为记录中国抗战史最有影响力的出版物。

著名的政论家、出版家邹韬奋主编的《生活周刊》，从1932年7月2日第7卷第26期开始，每隔一期（双周刊），增加4版《生活画报》，主编戈公振，随《生活周刊》附赠。后报社将画报结集出版，第一集收录画报的1—13期，第二集是14—26期，第三集是27—38期。1932年12月16日《生活周刊》被国民党政府查封，《生活画报》也随之停刊，约出刊50期。

《生活画报》为时事类刊物，16开，初为4页，后增至6页，蓝印影写版。各期用色不同，编排新颖，内容丰富，以图片为主，配以简要文字说明。图片分为时事、人物、名胜风景、美术、历史、

46274

生活畫報

第一集

生活畫報 第二號

轟動一時的蔣陶婚姻

前年九月十三日蔣在南京任教長時與陶同乘飛機時留影（李尊庸攝）↓

蔣陶在北平結婚蔣左為證婚人胡適詳見本刊廿六期信箱（同生攝）↓

李頡與→顯代表遊泰山（王問津攝）

第十次全世界運動會之鱗爪

德選手於六月四五兩日在柏林轉興登堡總統之檢閱←

我國選手劉長春氏於七月七日過滬時在田徑賽場練習之姿勢（申報尊甫攝）→

德女選手←

美女子游泳選手在郊山留影↓

学术、体育、民俗等8大类。其中国内要闻有《华北风云紧张情形》《我国海军托日本承造之宁海舰》《华北战区的收拾》等；国外新闻有《苏联之世界最大之大电厂》《英首相麦唐诺乘飞机赴军缩会议时情形》《德国之防空大演习》《巴黎沙龙画展》《罗斯福与其孙女》《伦敦国葬寺门前》等；人物有《“海圻”舰上之李顿与顾维钧》《希特勒近影》《斯大林近影》《为革命努力40年之孙中山与夫人宋庆龄女士在广州时留影》《日内瓦国际总会延请我国首席代表颜惠庆演讲之盛况》《被刺杀殒命之杨杏佛遗体》《世界经济会议中国代表宋子文》等；体育有《第十届世界运动会之鳞爪》《上海市小学联合运动会》《南京金陵女大体育系学生表演行意舞》《华北运动会之鳞爪》《苏俄体育之检阅》《全国运动会在首都开会》《南京中央游泳场开幕》等；名胜风景有《海外风光》《巫峡之壮观》《瞿塘峡之全景》《庐山之夏》《桂林山水甲天下》《鸭绿江之木筏》《大同云冈石窟》等。

1931年9月18日，日本关东军在沈阳炮轰东北军北大营，揭开侵占中国东北的序幕。11月4日，发生在黑龙江嫩江桥、时任黑龙江省代主席马占山指挥的江桥抗战，成为中国人民正面抗击日本侵略者的第一次战役，从而在黑龙江的大地上打响了中国人民抗日斗争的第一枪。

1932年1月28日，日本侵略军悍然进攻上海闸北，爆发了中国历史上著名的“一·二八”淞沪抗战。是夜11时30分，日军以天通庵车站为根据地，在铁甲车掩护下，兵分三路突然进袭闸北，大举向国民革命军第十九路军进攻。次日，日军又派出大批飞机向闸北、南市一带狂轰滥炸，战火迅速蔓延。在民族存亡的紧要关头，驻守上海的十九路军在总指挥蒋光鼐、军长蔡廷锴的率领下，在全国人民和海外华侨的大力支持下，同随后参战的张治中将军率领的第五军等并肩作战，不畏强暴，奋起抵抗，浴血奋战，屡挫敌锋，迫使日军三易其帅，损失万余。但以蒋介石为首的南京政府奉行“攘外必先安内”指导方针，与日寇签订了丧权辱国的《淞沪停战协定》，寡不敌众的十九路军退守第二防线，悲壮的淞沪抗战结束。

画报以《东北义勇军喋血苦战情形》《血战冰雪中之义勇军》《沦亡一年后东北情况》《抗日血战中之黑龙江嫩江桥》《散击》《黑夜应战》《马队出动》《闸北惨状》《江湾全镇房屋被毁》《吴淞炮台被日军摧毁》《抗日将士李杜归国时留影》《宋哲元返张垣时与冯玉祥会谈合影》《淞沪卫戍司令部兴建之一二八纪念堂》《南口战役阵亡将士追悼会》等数十张珍贵图片，真实地报道了这两场战斗的实况，记录了沦陷区人民的灾难，揭露了日军暴行。由于战乱和政治运动，留存至今的记录这两次战斗的图片已十分罕见。这些凝聚了抗日爱国人士的心血，燃烧着第一线战地记者革命热情的珍贵历史镜头，通过画报这个载体得以幸存，实在难得。

出版阮玲玉专刊的《联华画报》

20世纪30年代是中国电影发展的一个转折点，当时社会危机和民族危机空前紧迫，电影事业面临前进还是后退的抉择。左翼电影的兴起给影坛注入了新的活力，以此为契机，国产影片形成了30年代中期空前繁荣的盛况，出现了“明星”“联华”“天一”中国影业的三大公司，随之兴起的便是影业公司创办电影刊物之风。其中联华公司的《联华画报》不仅较全面地反映了1933年至1937年联华影业公司的兴衰，而且也记录了当年中国乃至世界电影的发展风貌，因而发行广泛，拥有大量读者，是当时影响最大的电影画报之一。而其在1935年4月1日出版的“阮玲玉纪念专号”，因距阮玲玉逝世还不到一个月，而成为中国最早出版阮玲玉专刊的画报。

1933年1月1日，《联华画报》创刊于上海，1936年7月1日出至第8卷第1期后，一度休刊。同年11月20日复刊，期数连续计算。至1937年8月1日的第9卷第6期停刊，共出刊152期。社址在上海四川路香港路72号，由上海联华影业公司编译部、《联华画报》社、《联华画报》半月刊社历任编辑责任人，上海法租界华成印刷公司印刷，上海联华影业公司编译部、《联华画报》社历任发行，上海杂志公司总经销，在北平、天津、济南、汉口、西安、长沙、南昌、杭州等地均有分销处，远销日本、朝鲜、新加坡等国家及我国香港、台湾、澳门地区。

《联华画报》属电影类画报，其主要目的是宣传联华影业公司，“以图画的形式来表现我们的生活与艺术的关连与进展……不仅只负责于联华消息的报道，而且要作为每个电影爱好者的优良读物”。

画报初期为周刊，横16开本，逢周日出版，每期4页，每卷26期，编辑王绍清。其内容以图文并茂的形式刊登联华影业公司新片的拍摄进程、影片放映反响以及公司影人简介和动态，刊登一些该公司导演的拍片感言和对影片的阐述，如费穆的《〈人生〉的导演者言》、蔡楚生的《〈渔光曲〉的画面之后》、袁丛美的《〈铁鸟〉导演者言》等。开设“每周情报”“小事情”“小报告”“银海零星”“银沫”等栏目。

从第5卷第1期开始，画报改为半月刊，直版16开单行本，34页，封面为三色印刷，内文图片黑白双色，插有铜版图片若干，沈浮、赵英才、唐瑜、丁聪等先后任编辑。画报内容仍以宣传该公司的影片、影人为中心，但已注意刊登一些电影艺术家的创作经验谈。图片部分主要是联华影业公司出品影片的剧照、影星玉照、拍摄现场及国内外影片介绍等。文字部分有发表影界杂谈短评的“银坛观感录”，关注公司动态的“联华半月来”，报道国内外影坛近况的“银坛风景”，探讨电影艺术理论与实际操作的“电影千字课”和解答读者疑问、刊登读者来函的“读者版面”等。撰稿人有陆逢新、钟石根、白坚、尘无、顾梦笔、唐纳、蓝苹等。

画报注重从宏观的层面探讨电影以及与电影有关的问题，关注中国电影的发展方向和发展前途，如《电影与社会》《中国电影的出路》《现在的中国电影》《电影与女性》《电影与儿童》等。画报还刊登了一些电影知识和电影技术的文章，如《剧本构成的公式》《立体电影的原理》《有声电影的音响论》等。此外，画报还刊登了汪子美、丁聪、叶浅予、张乐平、刘文娴等漫画家的漫画作品。

45945
聯華畫報
第九卷·第四期
麒麟樂府之一
斬經堂特輯

一封公開信

藍蘋

近來各小報有許多關於我和唐納的消息，這消息主要的是說我負情了唐納。我本想耐性的對付這事：默默的讓它過去。因爲是可以這樣的，我和唐納早沒有關係，他是沒有理由再來一而再，再而三的麻煩我的。不過既然各報發出許多不利於我的一些不正確的消息，爲了使大家明瞭起見，我不願再默默的忍受了。

爆發了吧，這久積在心頭的鬱悶！帶着這毀人的鬱悶，我活了一年多；這悠悠的一年多，除了極少數的朋友以外，一般的人，連許多朋友在內，都在這樣說着：『唐納是那樣的癡情的熱戀着藍蘋，可是藍蘋却一再的對他情變着。』在這些話語中是隱藏着大量的不滿和責難的。

現在我實在再不能忍受了，雖說這樣的麻煩在一般有正經事幹的人看來，是頂無聊的事情，值不得多費唇舌，可是現在有些人那樣甘願來多費唇舌，又還那樣苦心而有計劃地來擔負起那樣重大的『責任』，我不便使別人掃興；同時也希望一般人明瞭那事實，所以只得出來說一說。

我要說的是唐納是用着怎樣的方法在熱戀着我，他是用同時愛着別人又在熱戀（？）着我的方法！

那是在電通的時候，我還沒有和他戀愛之前，那時我們是好朋友。什麼人（公司的同事以及他的朋友）都知道他那時在愛着一個女孩（爲了不要牽上別人，恕暫不提名）。後來，他同我戀愛起來之後，我曾問他這事，可是他說那是烟幕彈，爲了怕人知道他在追求我。以向不會懷疑過愛我的人會對我說謊的我，這事像一顆流星在心上一向過去了，沒在心上留一點痕跡。

可是在去年的三八節。那時我們是很窮困的，同時我在病着，可是爲了青年婦女俱樂部的遊藝，我是帶病在大冷天裏跑着，我帶着病上台。因了一點誤會，朋友都不來幫忙了，事情是更加繁重了。我就在[illegible]異常痛苦的情緒下幹着這繁重的工作。遊藝會終於在幾個朋友的努力之下結束了。可是我，我也毀了！我單獨的，帶着很高的熱度和一個灌了鉛一樣重的頭，坐了一部黃包車回家。那時我們住在南洋路。回到家忘了是爲了我什麼，在桌子上書堆裏發現了他寫給別的女人（在電通時所追的那位）的情書及那位姑娘給他的情書。呵，天哪！你們想像的到一個人會有那樣的痛苦嗎？朋友們不諒解，病，再加上愛人的不忠實，溶成一枝巨大的鐵棒，迎頭痛擊了我！當我醒過來，我還是藍蘋，藍蘋是這樣的，不和唐納打一點麻煩，給他留了一個條子就走了。我沒有地方去，我跑到白天排戲鬧的一個房間裏。因爲我知道俱樂部的朋友會來，她們是會替我想法子的。

等了一會，門開了，進來的是唐納。他要我回去；我說既然這樣我們沒有再在一道的可能。可是他哭了，哭的哀痛極了！他說就是有什麼回去說清了再分手，在那時是我怕在旅館裏鬧出什麼不好的事來，我就同他回去了。可是我跟他說好，沒有再同居下去的餘地，等天亮了我就走。啊，我永不忘記他哭的那種可憐的樣子！後來他逼着我說原諒了他，可是我不開口。他回頭就走了。因爲他走的神氣很不對，我跑下牀在外間桌上發現他留的條子，大意是他要死去。在一種驚急的情狀下，我拚了全力跑到外邊追上他了。要他回來。可是他問我愛他不，原諒他不？天哪！在一個要死的人跟前我說什麼呢？我說我愛他，我原諒了他！就這樣從那天起我就掙扎在四十度左右的熱度裏，我胡說，我捶牀，我罵人，我要瘋了呵！感謝唐納那時是很好的看護過我。爲了窮，他伴我到他家，在蘇州他的一個親眷家裏，我躺了將近兩個月。

結婚他是早就提過了，可是直到那時我才同意；不過，我們是說的很清楚，就是並不是拿這種儀式來挾制着誰，只是爲了解決經濟問題，因爲結婚他可以從家裏拿一點錢，這樣可以還清因爲失業和病欠的債。所以在舉行儀式的時候，三對當中我們沒有婚書，因爲我們明白如果一但不相愛了，婚書是沒有用的，我和他都沒有把這種形式放在心裏。

話再說回頭。那時我雖說是原諒了他，可是每想起那一夜，那兩封信，我的心像攪碎了一樣的痛呵！我沒有對任何人說這事，因爲一方面是傷了我這份可憐的自尊心（我常常這樣想着，一個眞正熱戀着我的人是不會對我情變的。）但是最重要的是我那個阿Q的脾氣，我覺得我是不應該因

出版阮玲玉专刊的《联华画报》

聯華畫報

中華郵政特准掛號立券之報紙

阮玲玉紀念專號

第五卷第七期
半月刊每冊五分

一代名演藝家阮玲玉女士遺影

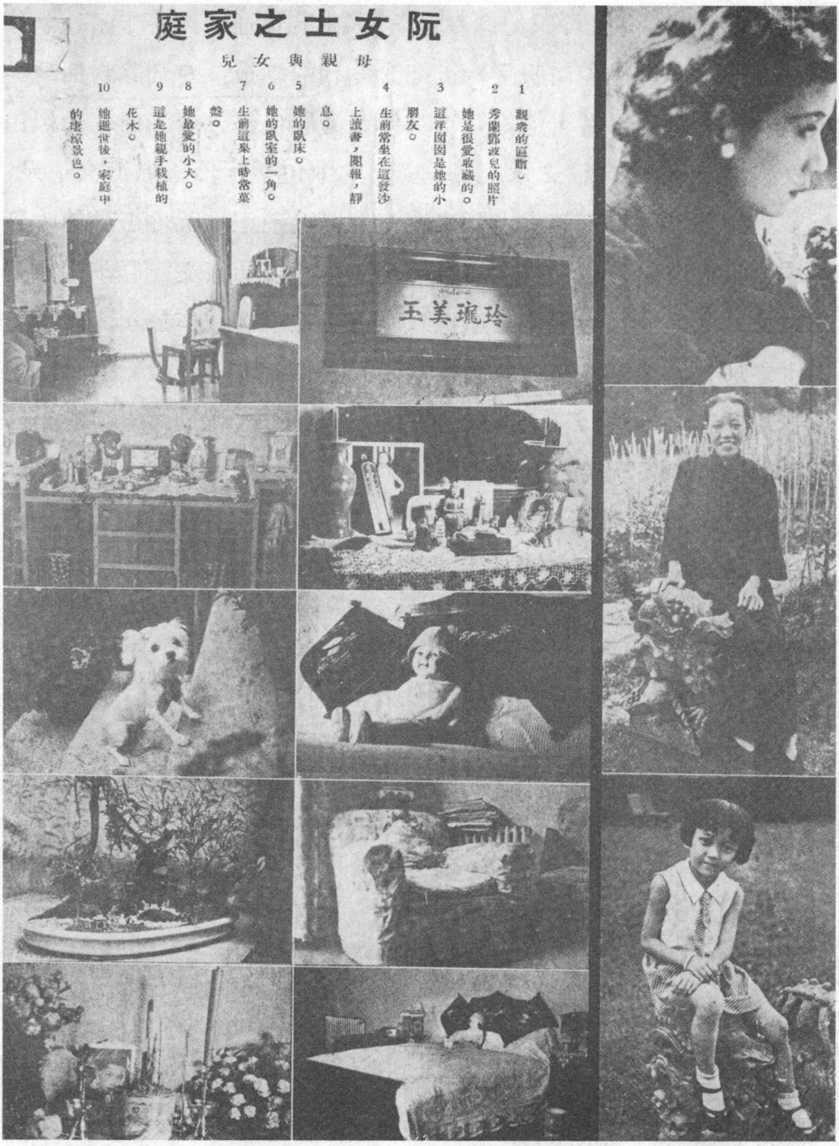

阮女士之家庭

母親與女兒

1 觀衆的匾贈。

2 秀蘭鄧波兒的照片她是很愛收藏的。

3 這洋囡囡是她的小朋友。

4 生前常坐在這發沙上讀書，閱報，靜息。

5 她的臥床。

6 她的臥室的一角。

7 生前這桌上時常菓盤。

8 她最愛的小犬。

9 這是她親手栽植的花木。

10 她逝世後，家庭中的淒涼景色。

出版阮玲玉专刊的《联华画报》

画报曾出版了“麒麟乐府之一《斩经堂》特辑”“《迷途的羔羊》特刊号”“《春到人间》特辑”等专刊。而1935年4月1日第5卷第7期出版的“阮玲玉纪念专号”，因出刊迅速、内容丰富、制作精细而成为中国最先出版阮玲玉纪念专刊的画报。专刊除封面“一代名演艺家阮玲玉女士遗像”半身倩影为彩色外，全画册均为黑白图文，共刊登20余篇文章4万多字，其中包括阮玲玉追悼会记录、阮玲玉小传、阮玲玉年表、阮事感言、忆阮琐记、阮玲玉生前收到的观众信件选录、最后一次宴会、明星影片公司祭文、联华影业公司祭文、联华公司为阮玲玉逝世致全国各地电、联华公司为阮玲玉逝世之通告、遗书等。而从画报摘录的《上海大美晚报》的《阮玲玉自杀问题之剖解》、《上海晨报》的《阮玲玉之死》、《上海时事新报》的《谁杀了阮玲玉》、《上海中华日报》的《阮玲玉太可惜了》、《上海民报》的《悼影星阮玲玉女士》等国内各报评论中，可见当时阮玲玉之死对社会的巨大震撼。其中联华影业公司创始人罗明佑，

聯華畫報

民國廿二年一月一日（星期日）
第一卷 第一期
本期零售大洋兩分

每週情報

聯華新片，費穆導演之『城市之夜』，將於本年舊曆除夕前后在上海公映。

蔡楚生氏導演之『都會的早晨』，業已拍攝完竣，成績異常美滿，可為蔡氏之精心傑構，聞將不日在滬公映，為聯華又一新年貢獻。

孫瑜氏近來頓忙於導演他的新片『天明』的結束，辛苦不少，但是這部片子于他的收穫是很得心的。

『三個摩登女性』完成后，卜萬蒼導演才好好的休息一會，最近極力保養精神，作他的新片『幼年中國』的努力的準備。

關於阮玲玉

她有很充分的銀幕經驗，富於情感，卓有表演天才；在過去是影壇上的宿將，在現在她是暗室裏的明珠，願將來成功為羣衆請命的星斗。

一場球戲

（本報特訊）聯華俱樂部體育組籃球隊自成立以來，即與明星籃球隊約定於前禮拜六（廿四日）下午三時在復旦附中體育場作友誼比賽，后來明星籃球隊要求改在明星球場比賽，以免拋頭露面，惹人注目，但至臨時細雨綿綿，不便作戰，改由勞神父路中華排球場籃球房舉行

耶穌誕節的一夜

——聯華同志大聯歡——

（本報特訊）聯華一向來是注重團體生活的，同志間的相敬相愛，精誠團結，在每一大集會的表現，是很顯著的。本年的外國的耶穌誕節，又正是我國雲南起義的

聯華新片『都會的早晨』裏的高占非

059751

聯華影業公司上海分管理處出版

要東西好，
要價錢巧，
請到——
跑馬廳口
美美商店

「三個摩登女性」初映雜記

進場：

人都擠滿了，大家等得心跳，有時鐘的看時鐘，沒有帶報紙來的拚命想呼吸一些新鮮空氣，幸好脂粉市場展覽的那種女人很少，恐怕也許是因爲這個『摩登』吧！

開頭：

門檻開了，人像潮一樣的擠，一樣的湧，有的在暗暗竊笑，有的在悄悄計議，還有高高矮矮的人頭，長短不齊的衣料，和浮在空氣中的調兒，『瓜子大王』，『巧格力糖』，『鹽花生米』！

外面：

后來部份的人，被擱在鐵柵外面，內裏的人，茶房在走動，賣票櫃的門關了，正中的黑布放下來，裏面傳出了音樂，外邊三個摩登女性和一個摩登男性的廣告模型，木刻的笑容，彫塑的耳朵，不動。

外面的外面：

這些同隔的朋友的騷動，嘈雜，電車仍然疾馳着，汽車少，日本學生，西洋老太，群的商人樣子，有的走了，有的留着。

聯華新片『天明』的市街背景

『都會的早晨』裏的王人美

蔡楚生導演『都會的早晨』的一幕

內裏：

膠片從放映機的滑輪上，一卷一卷的圈過，銀幕上的圖畫跳動，笑聲，鼓掌一會，又是死一般的沉靜。

內裏的內裏：

『完』的字幕，電光隨着亮了，紅燈的小門，擠得水洩不通，隨后，門口湧出的對話：

『聯華的片子到底不同』。

『哼！你今天才知道嗎』？一個中年人的回問。

從內裏到外面：

人體移動，潮水一樣的排洩，塞滿了甬道，隨后的嘈雜：聲聲，陣陣。

從外面到內裏：

火車一樣的衝，洪流一樣的瀉，代替了空位，塞滿了穹隆，一場，兩場：這天，那天。

——文祥。

自來水筆牌
優等墨水
歡迎試用
△精心提鍊化製
△色質俱臻上乘
△爲國產爭光榮
△使舶來品失色
上海中一化工廠出品

『天明』——注注——看

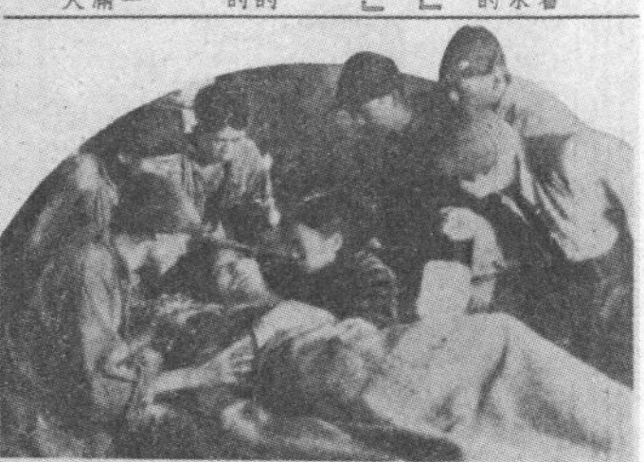

『都會的早晨』的又一幕

除夕三唱

第一唱 除夕的『除夕』

卜萬蒼導演的『三個摩登女性』在一九三二的除夕前日放映了，婁起鳳導演的新片『除夕』卻正在這個時候首次開拍，一個有意義的節奏呵！

第二唱 除夕的太陽

這個年頭的第二廠，每日忙着在『都會的早晨』裏去攝拓『天明』的前路：正在這個除夕的晚上，露天的攝影場中，發現了兩個鮮紅的太陽，一個照明了『都會的早晨』的大路，一個騰起了『天明』的海岸綫上的銀輝，劃別一九三二到一九三三的兩個年代，雖然在無意中，但是多麼偉大的遇合呢！

『天明』的工廠門口

第三唱 除夕的鼓聲

『算來辛苦了一年，大家忙亂着自己的責職，眞是少有團聚的機會，今晚這杯淡酒，我們是應當喝乾的……』黎民偉氏在聯華一廠的除夕的宴會席上向衆說完，便起了杯筷的錯雜的聲音，殷大胖子的食量倒也厲害。

在諧和的狂舞以后，吳永剛的畫謎便作了重要的穿插，全中的五香花生米一石的獎品發佈了，檢來卻是一顆半香花生和一塊石碑。

『城市之夜』的一場

洪偉烈看了看手錶，抓了木錘，便大擂起鼓來，啦啦隊跟着吆喝，呵！這是一九三三的新的聲音。

『暗三讀』的笑話，『擊鼓傳酒罐』的歌聲，『烏龜賽跑』的鼓掌，假七假八的魔術，以后，聶耳的梵啞鈴的餘音，呼！『天明』。

一九三三的晨光，輻射到聯華一廠的俱樂部前，除夕同樂會的節目單上，只留了廿七，廿八兩節目尚未被塗，黑筆的字，『賭錢』，『睡覺』。

——田水。

上海[illegible]廣西路口同文圖書印刷公司印

出版阮玲玉专刊的《联华画报》

联华影业另一创始人、“香港电影之父”黎民伟，我国第一个在国外受过专业电影教育的电影艺术家孙瑜等，都在专刊中撰写了纪念文章。专刊中最具价值的当数其中114幅珍贵图片，有阮玲玉童年照片及家居照、从影的29部电影剧照、追悼会的整个过程，有陆涵章、孙瑜、金焰、王人美、吴永刚、费穆、妮姬娣娜等人向遗体告别的画面，甚至包括为遗容化妆等细节也一一在列。这些图片介绍了阮玲玉的成长、生活、从影、辉煌的人生全过程，并且从中可以看到，在出殡那天，前来瞻仰她的遗容的人成群结队，把万国殡仪馆所在地胶州路挤得水泄不通！尽管时隔80余年也能依稀让人领略到这位明星风靡万千影迷的绝代风华。

摩登女性读本《妇人画报》

有人称1933年为中国的“杂志年”，一是说当年市面上流通的杂志达200余种，二是因为那年全国各地创刊的杂志多达60余种，而侧重女性休闲、时尚的《妇人画报》的创刊，虽并不与当时的文化和社会大环境合拍，但一经问世却受到都市妇女的大力追捧，成为了解当时社会和女性文化的一个摹本。

由良友图书印刷有限公司主办的《妇人画报》创刊于1933年4月15日，主编邓倩文，社址在上海北四川路851号，在广州、重庆、南京、汉口、梧州、厦门、北平等地的良友公司均设特约代理，中国香港、新加坡的美美公司和汕头的文明商务书局也有代理经销。同年10月邓倩文因身体原因到青岛休养两月，以致画报误期，早欲离沪深造的邓倩文遂向公司递交了辞呈。接替他的是该刊的撰稿人郭建英。从1934年1月的新年革新号起，《妇人画报》焕然一新，在保持杂志女性时尚特色的同时，增添了清新的文学元素。因郭建英赴日本任中国驻长崎领事馆领事，从1935年11月的第34期开始，李青继任主编，但因李青不能同时兼顾几份画报的编辑工作，第43期后改由沈传仁担任主编。虽然数易主编，但画报的风格却始终如一，从未改变其“游走徘徊于俗与雅、大众化与纯文学、流行与经典之间”的个性。

《妇人画报》属时尚类刊物，半月刊，15日、30日出刊，方形16开本。其在《卷头语》中感叹“中国还没有一本较高尚而富于时代性”的女性杂志，宣称要把画报办成供给都市女性“世界上最新的关于女性的知识”“充满着新鲜的感觉与柔和的情感的小说”和“轻松而幽默的小说”的时尚杂志。时装、跳舞、看电影、喝咖啡、好莱坞明星、新潮恋爱、金钱诱惑、现代婚姻困惑、欲望与诱惑……现代化大都市的形形色色，光怪陆离，都幻化成画报的绝妙题材，奇妙地混合在一起，五光十色，别具风姿。

画报的图片部分包括摄影照片和漫画。照片除少量风景照外，绝大多数为女性肖像照，这其中包括国内外电影明星、时尚衣物、名媛闺秀照片以及国外女性生活记录。封面初为名闺玉照，郭建英接任后改为绘画。画报一开篇便是“名闺影集”，每个摩登女郎一律是青春短发，或“在门槛外”闲坐，或置身娱乐场所，或身处体育场，有穿超短裙的，有着笔挺西装的，有怀抱吉他的，有手持网球拍的，突出的只有一个主题——时尚。

画报的绘画和插图以简洁而流畅的线条，勾勒了20世纪30年代都市女性生活的众生相，成为《妇人画报》吸引读者的亮点。绘画

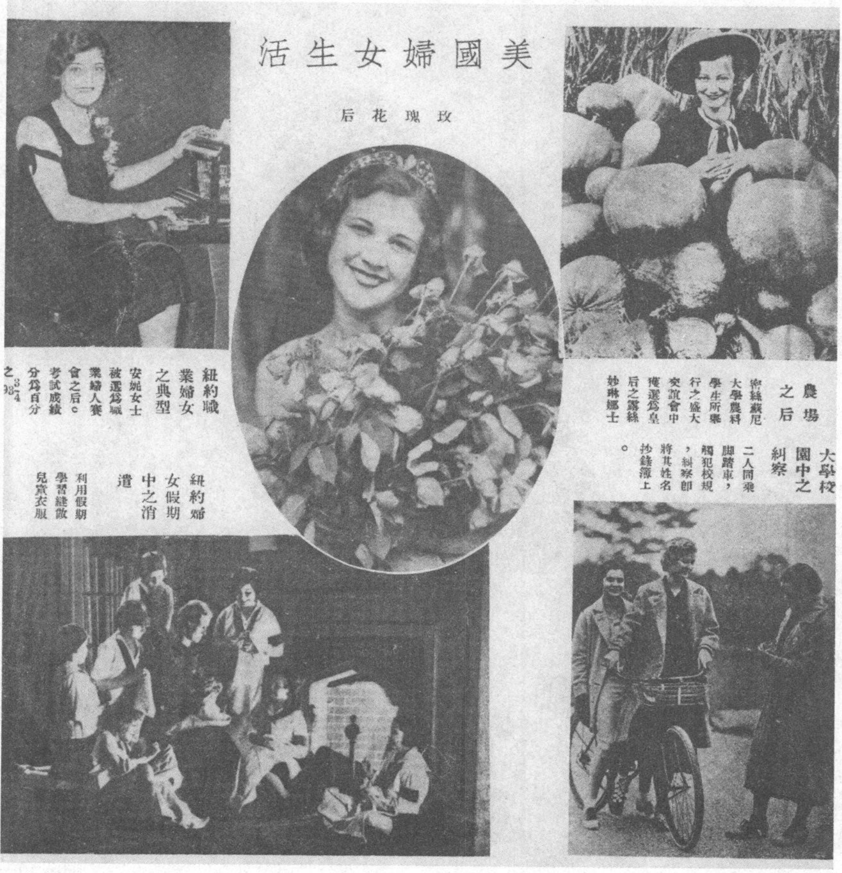

出身的郭建英在任主编的两年里大显身手，又写又译又画，第14期后画报的封面多由他亲手绘制，他为刘呐鸥、穆时英、施蛰存、黑婴、马国充等人的都市小说，为徐迟、鸥外鸥、侯汝华等人的现代诗，为张若谷、姚苏凤、黄嘉德等人的恋爱随笔，为自己所译中村正常、浅原六郎、山本彻夫、J. W. 皮恩斯脱、泻尔·基耐儿、May Edison等人的都市恋爱小说所作的插图，与原作丝丝入扣，相得益彰，浑然一体。由此，郭建英也成了当年上海为文学作品画插图最多、最具个性的漫画家之一。

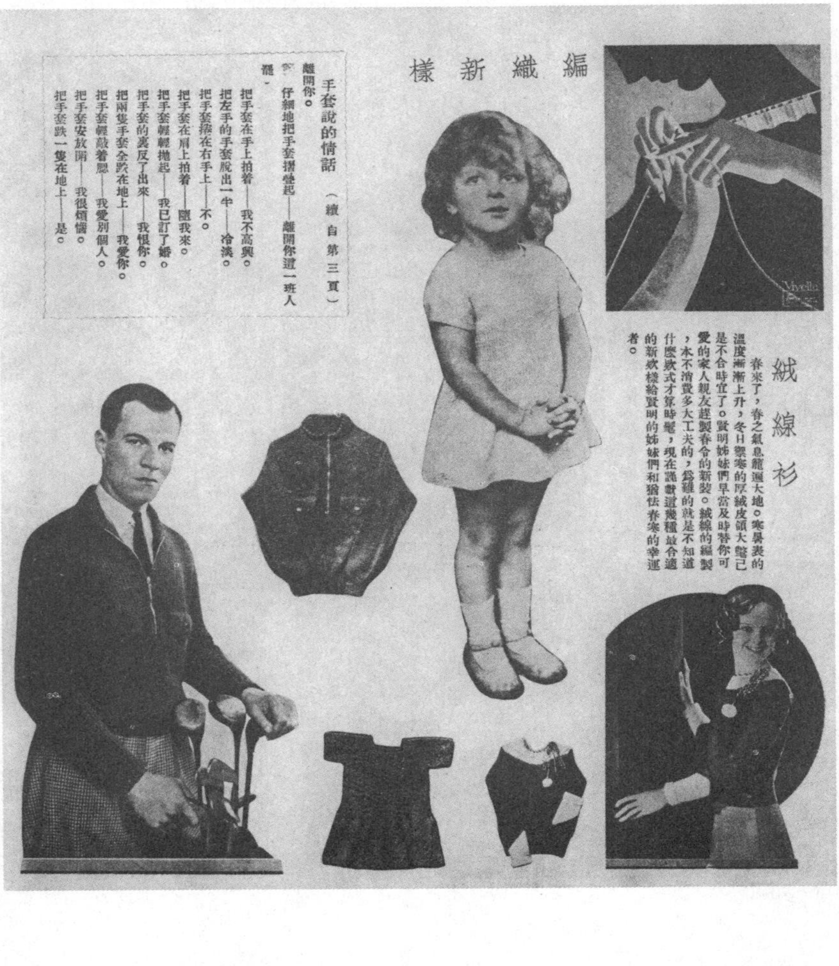
編織新樣

手套說的情話（續自第三頁）

離開你。
套仔細地把手套摺疊起——離開你這一班人罷。
把手套在手上拍着——我不高興。
把左手的手套脫出一半——冷淡。
把手套捺在右手上——不。
把手套在肩上拍着——隨我來。
把手套輕輕拋起——我已訂了婚。
把手套的裏反了出來——我恨你。
把兩隻手套全跌在地上——我愛你。
把手套輕敲着腮——我愛別個人。
把手套安放開——我很煩惱。
把手套跌一隻在地上——是。

絨線衫

春來了，春之氣息籠遍大地。寒暑表的溫度漸漸上升，冬日禦寒的厚絨皮領大氅已是不合時宜了。賢明姊妹們早當及時替你可愛的家人親友趕製春令的新裝。絨線的編製，本不消費多大工夫的，爲難的就是不知道什麼欵式才算時髦，現在謹獻這幾種最合適的新欵樣給賢明的姊妹們和猶估春寒的幸運者。

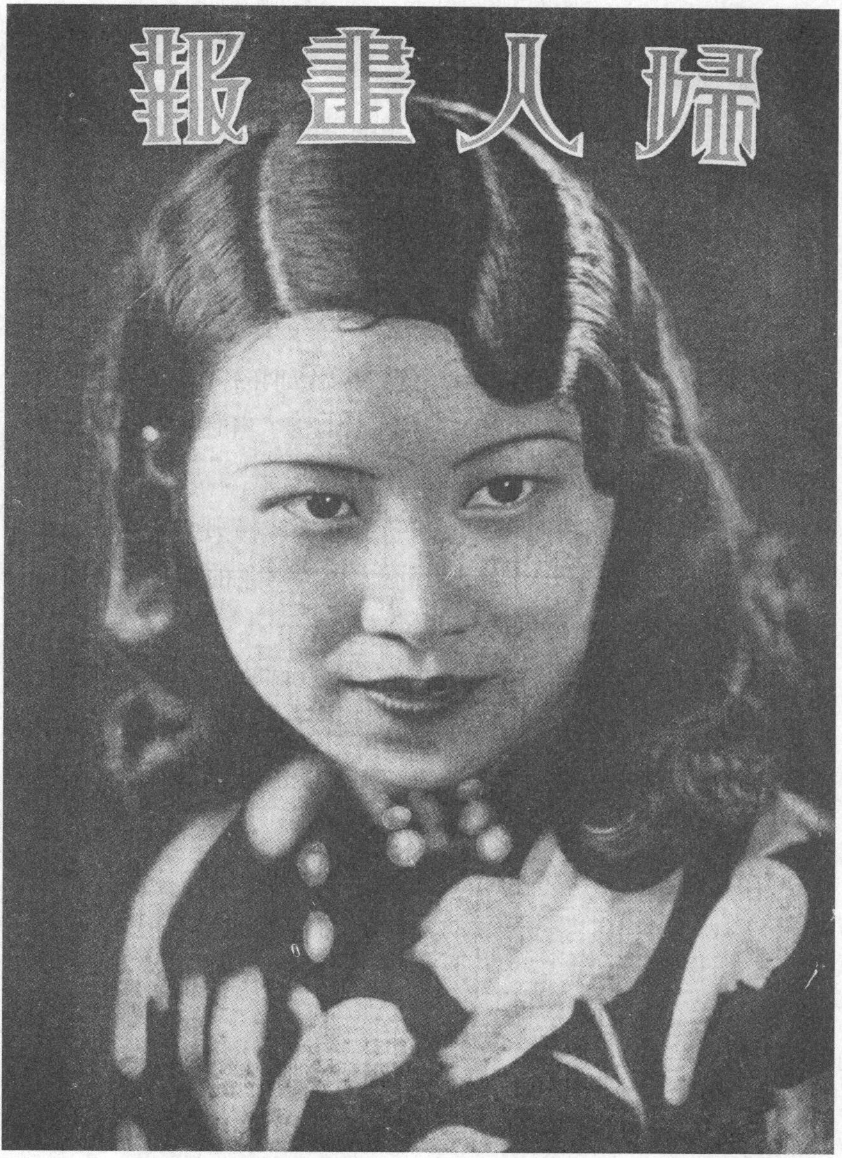
婦人畫報

《妇人画报》文字部分的一大贡献是“掌篇小说”的提倡。掌篇小说，是由法文Conte翻译而来，法文原意是短篇小说，在散文文体的短文中表现了现代情绪。画报几乎每期必有一两篇掌篇小说，而且还有数期掌篇小说特辑。但是它的大部分文字还是妇女问题的探讨、国外妇女生活的介绍、家庭知识的讲解、电影介绍和时尚、美容、家政等讨女性欢心的内容。

画报还不定期地以专辑的形式探讨与妇女休戚相关的问题。郭建英开设的“摩登生活学讲座”专栏，不仅注重女性外表的改善，更注重培养女性的文学修养，他指出，上海的摩登女们绝不是花瓶，她们的魅力在于自信下的从容与优雅；第15期的“时代女性之解剖特辑”，从时代女性生活、心理等各方面剖析了当时新女性颇为尴尬的处境；第18期推出的“中国女性美体赞专辑”，从中国女子的内在美、外人眼中中国女性的美、中华女儿美之隔别审判、中国女性的稚拙美以及一系列以上海街上摩登女郎为对象的漫画，共同探讨了女性身体之美。

彩色版的文字和插图全部是紫色，第14期自称：“彩色版自信是本报的独创。我们打算以后每期总有8页的彩色版，专载富于时代性的、最有趣味的文字与图画。”从每期彩色版的内容看，大致是一些感性的散文、恋爱随笔、时装美容等，照片非常精致。

《妇人画报》于1935年4月出版至第48期后终刊。

普及电影艺术、提高观众水平的《电影画报》

1933年7月1日，上海良友图书印刷有限公司投资创办了《电影画报》，良友公司负责印刷兼发行，由全国各地的良友公司代售，主编郑君平（郑伯奇），后由陈炳洪、陈嘉震、马翠贤等继任，摄影记者谢恩祈、汪仑任美术编辑，社址设在上海北四川路851号良友公司内。画报旨在“合于一般公众要求”，致力于“电影艺术的普及和观众鉴赏程度的提高”，在当年数百种电影刊物中独树一帜。

《电影画报》属艺术类刊物，初为半月刊，32开本，56页，40页铜版图片，16页文字，文字中没有插图。从第7期开始改为月刊，16开本，38页，12页图片，26页文字，文字中兼有多幅插图。主要刊登影坛随笔、电影理论、影星小传、影人动态、新片介绍及探讨中外电影的发展方向和奋斗目标。图片方面分“中国之部”和“外国之部”两个部分，“以新颖为主，有中外影星新照、工作照片、工余生活照”等。文字方面“取材甚广，凡电影艺术之理论，名片之批评介绍，中外各国之影界消息，影业状况，影星逸事，以及摄影场之趣事等”，画报少有刊登长篇，以语言精练、短小精悍、平易有趣、3000字以内的小品文为多。国内部分有《中国电影之演进》《中国有声电影与当前的音乐问题》《论国防电影》《国片之进步观及今后发展的先决问题》等；国外方面有《日本电影漫谈》《美俄电影之

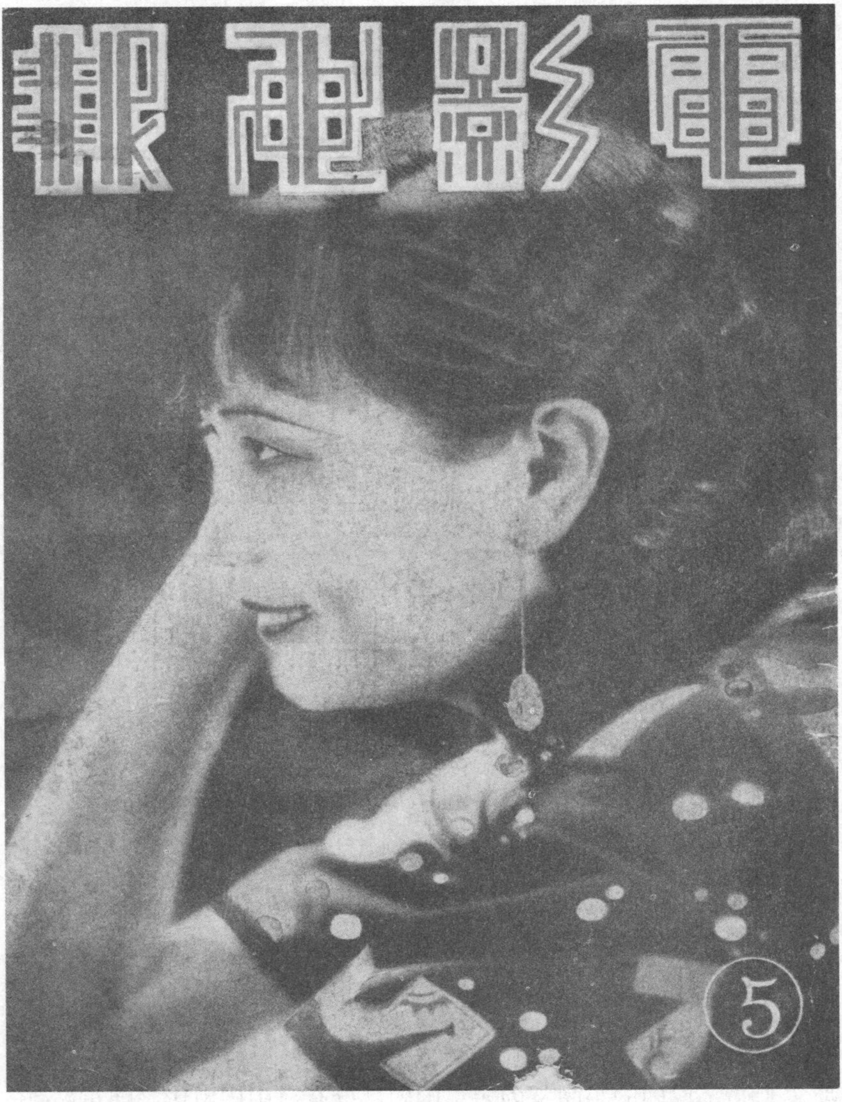
電影畫報
5

趋势》《美国电影调查》。而突出地方特色的《上海影戏素描》，对南京大戏院、北京大戏院的历史沿革、观众类别、影片特色做了较为详尽的介绍；《电影在汉口》《南昌的电影》《谈谈厦门的电影》《广州制版公司之调查》等文章则记录了电影业在全国各地的发展概况；《影城工作记》则重在报道美国各影场的工作概貌、好莱坞正在拍摄中的最新影片。

画报在图片上充分做到内容新颖、印刷精美，图片一律采用铜版印刷，因此我们今天见到的画报上的图片仍然是黑白的清晰、彩色的鲜艳。由于画报与华纳、福克斯、联美、米高梅等美国各大制片公司都有着密切合作和往来，因此刊登了大量的外国影星写真、国外同步拍摄的电影剧照，让读者在影片尚未公演前先睹为快。国内方面则由陈嘉震、吴印咸、陈耀庭、席与群、郎静山、杨世芳等著名摄影师供稿，从题材到内容更是新鲜及时。

介绍电影常识、普及电影知识是画报的一大特色，有电影演员、导演撰写的《电影的音乐配奏》《大众化的电影是这样的》《摄影场

新文藝作品初上銀幕「春蠶」 明星公司出品

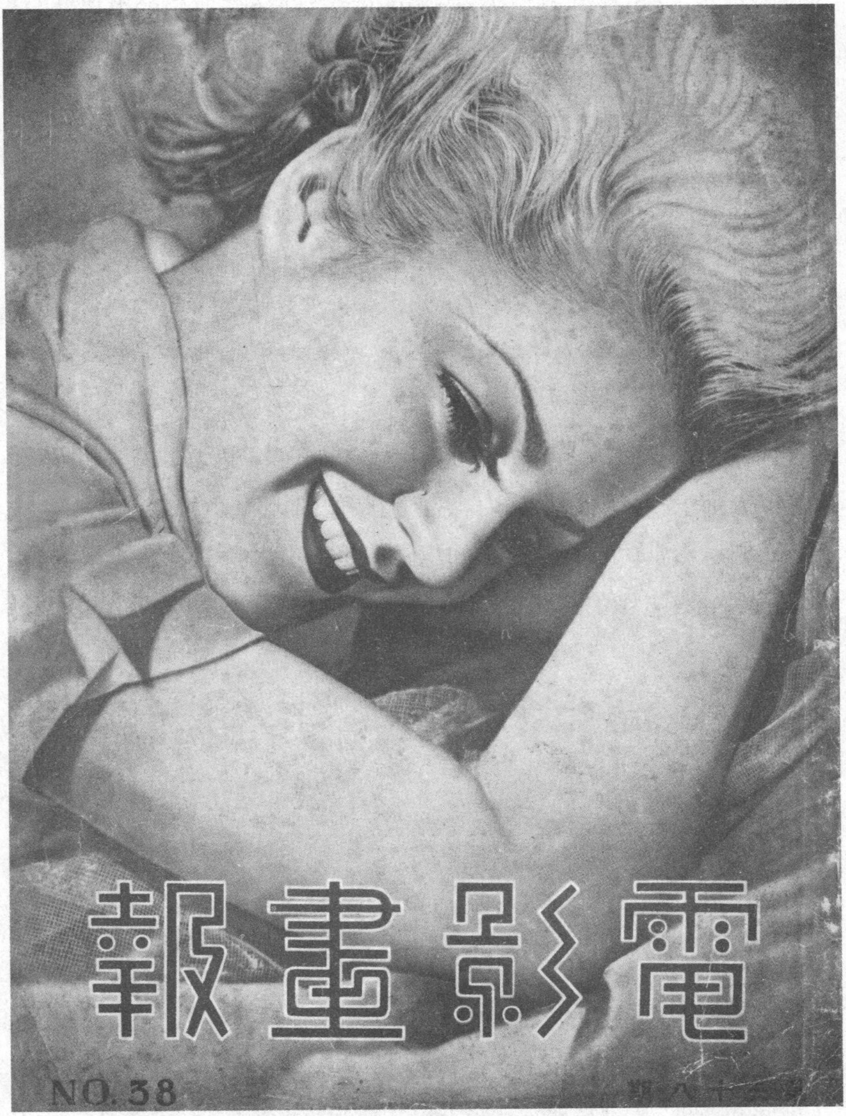

電影畫報
NO.38

Eleaner Powell

愛蘭娜鮑慧兒

『飛燕迎春的天才舞娃』

中》《谈有声电影》等；有影评人撰写的《成为综合艺术的有声电影》《谈意识与技巧的问题》《摄制战情片的秘密》《银星百态》等。

“读者论坛”“读者通信”栏目是画报与读者沟通的桥梁，专门刊登读者的来函，有张家琳的《现代中国电影所负的使命》、余伯衡的《现代的电影艺术》等。“编辑余谈”栏目是编者向读者介绍本期画报的主要特色、重点文章点评，类似于今天的报刊导读。

出版专刊是民国时期画报的特色，《电影画报》也不例外：第9期《艾霞女士哀悼特辑》、第20期《阮玲玉特辑》、第23期《胡蝶女士返国特辑》、第27期《黄柳霜回国特辑》等。

画报拥有费穆、蔡楚生、沈西苓、舒绣文、叶秋心、龚稼农、袁美云等一批著名导演、演员做撰稿人，他们撰写的文章多为自己亲身经历和亲眼所见，故而真实可靠，深得读者尤其是一些追星族的青睐。在画报创刊的前两期和新年号上，常能见到当年著名影人、大腕的题词、贺词。

因第二任主编陈炳洪因公赴美，从第31期开始由陈嘉震继任，两期后因病请辞，由马翠贤接办。此后，画报内容趋于贫乏，仅以好莱坞电影报道及中外影坛花絮勉强支撑，终于画报创刊四周年之际宣告终刊。

综合性科普期刊《科学画报》

1933年8月1日，《科学画报》在上海创刊，由中国科学社主办，总编、发行人杨孝述，经理编辑杨臣华，常务编辑刘佩衡，艺术编辑殷云泉，资料编辑成绳伯，知名科学家秉农山、任叔永、竺可桢、刘淦芝、任鸿隽、赵元任、裘维裕、吴有训、茅以升、汪胡桢、伍献文、柳大纲等都曾是画报的特约撰稿人。中国科学图书仪器公司负责总发行，在上海、北京、天津、南京、西安、长沙、昆明、汉口、宁波等近30座城市及新加坡、日本等国设有分理处。社址初在上海亚尔培路533号，后迁至上海陕西南路235号。《科学画报》是我国历史最悠久的一本综合性科普期刊，更是唯一一本新中国成立后继续出刊，并且至今仍然存在的画报（本文仅介绍新中国成立前部分）。

《科学画报》为科学类专业画报，初为半月刊，每月1日、16日出版，自1939年7月第6卷第1期起改为月刊，每月1日出版。其办刊宗旨是，“要把普通科学知识输送到民间（工农群众和中小学生）去”。办刊方式则采取“用简单文字和明白有意义的图画或照片，把世界最新的科学发明、事实、现象、应用、理论以及谐说、游戏都介绍给他们”，从而达到“逐渐地把科学变为他们生活的一部分，使他们看科学为容易接近、可以利用的资料，而并非神秘不可思议的幻术”。其特点是题材丰富，内容广泛，信息量大，通俗易懂，图文并茂，趣味性强，涉及天文、地理、生物、自然、生理、医药、化工、机械、航空、军事、土木、农业、无线电、渔业、实验、航海等多种学科、各个行业。

该刊为16开本，每期44页，页数一直是大排序，封面为彩版，内文为黑白双色。开设的“科学新闻”“小学理科教育资料”“小工艺”“家庭常识”“小常识”“读者论坛”“信箱”等栏目，及时介绍科技新成就、新发现、新进展和新产品；深入讨论社会科技热点；不懈追求自然和科学上的奇闻怪事，努力预测社会科技未来，循循善诱青少年学会动手动脑；迅速传递最新的生活科技创意，启发青少年爱好科技、投身科技事业。

画报在传播内容的选择上体现了趣味性与科技性的结合。如画报第13卷第7期的《天空写字》一文，介绍国外先进的广告技术；再如《奇怪的道路》一文介绍美国用棉花铺路，印度用糖果厂的糖蜜铺路，英国利物浦用洋铁罐铺路。因为其趣味性的存在，在画报中总是能看到今天都觉得稀奇古怪的发明，现代人阅读起来仍感兴趣。

画报重视对物理、化学、地理等基础学科知识的传播，其始终保留的是“理科教材”栏目，重点介绍基础科学知识，范围包括物理、化学、天文学等。如第4卷第18期中介绍了安培计和伏特计，第12期中介绍了几个简单的电学实验。除了在理科教材版块之外，在其他版块也有对基础科学知识的介绍，如第4卷第13期向读者介绍了地球及历史。

西方生物学如火如荼的发展直接影响到了《科学画报》在内容上的选择，其介绍了许多非常基本的生物学知识，如第4卷第4期的《最大和最小的哺乳动物》、第4卷第7期的《昆虫怎样呼吸》、第4卷第18期的《在不同纬度和高度的植物》等。这些生物学知识在今天看来都是最基本的知识，但是在当时，对人们来说无疑是新鲜而深奥的。

每期都有“国内最新发明的介绍或国内重大建设项目报道”是画报散布于全国各地的记者不懈努力的结果。如第2卷第4期的《广东恩平县发现金矿之调查》，以图文的形式，介绍了该矿的开采情况：在开采的头一个月，共采出价值在200万元以上的黄金，其成色在八成五以上，实为世界罕见。第13卷第10期用了整整4版报道的是当年正在进行中的、关系着数千万人生命安全与财产保障的钱塘江海塘工程，其近20幅照片和施工图样都是画报记者亲自拍摄的。

“传授最新科学知识，介绍世界最新科技”使画报一直站在世界科技的前沿，与世界保持同步。如第1卷第2期《世界最高大厦将于明年底落成》：“煤油大王洛克菲勒基金委员会将在纽约建立一伟大的建筑物，计高70层，能容20万人，准于明年（1934年——引者注）底落成。该大厦估计建筑费在3亿美金以上。建筑时采用的种种新的方法：巨大的护手手套、特制的护眼眼镜、新式的护胸甲、不易滑倒的铁钩鞋。举凡现代最实用的发明和改良，莫不尽量采用。”

第1卷第3期《皮加德教授三度升空探究宇宙射线》：“皮加德教授不久即将第三次乘坐氢气球升至高空，在同温层里继续研究宇宙射线。他第一次于民国20年（1931年）5月27日在巴伐利亚，升到981英里，这次因气球障碍而未能达到良好的成绩。第二次于民国21年（1932年）8月18日在瑞士升到10.07英里，得有科学记录。第三次预备在比利时，升到11英里的高空。”

第1卷第4期《马可尼新发明超短波无线电话》：“马可尼新发明的超短波无线电话，已于民国22年（1933年）8月8日在意大利的圣马左利塔与露可地巴巴两地间通话。现在实验可在100英里以外

出版第十五年
科學畫報
第十三卷 第十二期
月刊
三十六年十二月
POPULAR SCIENCE MONTHLY
EDITED BY THE SCIENCE SOCIETY OF CHINA
PUBLISHED BY THE CHINA SCIENCE CORPORATION
中國科學社主編
中國科學圖書儀器公司發行

永利鹼廠俯視全圖(空中攝)

酸鹼工業是一切工業的基本，
永利鹼廠不僅爲我國化學工業打開了大門，
同時在國際上也已獲得崇高的聲譽。

塘沽的永利鹼廠

·游景福·

永利鹼廠是在三十多年前由巳故范旭東先生所創辦的，經侯德榜先生等的努力，在抗戰前，不但巳成爲我國獨一無二的蘇爾維法製鹼廠，且也是遠東唯一的蘇爾維法鹼廠。由它的產品在戰前便能銷售國外，和侯德榜先生根據製鹼經驗所著Manufacture of Soda一書之能在美國化學會出版而受國際人氏之歡迎，以及最近亞、歐、美諸國之聘請侯先生代爲指揮歐美工程師設計鹼廠並重金聘請永利技術員協助等，都足證明國際間對永利鹼廠的重視。由最後一點也可證明蘇爾維法製鹼工業不是一件易事。這次承編輯先生函約本人草文介紹永利鹼廠的近況和進展以及製鹼工作之進行情況，又剛逢十月廿四日爲該廠的成立紀念日，所以本人雖忙於職務，也很樂意將國內這一個重要的化工廠向讀者介紹一下它的概況如下：

(一)近　況

塘沽淪陷後，日人便將永利鹼廠佔領，並强迫該廠工友協助復工。雖說工友們對日人多方爲難，畢竟在日人對該廠的重視下復了工。惟因日本派遣人員之技術遠遜於該廠原有之技術人員，致八年開工之平均日產量僅爲二十六噸，實則該廠在未淪陷前平均日產量固爲一百八十噸之工廠也。前年勝利後，該廠仍歸還永利，雖因日本技術人員之不善利用蘇爾維法機件而致該廠機件大部受損，但在熟練技術員工之搶修下很快的便復工。目下廠裏巳有一千多工友和一百多職員，不但老的技術員工都是具有二三十年的製鹼經驗，新進技術員也都是陣容齊整的優秀大學畢業生，就

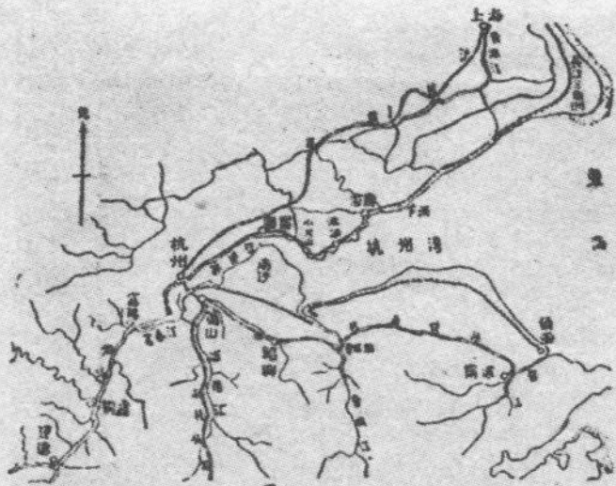

錢塘江海塘工程施工近況

·張靖生·

錢塘江又稱浙江或之江，悉由象形而取名。其發源有三：(一)安徽黃山的新安江，(二)浙江東陽大盆山的東陽江，(三)開化百際嶺的信安江。此三江在桐廬會合而稱桐江，經富陽而改稱富春江，到東江嘴會合浦陽江始稱爲錢塘江。

據地質學家的調查，錢塘江的形成可分爲七個時期，而現在是第七期，形成漲坍不定的現代河牀，因此潮患乃隨之而生。

據歷史所載，潮患最初見於宋代，築塘則始於唐代。到了明代，潮患加烈，乃以竹木石塊築塘。現在的石塘則是明末清初開始修築的，因關係民生甚巨，故彼時朝野皆極重視。負責海塘工程的官員，每每因處理失當而受革職處分，甚至遭受到殺身之禍

這石塘固然較古時的土塘爲堅固，但仍經不住凶猛的潮浪長期衝擊何况年久失修，特別是抗戰期間，飽受敵僞的摧殘，因此石塘坍毁』决口而有十多處。勝利後，先有『錢塘江臨時緊急搶修處』的成立，繼而有錢塘江工程局』担負修復及整理河道的重任。

現在新計劃及正在進行中的工程有隔壩工程，保坍工程，採石工程，養護工程及基本疏導工程等。

海寧爵字號混凝土塘工程，全用機器所建築。今塘基部已經完成，預計秋潮以前全部完工。

> 本文爲參與工程的張靖生先生爲讀者所寫的報告。詳敍從湯山採石到海寧打樁之施工經過。以後關於保坍工程等，他還會繼續告訴讀者的。有一部份照片爲馬駒君所攝，本報併此致謝。——編者

左上　工程人員住宿之活動宿舍的遠景。

左中　工人用空氣鑽(Jack Hammer)來鑽山洞。

左下　磨鑽機。

← 在工作中的鏟石機(excavator)

→ 炸藥導線之接法。

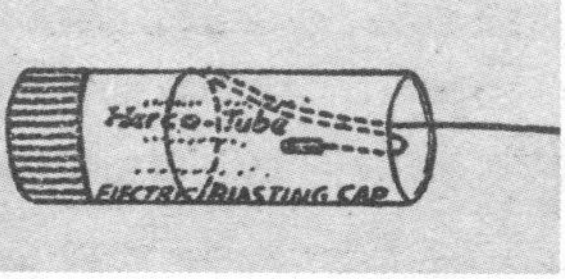

上海老画报

大众航空常識

航空發達史話（上）

·薛鴻達·

飛行，本是自古以來大衆所縈想的，最神奇的事情，也是人類由幻想而果然成事實的唯一成功！在吾人的心目中，誰都認爲祇有飛行是最迅捷的運輸方法，並且也是最切合需要的方法。

尙未有什麼文明的原始初民，已都會憧憬在空中逍遙飛行，是多麼崇高的事。所以支配他們命運的精靈或神仙，都假定有翅飛行的，這些神仙都居在天上（空氣的上層）。(圖4)我國的人民，也都迷信神道會得飛行的，——騰雲駕霧。所以現代的人能够坐着飛機在天空中翱翔，可說已有神仙福分了。

圖1. 奧維爾·萊脫氏，氣動航空機（重於空氣的飛機）的發明人，也是第一個駕駛成功者。

在公元前一千年的埃及人，在石上所刻的人像或動物，都有着翅膀。(圖3) 我們再閱讀著名的荷馬(Homer)史詩中的傳說，可知那個時代的人(約在公元前十世紀左右)多麼企圖着自已也會飛行。據說，與這同時，在不列顚(Britain，即今英國)，有個布勒德大帝 (King Bladud) 因爲打算飛行自已把命送掉。

在公元後58年，羅馬的尼祿(Nero) 大帝舉行其有名的羅馬節日。通常在這種節期最引人注意的是把基督徒餵獅的一事。但是那次最大的節目却是飛行表演，結果是失敗的，沒有飛行成功。

在公元1040年，有個名叫愛謨(Elmer) 的修道士。他在手，足部繫裝翅翼，並從塔頂躍出，打算飛行，結果把全身的骨骼都跌折了！(圖7)

像這一類的關於古人企圖飛行的故事與傳說，如要一一記載，或許比得上二十四史那樣的篇幅。實際上他們毫無成就，記下來也無謂，祇是有一點可從這裏看出，即，自古到今，人類老是要想飛行的。

圖2. 韋爾勃·萊脫氏，氣動航空機的發明人，是第二個駕駛成功者。

直要到十五世紀，方有從事科學的人鄭重研究飛行一事的記載，其中最聞名的，是雷翁那圖·達·文西氏，(Leonardo da Vinci 1452—1519)，(圖5)，他曾把鳥類飛行的情形詳密地加以分析。(圖6)從他留下的筆記薄看來，他的飛行觀念和在他以後的幾世紀的人所想像的一樣，認爲所採用的機翼應該像鳥翼般會得鼓撲。現在或許還有人這麼想像，——那是已該廢棄的思想了！

達文西氏也曾理會到鳥類還有另外一種飛行方法——滑翔(gliding)。這才是造成今日的飛機所根據的原理。據說達文西曾經實地企圖飛行過，祇是沒有成功而已。文西氏曾造成一個玩具式的直升飛機(heliocopter)，這是他設計的可以垂直通话。此后若改良，300英里外之通话并非不可能，且此种机件并不昂贵，而谈话声至为清晰，并无现在无线电话中之杂音。”

第1卷第5期《世界第一架长途飞行蒸汽机飞机》：“飞机的引擎都用内燃机就是汽油机，不用蒸汽机的，因为蒸汽机本身非常笨重。今年（1933年——引者注）夏天，有一位美国青年制成了一架用蒸汽机的飞机，竟能如汽油飞机一样地飞行。这种飞机的优点很多，在同温层飞行时较汽油机为优，一切消耗也较省，实在是全世界航空界的一种大贡献。”

“良伴良朋，良侣良集”《大众》

1933年8月，梁得所离开了《良友》，但并没有离开他所钟爱的画报事业，在得到张学良将军1万银圆的资助后，他与好友黄式匡共同创办了大众出版社，并于同年11月1日创刊了《大众》画报。主编梁得所，发行人黄式匡，编辑李青、李旭丹、莫自衡，社址在上海舟山路12号，在广州、香港、汉口、南京、北平、厦门、汕头、天津均设有报刊代理，并且远销东南亚。画报以大众关心的问题为内容，以画报成为大众的“良伴良朋，良侣良集，好友雅友，词友文友”为办刊宗旨。“好文章能说出读者想说而未能说出的话，好画能写出观者所能领会而未能分析的意境”，《大众》画报追求的就是这种境界。

《大众》画报为综合性刊物，月刊，8开本，每期40页。最引人注目的是画报封面，锐意革新的梁得所，没有落入当年画报惯用明星、名闺玉照的旧窠，而是独辟蹊径，重金礼聘名画家绘制封面。1—4期由上海知名画家方雪鸪执笔，画题依次为《活跃的青春》《冬夜》《冬天的黄昏》和《都会之夜》。5—19期一直沿用海归画家梁韬云的作品。这些封面“除了但求悦目之外，颇能写出一些意境”，透过这些封面，我们依稀感到了“青春的步伐在百乐门不歇地滑动，夜上海，夜上海，想象着20世纪30年代的那些花样年华女子的轻歌曼舞，她们组合成了上海经久不息的华丽与迷惑”。

画报图片种类多样，包括新闻时事、美术作品、珍奇事物、名胜风景、体育、戏剧、风土人情、家庭、学校和社团生活等，“一切广见闻、增美感之作品”，图片的穿插、呼应、补空、腾挪不留痕迹，浑然天成。文字以短篇为主，有随笔、散文、短篇小说、新闻故事、各种趣味性或有意义的译著及学术常识。

纪实性是画报的一大特点，“国内时事”“国际瞭望台”是两个最重要的栏目，图文并茂地记录了当年发生在国内外的重大事件。如《失去的热河》《华北中日外交会议之谜》《广州中山纪念馆落成》《顾维钧返国》《新生活运动纪实》《中欧之新局面》《日本新内阁》《英海空军大演习》《美国大罢工》《世界的危机》等。

许多著名作家的文学作品在《大众》上首发，如老舍的《柳家大院》、施蛰存的《鸥》、张天翼的《我的太太》、穆时英的《百日》、袁牧的《理发师小胡子》、潘孑农的《懦》、杜衡的《莉莉》、黑婴的《唧海员烟斗者之事业》、欧阳山的《银狗仔》、王家棫的《咸鲫鱼》及素华的《好妈》等。而其中配发的黄苗子、李旭丹等的插图更是独具特点，增彩添色。

普及科学常识是画报的内容之一，但其科学价值已远远超出常识之外。对羊乳业、瓷业、蚕业、地毯业、绒线编织业等都做了详尽的介绍。《蚕丝的故事》《天蚕丝之研究》，从蚕业鼻祖嫘祖谈起，记述了蚕的生长过程、蚕种的选择、蚕丝的制造，最后强调作为中国农村经济生命线的蚕丝业应该引起各方的高度重视。《地毯之制造》，以北平仁立毛纺厂为例，介绍从地毯主要原料之来源、羊毛的处理程序，到地毯的制作和后期花纹的修剪等的全过程。

1934年6月、7月，连续两期详细报道了在菲律宾马尼拉举行的第十届远东运动会，从中国运动员的选定到比赛盛况都留下了极为珍贵的镜头。记者在菲律宾采编后，特约快递寄香港，转平粤线飞机投汉口，再转沪蓉线飞机送到上海。赛会于5月20日闭幕，10天后，画报就做了专题报道，使国人能够在很短的时间内欣赏到远在菲律宾的体育盛会。

画报还别出心裁地编辑了《唇齿与性格》《中国艺术能手》的图片版，构思精巧，增加了画报的趣味性。《唇齿与性格》从一个新角度诠释了嘴唇、牙齿与人的性格特点的关系；《中国艺术能手》展示了国剧大师梅兰芳、小提琴家马思聪、“标准美人”徐来、摄影家郎静山、漫画家叶浅予和钢琴家沈雅琴等各具特色的手。

《中岳嵩山》《东岳泰山》《蜀道难》《游牧生活》《华北风光》《云贵摄影集》等名胜摄影，不仅让读者领略了中国名山大川的英姿挺拔和波澜壮阔，而且还纪实了当年那里的风土人情。

梁得所在主编画报的同时，经常亲自动手撰稿，“每月谈话”题材涉及人生与社会多视角，如《读画偶得——向心的民族性》《毕业与失业》《再谈医理》《读书杂记》《与孔成德君书》《谈及音乐》《广告与思想》等。一期不落的“编辑后记”搭起与读者沟通的桥梁，提供了读者最想知道的东西，今天看来，又是宝贵的史料。

梁得所在《鸦片流毒》一文中大胆地写道：“中国危机很多，病根很多，其中‘鸦片流毒’一项，使够亡国有余。这句话不用注释，读者亦必认为一点不过火。中国拒毒之难，难在禁烟者往往兼任烟贩。据统计，美国鸦片毒者约50万，其中占半数是由医生私贩鸦片教人上瘾，藉以图利。社会上表面救人的往往实际杀人；中国社会更虚伪，禁烟者往往是贩鸦片，街上招牌却叫做戒烟药膏。贪官污吏不良军有的罪恶，没有大得过贩烟发财。民间拒毒运动，贵乎发起自动的决心。戒毒在生理上并无大困难，现代医学精进，能用打针方法助人断瘾；可是戒烟后精神生活有什么补充，意志能否坚持到底才成问题。中国如果要亡，宁可亡于炮弹还算自己敌不过；亡于一朵软软的罂粟花下，那才叫人不能甘心。让我们看那花朵照片

大衆
福
THE COSMOPOLITAN
No.15 JANUARY 1935
第十五期 一月份

畫報絕少發表之
雲貴攝影集
其一：滇省中之民族
劉體志攝
↑安順墦苗之衣飾，其盛服有三角牌負於背上。
↓貴陽苗婦負蔬菜（野果）入市發賣
↑又一種之苗女服裝
YUNNAN AND KWEICHOW
Where Half Civilized Tribes Still
Method of Living(Photos by T.C. Liu)

『良伴良朋，良侣良集』《大众》

揭開一九三五年銀幔之鉅製

傾國傾城

出品公司——派拉蒙　導演——西席地密爾

男主角——亨利韋爾谷遜　女主角——克勞黛考爾白

Cecil B. DeMille's CLEOPATRA with Claudette Colbert, Warren William Henry Wilcoxon——A Paramount Picture.

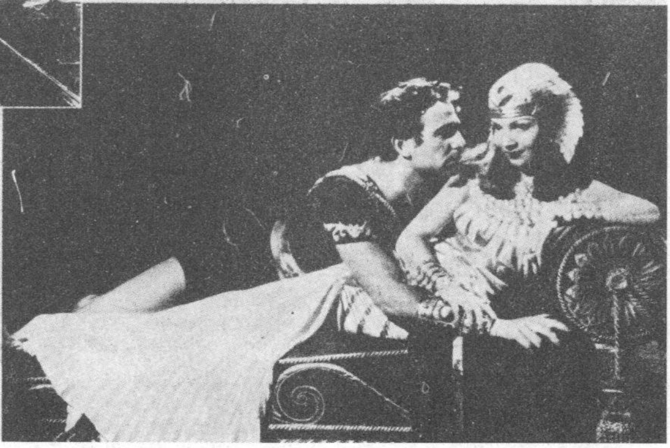

Above: A beau ty in the Egyptian court.

右：埃及女皇與羅馬大將安東尼（考爾白與韋爾谷遜）

Right: Cleopatra and Antony (Henry Wilcoxon)

而认识那妖美而凶残的民族大敌罢。”

因经济支撑不下去，《大众》画报于1935年5月出版第19期后终刊。而大众出版社创办的《小说半月刊》《科学图解月刊》《文化》《时事旬报》四种刊物也相继停刊。梁得所只得转投邵洵美的《时代》画报，只编辑了几期，《时代》画报也停掉了。事业受挫，积劳成疾，梁得所潜伏的肺病发作，几度休养几度复发，1938年8月8日，梁得所在老家连县，在安睡中再没有醒过来，年仅33岁。

民国电影第一刊《电声》

1932年5月1日，《电声日报》创刊于上海，以报道电影界新闻、介绍国产新片、刊登电影评论为主。至1933年底，报刊发行至第600期时，改版为《电声》周刊。1941年12月，日本军国主义者占领上海后被迫停刊。《电声》存世整整10年，发行总期数为901期，其销量最高时达3万余册，创下了中国电影画报办刊时间最长、出刊期数最多、发行量最大三项纪录，是一部20世纪30年代的中国电影史，因而被称为“民国电影第一刊”。

画报创办人林泽苍，编辑梁心玺、范寄病、许秉铎等，由三和出版社发行，社址在上海南京路138号。以满足“市民情趣”“大众阅读”为宗旨，标榜畅所欲言，舆论公正，并再三申明“不受威吓利诱，消息灵通正确；不被人所利用，批评严正忠实；不登宣传稿件，提倡国产影片；不接受任何免费赠票，宁愿自己掏钱”。为了凸显画报作为影坛公共媒体的客观公正立场，编者曾反复强调：“《电声》是读者共有的刊物，绝对不是主持人和编辑人的私产，所以我们一向以读者的立场为立场，以影迷的利益为前提……我们不肯吹毛求疵，我们也不徇卖面情。”

《电声日报》副名为《电影与无线电》，是中国最早、最具影响的娱乐性刊物。方形12开本，每期4版，头、二版刊登影片评论和

電聲
增大號
第五年・四十五期
陳娟娟小姐

奥莉薇黛哈菲蘭
Olivia De Havilland

茜雪拉派克
Cecilia Parker

瑪格烈却吉兒
Marguverite Churchill

電聲

電影圖畫週刊
MOVIETONE
98 NANKING ROAD, SHANGHAI.
每逢星期五出版
總925號
第伍年 第四十五期
民國廿五年十一月十三日

創辦者 林澤蒼
編輯者 梁心璽 范寄病
圖畫編輯 許秉鐸
出版者 電聲週刊社
發行者 三和出版社
代售者 各大電影院 各大書局 各埠派報社

創刊於民國式拾壹年

社址：上海南京路一三八號
本社的電話：一二六一二

三和出版社社徽

增大號 我們的話

從電影界的貪污齷齪說到友聯公司的敗行劣跡

影圈黑暗，南北皆然。「影界如官場」，袁叢美說得真對，一切貪污齷齪諂媚趨奉，喪盡廉恥希奇古怪的事情都發生在電影裏。「裙帶」在電影界裏發生絕大效力，「朝裏無人莫作官」，更好像是專爲一般沒有「脚路」，沒有「靠山」的起碼演員而咏，否則不是要你拿出錢來，就是要你犧牲肉體，薛雪雪鏡頭未上，貞操先失；陳珍妮一無所成，囊資已盡，這是大家所熟知的兩件事。至於最近香港友聯公司發生的那件事，影片公司職員對於女影迷，利用她們攀登銀幕的熱望，用了她們的才藝拍戲，佔有了她們的身體，還要她們化錢，請客。眞不知心肝何在！在她們惑於虛榮，一時糊塗的時候，因可犧牲一切，一旦覺醒懊悔，將她們所受的種種欺騙，公開宣布，即爲該影片公司主持人身敗名裂之時，所以友聯公司若是再保持他的一貫作風，不加轉變，那末它的毀滅，恐怕也就快了。

各製片公司同人新底境界

明星公司擴充後，面目一新，月出兩片，胸有成竹；聯華自歸華安接辦，大局安定，經濟情形，漸入佳境；天一自邵醉翁返滬，大加整頓，積極拍片不遺餘力；新華公司歷史較爲幼稚，然而正因爲「後起」的緣故，也就格外奮發，邁步向上；光芒稍次的是藝華公司，但是它也不甘取落後，因此，最近也決定了它的發展計劃，添聘導演加建攝影場，故在進行之中。只要藝華計畫實現，那末差不多全上海的製片公司都已跨進了一個前途無窮的新底境界，電影界在我們眼光中是整個的一片，我們希望各公司携手邁進，誰也不要落後，爲一個國產電影締建一番光榮的偉業。

定價：每册五分 ▲增大號一角
三月一元。半年二元。全年四元。
遇有增大號不另加價郵費國內免收
外國每月加二角香港每月一角直接
定閱郵票九五折惟限于五分一角者

廣告：長期面議
六一版十七元玲瓏廣告特價弍元半
三份一版卅四元 四一版廿五元
全版一百元 半版五十元

內政部登記證警字八〇二號
中華郵政特准掛號立券之新聞紙

全國首創電影刊物之權威
不受威嚇利誘 消息靈通正確
不被人所利用 批評嚴正忠實
不登宣傳稿件 提倡國產影片

電聲增刊

體育·跳舞·播音
戲劇·文藝·攝影

鐵爾登　梵恩斯
再度過滬將有表演 雙方條件完全談妥

世界職業網球兩巨頭鐵爾登梵恩斯，日前過滬表演後，次晨搭原輪林肯總統號南下赴港，在港舉行表演比賽一場，然後赴菲律賓，在菲表演一場完畢，仍搭原輪取原道返美。歸途預定本月二十日過滬，主持前日表演比賽之本埠普達貿易公司，已與兩氏接洽妥當，二十日過滬時再作一場表演，然後返美。

二次表演賽秩序

日前表演完畢後，普達貿易公司經理派滿，即在國際大飯店與鐵爾登商談第二次表演之條件，雙方完全談妥，條件之內容不知，惟表演秩序大致已商定。鐵梵在菲與菲島職業網球員阿拉剛，將有數次表演後，然後取原道返滬，在滬比賽秩序預定爲單打二場，雙打一場，鐵梵作五盤單打表演賽，及梵對上海最佳之麥格，單打一盤，再鐵梵雙打對上海二麥格，或卡那凡洛及一麥格。

歡迎參加指導賽

至於「指導」表演問題，如上海第一流業餘選手願參加此項「指導」表演者，不勝歡迎。惟須先得上海草地網球會同意，日本台杯選手山岸，此次在日，即曾對梵恩斯作此項所謂「指導」表演者，十一月二十日之第二次表演，門票價目已定爲五元三元二元三種。

鐵爾登退休問題

鐵梵兩氏離滬前，有詢鐵氏何時將休退網球生活，鐵爾登答云，今春在美表演，臂部稍受微傷，迄今未復原狀，但已逐漸進步。至於何時告退，如渠尚能有佳美表演，以餉觀衆，觀衆確血得化錢一看者，決不退休，何時發現退步時，將立即告退云。

體協會董事會開會
決請政府統制體育

全國體育協進會第二任董事會昨舉行第三次會議，議決各項如下：

一，建議政府設研體育最高機關，統制全國體育事業。

二，請求政府津貼參加十二屆世運會經費，及本年常年經費。

三，準備參加十二屆世運會辦法，由總幹事擬定，交常務董事會審核辦理。

四，王正廷辭董事主席職照准，推張伯苓繼任。

五，一九三七年國際學生運動會我國不參加。

六，預選許承基，鄭兆佳爲參加明年台維斯杯網球歐洲帶比賽代表，並加選留英華僑何玉芝爲代表，隨隊赴各國比賽。

七，函復高麗足球隊，歡迎該隊於耶誕來滬比賽

八，繼續租用申園運動場一年。

九，決定提議下屆代表大會修改會章，董事會設董事十五人，董事任期每兩年改選三分之一，（十五人用抽簽法，均分爲三組，一組任期六年，一組四年，一組二年。）

十，決定結束組織遠東運動會進行事宜。

（右上）鐵爾登梵恩斯及梵妻　（下四幅）鐵梵二人之開球及擊球姿勢

电影新闻，三、四版则分别为播音版和图片版。以言论强硬、批评公正、消息灵通、图片美丽立足于电影界、新闻界。1934年1月12日改名为《电声》，为16开周刊，每期50页。刊期从第3卷第1期计起，每卷27期至51期不等，初为周刊，曾改为半周刊、月刊，另有岁暮增刊等，虽每期均标有总期数，但与实际期数并不相符，1941年12月最后一期标明第1080期，但实际期数为第901期。

《电声》在日报阶段以影评居多，对各家公司所出影片公开评论打分，对外国的辱华影片，也屡屡撰文抨击，予以抵制。改为周刊后，侧重对电影新闻的评述。《电声》还发表过一些有分量的影人文章，对研究中国电影史极具价值。为保持刊物的独立性，《电声》甚至不向演员和导演主动约稿，因为“有了友谊少不得要生出一种面情或挂牵，而这种面情或挂牵或者要使我们将来说起话来不太方便”。正是基于这样的办刊立场和编辑理念，《电声》以客观报道影坛动态为已任，雅俗兼蓄，追求真实，有闻必录，刊发的新闻范围几乎涉及整个20世纪30年代影坛的方方面面。

《电声》的新闻报道具有观点鲜明、爱憎分明、翔实准确的特色，尤其是对一些世人瞩目的重大影坛新闻，多采取跟踪采访、连续报道的方法，不仅抢抓新闻时效，而且分析事件背景，回顾事件始末，随时补充、更正相关内容，形成全方位的立体专题报道。最具代表性的有《早期默片演员夏佩珍沦落的前因后果及期间发生的种种波折》《阮玲玉服毒自杀详情及其原因剖析》《黎锦晖、徐来夫妇与〈大都会日报〉之间的笔战回顾》《漫画家叶浅予与系列影片〈王先生〉之间的种种关系》《好莱坞影片〈大地〉在中国引起的轩然大波及其修改情况》《影片〈木兰从军〉在渝被焚事件的前前后后》等。这些专题报道有的以整期刊物重点推出，有的连续数月开设专栏追踪采访，因此其内容既有深度，又积累了大量第一手文献资料，如有关阮玲玉逝世的专题报道中，披露了导演但杜宇曾拍过阮玲玉对白歌唱片一卷，是阮玲玉仅有的有声片资料；还揭露了梁赛珊受唐季珊所迫伪造阮玲玉遗书之事，并转载了首发于《思明商学报》上的阮玲玉的真正遗书。第4卷第11期的《阮玲玉哀荣特辑》和第4卷第48期的《胡蝶潘有声结婚特辑》，更为画报创造了3万余册的最高销售纪录，为此直接策划并坐镇指挥的编辑范寄病曾连续两天没有吃午饭。

1932年，《电声》画报发起选举“电影皇帝”，金焰当选。1933年2月，经过三个月的选举“明星名片大选举”揭晓，“中国十大明星”的第一名为胡蝶，第二名为阮玲玉，第三名为金焰；“外国十大明星”的第一名为珍妮·盖诺，第二名为葛莱泰·嘉宝，第三名为麦·唐纳。1934年，发起“中国电影明星选举”，分十个项目分别投票：1. 我最爱慕的（男、女）明星；2. 最美丽的女明星；3. 我最不喜欢的（男、女）明星； 4. 最漂亮的男明星；5. 表演最佳的（男、女）明星；6. 最可爱的女明星；7. 最强壮的男明星；8. 最有希望的男、女演员；9. 我最愿意和他做朋友的（男、女）演员；10. 最健美的女明星。经过三个月的投票角逐，该刊共收到3572张选票。4月6日画报公布选举结果。我最喜爱的男明星：金焰1205票，高占非1136票；表演最佳的男明星：高占非1432票，金焰1104票，龚稼农694票；最漂亮的男明星：金焰1196票，高占非861票；最强壮的男明星：查瑞龙1203票，金焰885票，高占非534票；我最愿和他做朋友的男明星：金焰1211票，高占非785票。

集合美术界精英的《美术生活》

近些年，随着视觉消费读图时代的到来，随着人们对20世纪30年代以上海为代表的“摩登时代”的怀念，随着收藏热在全国的迅速蔓延，摄影类画报价格突飞猛进、日新月异。21世纪初，在嘉德古籍善本拍卖会上，现身一套整份41期的上海《美术生活》大型画册，更是以平均每册322元，计13200元的高价拍出。

1934年4月1日，《美术生活》在上海创刊，社址在上海昆明路德安里63号，创办人金有成，发行人俞象贤，由《美术生活》杂志社编辑，编辑吴朗西、郎静山、凌东林、张德荣、钟山隐、罗谷荪等，由上海汉口路274号的新闻报馆负责总发行。画报至1937年8月1日第41期终刊。据《全国中文期刊联合目录》记载，国内尚没有一家图书馆收藏齐全。

《美术生活》为艺术类刊物，月刊，大8开，每期32~56页不等。由“中国照相制版印刷专家、宣扬中国美术的利器、设备完美东亚独一”、执上海印刷业牛耳的三一印刷公司承印，印制极为精美，每册零售价高达0.5元大洋，比当时最牛、最火的《良友》还要高上0.1元。画刊设国内新闻、生活、金石、图画、雕塑、洋画、建筑、工艺图案、生活摄影、电影理论等栏目，以书画、摄影、考古为主。

画报刊登了大量的唐、宋、元、明、清各代及民国时期的名画家的书画作品，每期均有数幅铜版纸珂罗版彩色全页插图，有“明画苑人物册”“明吕文英嬉春图”等系列画作。画报收入许多有分量的美术论文，如黄宾虹的《东周金石文字谈》、贺天健的《我对国画之主张》、王祺的《中国绘画之变迁及其新趋势》、陈蝶野的《明清五百年画派概论》、窳父的《中国画与画的工具》、黄苗子的《民间艺术》、钟山隐的《中国绘画之近势与将来》、陈抱一的《从生活上所发现的新的形态美》等，为中国书画史研究的珍贵资料，为考证画作的来历、鉴别真伪提供依据。

《美术生活》之所以成为当年美术界的一面旗帜，是因为它有一般美术刊物望尘莫及的强大感召力，它将张大千、徐悲鸿、林风眠、黄宾虹、吴湖帆、梁鼎铭、贺天健、方君璧、俞剑华、陈抱一、颜文等当年美术界众多精英均列为“特约编辑”，最多时达36人。他们除参与办刊事务外，更多的是提供画作。此外，黄苗子、蔡若虹、钱瘦铁、齐白石、高奇峰、叶浅予、庞熏琴、万籁鸣、朱屺瞻等名家的作品在画刊上也时有出现，为画刊增光添彩。因此，当年的画家以能在此刊发表作品为最高荣耀。

擅出专刊是《美术生活》的又一特色，在办刊41期中专刊就达9期：如第6期《儿童专号》、第19期《儿童生活特辑》、第20期《第六届全国运动会纪念特大号》、第25期《二周年美术专号》、第32期《四川专号》、第34期《浙江文献美术摄影特辑》、第37期《吴中文献特辑》、第38期《第二届全国美展特大号》等。德国漫画家埃·奥·卜劳恩（E.O.Plauen）创作的《父与子》连环画誉满天下、风靡世界，他所塑造的善良、正直、宽容的艺术形象深深地打动了千百万读者的心，被人们誉为德国幽默的象征。《美术生活》第22期《漫画特辑》选登的《父与子》漫画作品，第一次将《父与子》介绍到中国。这些专刊不但增加了画报的专业性，也成为画刊吸引读者眼球的一大噱头。

集合美术界精英的《美术生活》

明吕文英嬉春圖（二）

值得一提的是，画刊还刊登了刘旭沧、郎静山的许多人体摄影作品。有趣的是，图片的中文标题是“人体”，而英文却用了“Shameful”一词，从中可以看出那个时代社会对人体模特的态度。更为可贵的是这些图片上的模特多为中国人，而且面部清晰，可以想见，这些姑娘能够顶住社会舆论的巨大压力挺身而出，为艺术献身，是需要多么大的勇气呀！

匈牙利鄉村結婚奇俗
Wedding Ceremonial in a Hungarian country
在匈牙利鄉村的結婚儀式中，保存着不少古風。農婦們都穿着古裝去赴婚禮。而最饒趣味的兩項習俗，則[illegible]
枕頭舞』與『送嫁裝』。
1. 枕頭舞的奇觀 The Dance of Pillows.
2. 送嫁裝的儀式 The ceremonial removal of the bride's bedding into the house of the bridegroom.

中国人体摄影第一画报《健美月刊》

20世纪20年代，徐悲鸿、刘海粟等艺术大师把人体美术引进中国。在封建思想禁锢下，中国的人体艺术为了生存发展，艺术家们进行了艰苦卓绝的斗争。发展到30年代，《健美月刊》更让人体摄影走出室内，来到了大自然，走进了森林树木深处、原野或牧场的尽头、流水滔滔的河畔以及一片无际碧海的沙滩，因而《健美月刊》被誉为中国人体艺术摄影的第一画报。

1934年7月10日，《健美月刊》在上海创刊，主编严次平，上海青青画报社出版发行，社址在上海温州路1号，上海杂志公司总经销，上海民享印务公司承印，在苏州、南京、汉口、厦门等地均设立代销处。画报终刊时间不详，已见1935年3月20日出刊至第2卷第1期。

《健美月刊》属艺术类画报，月刊，每月10日出版，方16开本，每期50页。画报以图片为主，兼有文字，每期一般为42幅图片和广告，8页文字。以“提倡健美运动，发扬人体艺术”为办刊宗旨，无论图片还是文字均与人体艺术有关，并不涉及其他方面的内容。画报不仅有丁悚、郎静山、严次平、杨世芳、刘旭沧、陈家枢等一批著名摄影家为其供稿，而且许多名家还为画报题词，如刘海粟的“生命之流芬”、上海美术专门学校校长王济远的“非健美不足以图存”等。

图片部分除封面为彩色人体摄影外，内文均为黑白中外人体摄影、人体绘画和人体雕刻等。国内人体摄影有丁悚的《献君以白莲一朵，莫道我今宵怕羞，他日凭君排布》，严次平的《忪惺》《漱彼之金箭》《寻觅》《等你来亲吻》《蛙之女》《诱惑》，汪联熙的《光明之追求》，陈谨诗的《野女郎》《裸梦》《十字架下的殉情者》，常清的《都市的女儿》《何事相思苦》，次郎的《献》《怪舞》《体与线》《无题》，何佐明的《倚石》。其中入选日本写真联盟主办“第五届日本国际写真沙龙”的郎静山的《丝柳下摇船仕女》，不仅将人体摄影从室内搬到湖面，而且他还饶有兴致地为作品配了一首小诗：“有美妹兮迷恋于睡莲之乡，轻舟荡漾兮水之中央，湖水莹莹兮爱之琼浆，伫立而凝望兮我心忧伤！彼白莲兮暗吐芬芳，彼云雀兮自在翱翔，彼美妹兮独傲然以高盼，伫立而凝望兮我心忧伤！爱之灌溉兮生之滋养，青春儿女兮谁不情长，漱心脱之金箭兮中我心垛，我心忧伤兮我心忧伤！”世界人体摄影名作有《背与影》《裸舞》《羽扇舞》《观赏——丰满的乳房，润圆而修长的大腿，窈窕的身材，西洋女子的典型吧》《快快穿袜》《你黑手套的迷人精，你是全人类女子的情敌啊》等。世界名画有《龙宫春浓》《梳妆之女》等。人体雕刻有世界名雕刻《爱神》、意大利罗马国立美术馆藏古罗马雕刻《半男半女像》以及埃及古雕刻等。

文字部分主要是介绍国内外人体艺术的起源与发展、拍摄人体的技巧、如何绘制人体画以及社会对人体艺术的看法，如秋红的《健美人体画的看法》、尼特的《现代人体画》、晋洒的《健美》等。而从王济远的《关于审美的条件和美人的标准》一文中，我们可以知道当年人们对人体美标准的评判，不知道今天的美人们是否符合他提出的“四黑”“四白”“四红”“四圆”“四长”“四阔”“四狭”“四小”“四肉”条件：“……美人应具备四种黑条件：头发、眉毛、睫毛、瞳孔；四种白条件：皮肤、眼白、牙齿、腿；四种红条件：舌头、嘴唇、牙龈、面颊；四种圆条件：头、颈、前臂、足踝；四种长条件：背、指、后臂、腿；四种阔条件：额、眼、胸、臀；四种狭条件：眉、鼻、唇、指；四种小条件：耳、腰、手、脚；四种肉条件：臂、面颊、大腿、小腿。”这还不够，还要加上“皮肤细薄，皮粒细微，身体表面完全平滑，皮肤弹性而紧张，无皱痕及反常之纹路，皮色清雅，颜色明淡，脂肪之分泌有常态，难以目见”。

画报主编严次平不仅主编过《青青电影》《女神图画杂志》，而

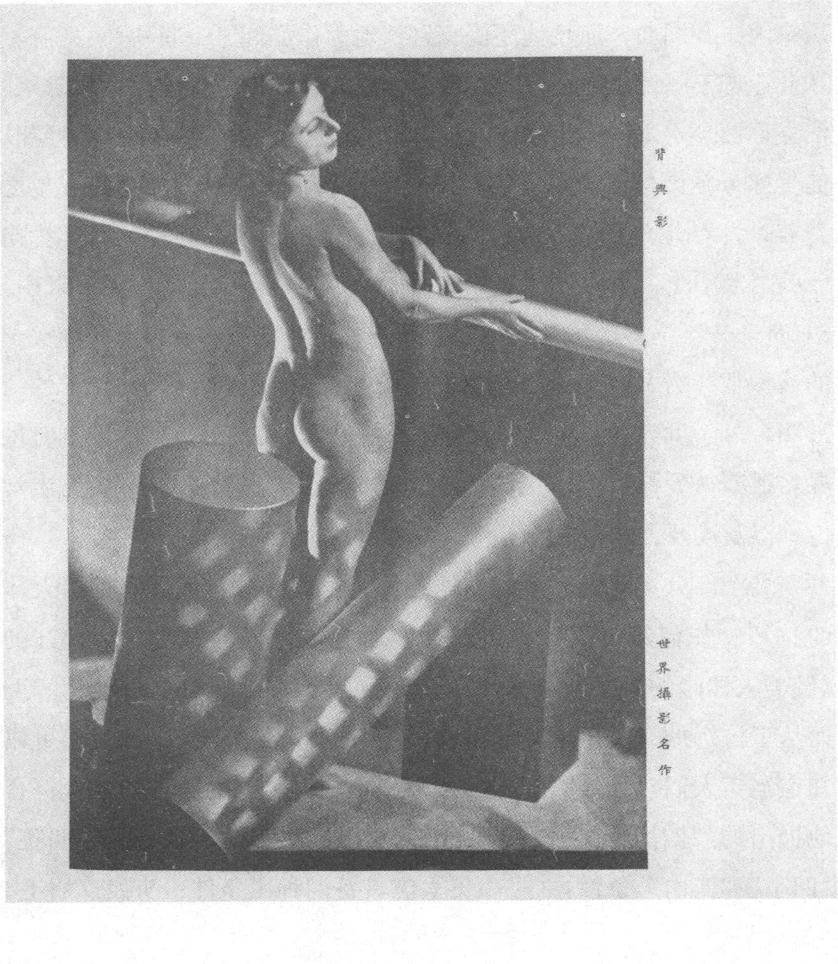

且也是民国时期著名的摄影家，尤其是对人体摄影情有独钟。他曾与好友郎静山合作出版了两集《人体艺术摄影》专辑，著名报人、《良友》画报主编马国亮为专辑作序。专辑采用珂罗版印刷，16寸的放大图片清晰精美，“既可欣赏收藏，又可剪裁下来配置镜架为室内美术装饰之用”。刊登在《健美月刊》上的严次平自序，道出了他对人体摄影的酷爱和对理想人体模特的渴望，同时也介绍了世俗对人体模特的不理解：“……每一次在暗房里，小心而敏捷地使那收获出现在纸面时，这暗暗的屋子里只有心的剧跳和水被拨动时发出的声音。不用红灯的渲染，我全个脸部早都通红了，似乎有什么往上冲的样子。在这些纸面上的黑影里，无论哪一点，一片光和影，一丝柳叶，一朵白云，全与我有十分亲切之感……每一个模特儿，在她的谈话里总流露出她来接受这职业自始至终守着秘密的，也有说为了这职业，以致使她家人和她分居的。这些话无论是真是假，以为当模特儿是不名誉的观念则一。在这种状况下，要找一个合意的模特儿困难情形，可以不言而喻了。”

记述灯红酒绿大上海的《春色图画半月刊》

1935年1月1日，《春色人体图画半月刊》在上海创刊，社址在上海北京路290号，主编陈富华，文字编辑姚英，漫画编辑江毓祺，摄影编辑黄仁杰，民国名士汪向荣、钱云、江毓祺、胡开瑜等均为画报的固定作者。画报由上海大方印务局承印，千秋出版社出版发行。1936年初更名为《春色图画半月刊》，1939年2月1日出刊至第4卷第5期停刊。

《春色图画半月刊》为娱乐类刊物，16开本，30页，封面、封底、封一、封二为舞星、影星玉照，但当年素有“鱼美人”之称的游泳名将杨秀琼也在其列。其余部分均为文字，但其插图、漫画很有特色。画报初期主要宣扬色情内容，为早期性学杂志、性启蒙读物。图片、文字多与女性有关，画报长期开设“恋爱生活讲话”专栏，指导青年男女如何掌握恋爱技巧，在恋爱中把握机会，最终与恋人步入婚姻的殿堂。第1卷第9期则为“女作家专号”，介绍丽青女士、荓子女士、林小霞女士、秦云女士等12位女作家的私生活。1936年初更名为《春色图画半月刊》后，内容也有了较大变化，除仍保留跳舞业、电影界等方面内容外，又增加了“连环图画”“文艺街沿”“歌台余音”等栏目。为了招徕订户，虽有“凡订阅全年画报的订户均赠送一面题写上款的蒋芷芬女士的细工扇面”促销方式，

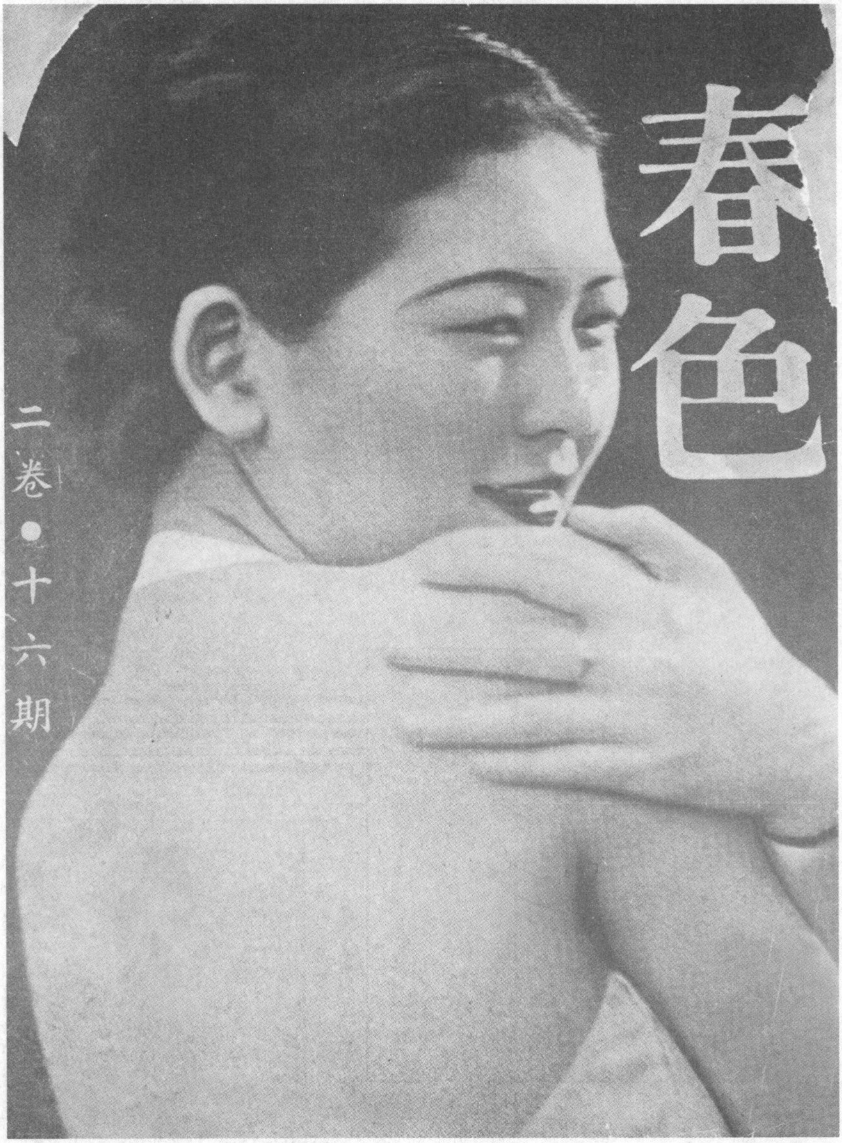
春色
二卷●十六期

本刊記者黃仁傑攝

舞星一羣

吳眞

妃妃

王啓妹

湯麗冰 周惠君 朱惠平 席與羣攝

梁賽珊 席與羣攝

但画报的主要订户仍为上海的各个娱乐场所。

趣味性、娱乐性是《春色图画半月刊》始终如一的风格，“上海漫话”“趣闻轶事”等栏目刊载的《虹口一小学》《惨事》《海上色情录——韩庄》等文，既突出了上海的地方特色，又贴近生活，是老百姓茶余饭后谈论的话题；“余兴”栏目设有猜字游戏，猜中者赠送画报一册，不中者也有小礼品做纪念。

多版的连环漫画连载是画报一大特色，漫画家江毓祺的“连环漫画”《小黑炭》，陈廖祥绘画、王凤池配文的“连环图画”《西施》，而钱云撰稿、江毓祺配画的《山海经》，更将历史名篇改编成白话文的故事，文字清新，通俗易懂，深得读者青睐。

小卒主办的“文艺街沿”栏目，为画报增加了文学元素。如钱云的《华北风情杂写》、汪向荣的《虎丘大道上》、胡开瑜的《甘美的梦》等。画报自称“文艺与诗歌的稿件多如山积，凡刊登的文章均属优中选优，择优选用者”。

第2卷第16期的《海上色情录——韩庄》一文，记述了20世纪30年代上海的妓院、跳舞学院、按摩院、咖啡馆等淫业概况，但其文字和语言不像是在批判，倒像是在为淫业做广告，尤其是对韩庄的卖淫女表示出极大的同情。

比较文雅一点说，咸肉庄应该叫做韩庄。在几年前，正是韩庄鼎盛时期，一班骚人雅士全都尽义务宣传的责任，没有一天没有关于韩庄的文章发表在各小型刊物上，什么“韩庄漫游”“韩庄志趣”“一刀记”“一炮记”等等拿肉麻当有趣的含着“肉”味的文字，却很得老饕欢迎。但曾几何时，现在已经今非昔比了！色情笼罩着整个上海，淫业日渐新奇，方式愈趋尖锐化。于是乎，庄里的花朵——以肉体博些微代价的卖肉姑娘，十分凄惨地少人过问而改途易径地变更谋生目标。

春色圖畫半月刊
二十五年八月十六日出版
每冊只售國幣八分
明星黎灼灼
蔡金寶攝贈
类别： 编号43
名称：画报

明星白虹

楊秀瓊姊妹

道是小殷明珠人家都叫他「蛋」小姐 黃甯民攝

小姐們的消夏 杜鰲攝

明星黎民健

明星梁賽珊

不过在法租界某某桥一带，还有许多“某第”“某寓”的招牌映入我们的眼帘。夜里，路灯和她们的招牌灯对射着，倘若你需要肉欲和精神的发泄，花上五六块钱的代价，自然会有美丽的姑娘陪你睡一夜甜蜜的觉！甚至庄主人能把跳舞学院的跳舞姑娘或者公馆里的姨太太、小姐，甚至自称女学生的人喊来。“台基”又是咸肉庄的别称了。

喊得来的粉头，如果不中你的意，也不过多费三四角钱的车力罢了。照理，好冶游的多乐于此种艳窟，惟是大都会人士全是好尝新鲜味道儿的野心家，死板板的玩法叫他们怎不腻烦呢？尤其是庄花没有从前恁般妩媚、娇艳和应酬手腕。

……现在，正是韩庄衰落时期，上乘的庄花都学会了跳舞，跃入火山里给人搂抱，暗中拉客，尤其在跳舞学院里，莺莺燕燕，多是此道中人的变相。打情骂俏的喧闹声实在辱没了学院的名称，好在这种舞客，舞术并不高超也不在乎，但求舞女把脸蛋儿、胸膛儿、玉臂儿紧贴一下子，就不管她是“咸”是甜，买一块钱票子暗里夹了一张五元法币，她又会跟你跑进旅社。事后，他还说她看中自己，几块钱给玩一个跳舞姑娘，齐天的艳福，桃花的佳运，真是莫可于比啊！从这一种看来，就得知道韩庄遭跳舞学院打击的原因啦。其他如按摩院，咖啡店，东洋、西洋妓院，既实惠又便宜。总言之，都会愈污浊，淫业愈日新月异，叫平凡而呆板的韩庄，又恁不每况愈下、岌岌可危呢？庄花激流勇退，改途易辙，正是她们的目光远大。谁说卖淫女没有商人般的势利呢？

以漫画、摄影见长的《人生画报》

“画报有三种编法：一种着重新闻，一种着重艺术，一种着重皇后、高材生以及浴缸与游泳池。看了以后，但还摸不到你这刊物的个性。”这是作家徐讦在《人生画报》第2卷第6期《论辩画报》一文中，对该画报的评价。

1935年3月10日，《人生画报》在上海创刊，社址在上海四马路380号，主编朱血花（朱旭华），上海独立出版社出版，生美印刷公司印刷，中国图书杂志总公司发行。画报以“普及科学、提倡美育、崇尚艺术”为办刊宗旨，1936年5月10日出刊至第2卷第6期后停刊。虽然徐讦说它缺乏个性，是三种画报的混杂体，但它在漫画、摄影的侧重却是贯穿办刊始终的，更为可贵的是，它曾刊发了丁聪、华君武、张英超等一批漫画家的早期作品，以及德国、法国等一些西方摄影家的摄影名作。

《人生画报》属艺术类刊物，月刊，每月10日出版，16开，34页，多为图片，少量文字。漫画方面有丁聪的漫画集《银星造型》、张英超的漫画配文《流线型女士之秘笈》、俄亚历山大·列可夫列夫（Alexandre Lacovleff）的《亚细亚人物素描》等。摄影作品有介绍海底世界贝类及各种海洋生物的科幻图画《海底幻想曲》《贝族的世界》；有摄影家、该刊主编朱旭华的《古今名哲格言图解》，他将古今中外的一些名言与当时的政客、明星、政治事件有机地结合在了一起，恰如其分，耐人寻味；有《巴黎人体摄影作品选》《德国摄影作品选》和《巴黎人体画室风光》等。文学作品有黑婴的散文《春游什忆》、徐讦的杂文《论辩画报》和夏特的《希特勒幕后的女人》，而华君武绘制的插图更为文章增色添彩。

1936年5月10日第2卷第6期的《恋爱魔术》一文，介绍了用咖啡渣占卜恋爱、婚姻的方法：

有一种神秘的传说，潜行在埃及、印度、南非洲等等的地方，绵延了几百年的时间而不衰，这就是关于男女间有巫术。

自然，这在科学昌明的现在，根本就没有存在的价值，但是，事实并不那么简单。一个情窦初放的少女，为了要使对方的爱更坚诚地施之于己，而同时又难以捉摸到对方是否怀着一颗赤诚的心呢？于是，这巫术就被奉为神灵了。正像卜易、算命、扶鸾一样，继续它的威信于各个社会里。本刊之所以要介绍这篇东西，并不是要让读者对它起一点信仰，我们不过想使读者知道在恋爱上还有这样一种玩意儿。

这是一种用咖啡渣来占断的巫术，先将咖啡渣花三日工夫弄干，然后加一点水进去，放在锅子里面，等到用火烧得沸腾时取下来。接着，放在完全白色的盆子里，用两手拿着盆子一面慢慢摇动着，一面向四面八方倾倒着，将其上面倒去，于是咖啡渣和水离了开来。在沉淀到盆子底的时候，将上面澄清的水移倒在另外的盆子里面，就可以看见残留下来以咖啡渣弄成的形像，参照下表就可明白。

在参考用表中，列举了直线、曲线、断线、十字形、冠状形、房子、人面、人头、鸟、蛇、船、熊掌等24种图案所象征的意义，如直线代表“夫妇间的状态是和平稳静的”，曲线表示“有不良朋友

以漫画、摄影见长的《人生画报》

古今名哲格言解圖

·朱旭華集·

屈陷世界，天不與人以全，我何必求全補缺，傀儡戲場，人既視我是假，我何必認假為真。（陳榕門）

覺人之詐不形於言，受人之侮不動於色，此中有無窮意味，亦有無窮受用。（邵二泉）

輕言輕發，言語之大戒，愈激愈厲，責善之大戒，處事須留餘地，責人切戒盡言。（高忠憲公）

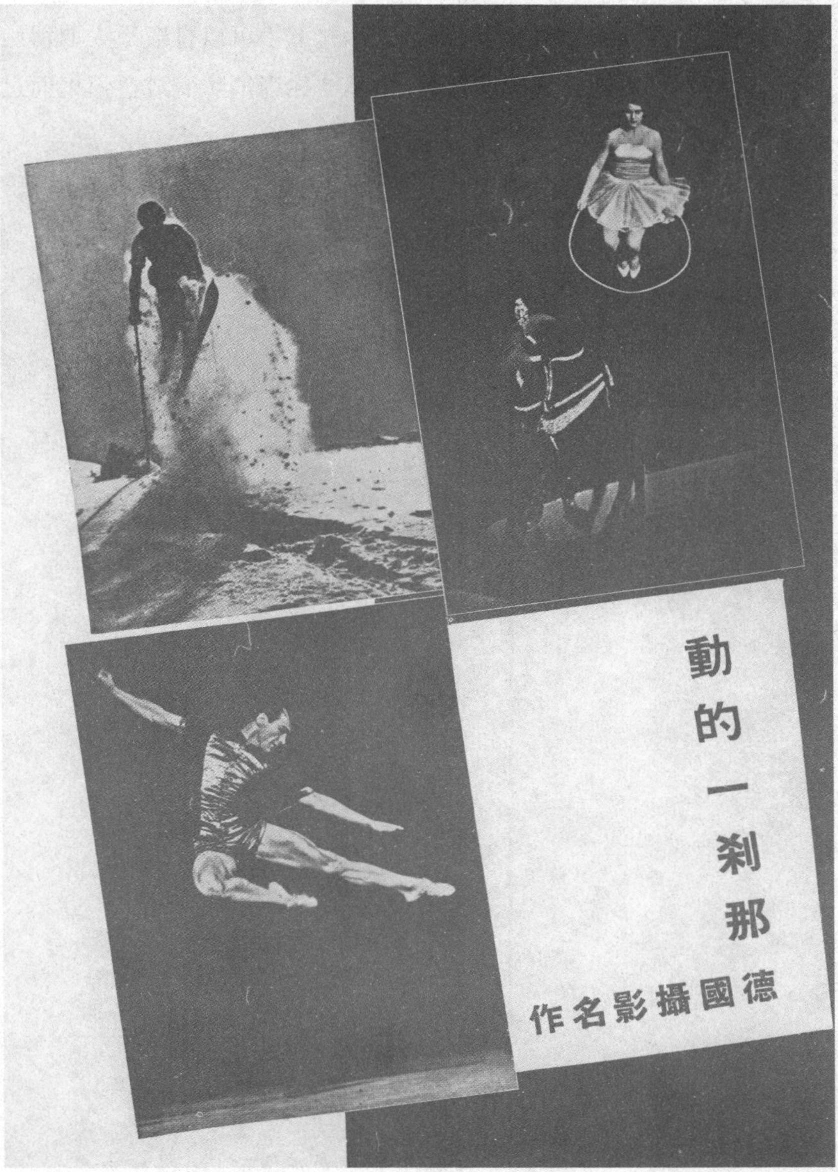
動的一剎那
德國攝影名作

抢夺你的爱人的危险”，而最为复杂的普通四脚兽一项，其中驴是“内部的担忧”、骆驼是“家庭破产了”、象是“事业成功了”、虎是“你的力气可以挽救你自身”、狮是“你先下手可以打败敌人取得胜利”、犬是“可得到忠诚的朋友”、猿是“你当慎防变成色情鬼而过于放荡”，等等。

不知道现在正在谈情说爱的少男少女们是不是对此也感兴趣。

传奇的《电通》画报

2005年5月15日，在北京中国书店古籍春季拍卖会上，第398号拍品——一套全13期的民国电影画报《电通》，以22000元、平均每期1700元的天价成交，购买者为国家图书馆善本部。这套只有1.2厘米厚，出版时间距今也仅80年的画报，何以出现如此高的价格呢？有人说是因为“2005年中国电影百年庆典”活动的炒作，有人说是因为画报曾被称为“宣传赤化的大本营”，有人说是因为画报最先刊登了《义勇军进行曲》，还有人说是因为画报中刊有江青（当时艺名蓝苹）的剧照、生活照、漫画和文字20余则，更有说是因为它曾给不少人带来杀身之祸。所有这些，无疑给这套《电通》画报蒙上了一层传奇而神秘的画纱。

1934年春，上海影坛新出现了一家电通影片公司，这是一个由中国共产党电影小组直接领导的左翼电影公司，由夏衍、田汉负责电影剧本创作，司徒慧敏担任摄影厂主任，编导演员队伍是袁牧之、应云卫、孙师毅、陈波儿、王人美、王莹、聂耳、吴印咸、吕骥、贺绿汀等。电通公司成立之后，接连拍摄了《桃李劫》《风云儿女》《自由神》《都市风光》等进步影片，显示了左翼电影的艺术水平和战斗精神。为配合影片的宣传和发行，该公司于1935年5月16日创刊了《电通》画报，由公司的四位导演孙师毅、袁牧之、许幸之和

電通
電通演員之一
陳波兒女士
MISS CHENPLE
A DENTON STAR
第一期
半月畫報

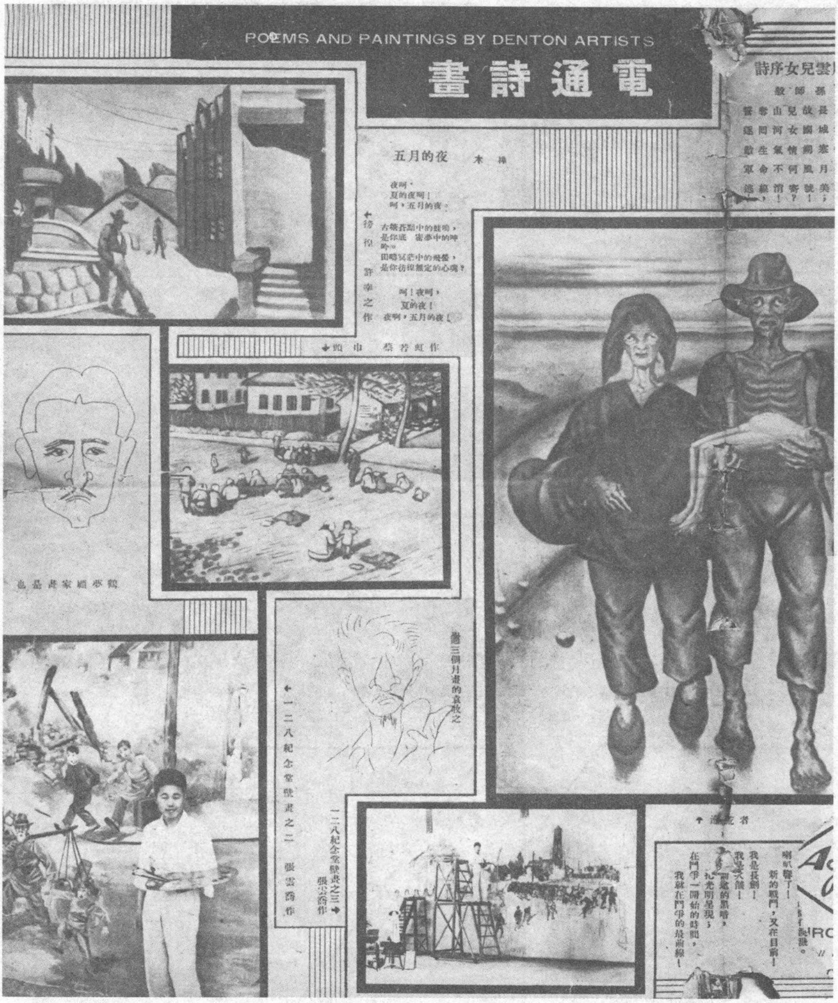
POEMS AND PAINTINGS BY DENTON ARTISTS
電通詩畫
五月的夜
夜呵，
夏的夜呵！
呵，五月的夜。
古墳荒野中的蛙鳴，
是你底　富夢中的呻吟。
田畴寂寞中的飛螢，
是你彷徨無定的心魂？
呵！夜呵，
夏的夜！
夜啊，五月的夜！
蔡若虹作
一二八紀念堂壁畫之二　張雲喬作
一二八紀念堂壁畫之三　張雲喬作
詩序女兒雲

沙漠天堂 演導：孫師毅　都市風光 演導：袁牧之　自由神 演導：司徒慧敏

現階段雄視電影界的電通籃球隊

DENTON BASKET BALL TEAM
The Authoritative Team in the Film-Land at present.

競爭道

青年電影界的新精神

電通對未名

Ray-mond King, The Captain to UNNAME Basket Ball Team

未名籃球隊隊長金鍍

再度相逢，電通隊與未名隊，在優游籃球賽

MEET AGAIN, DENTON VS. UNNAME

電通籃球隊隊長周驂

Tomas Chou, The Captain of DENTON Basket Ball Team

SPORTSMANSHIP

——New Spirit Among Young Film-Men——

45 : 35

電通籃球隊一九三五年比賽紀錄

與隊	日期	地點	分數	勝負
中華通	三月廿四日	中國中學	三八：二一	勝
幼光	四月五日	電通籃	七一：八	勝
未名	四月七日	同上	二五：三九	負
磊光	四月廿一日	同上	四三：十六	勝
海鷹	五月廿七日	同上	二六：十三	勝
T. T.	六月五日	同上	四五：二二	勝
明星	六月九日	公共局球場	三八：三一	勝
光華大四級	六月十二日	光華大學	四二：二四	勝
未名	六月廿三日	優游籃球房	四五：三五	勝

聶耳氏的藝術生涯

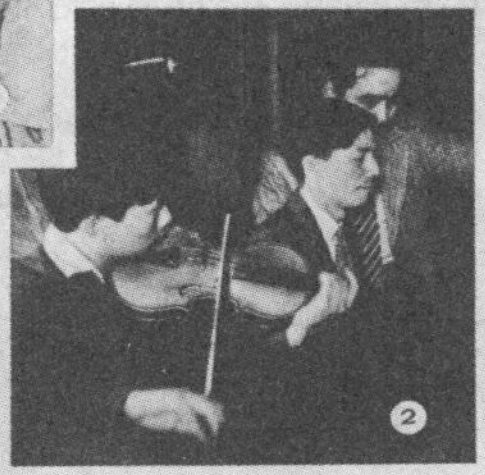

樂壇生活

1 聯華聲樂團之成立
2 與任光合作之演奏
3 新女性歌舞台表演之指揮

舞台生活

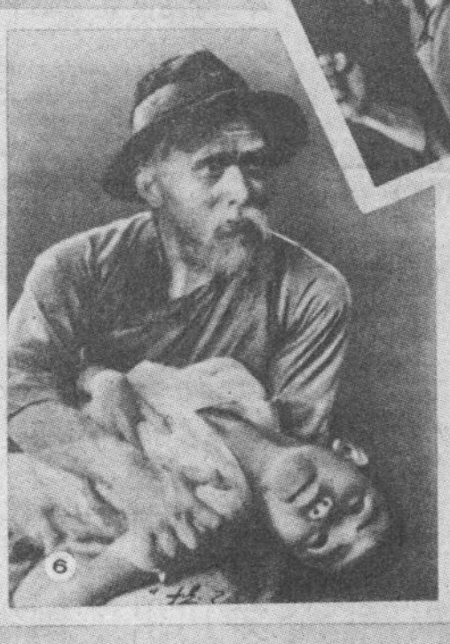

4 歌劇揚子江暴風雨之主演
5 飾演劇中老王之化裝
6 劇中老王抱着他的孫兒的一景

銀幕生活

7 飾演礦工之化裝
8 與陳燕燕之握手

聶耳作曲作品目錄

1.飢寒交迫之歌（未發表）2.開礦歌（影片"母性之光"中）3.雪花飛（唱片）4.賣報歌（〃）5.賣報之聲（〃）6.傷兵歌（未表發）7.小野貓（唱片）8.静夜（未發表）9.雪（〃）10.打磚歌（舞台劇"揚子江暴風雨"中）11.打樁歌（〃）12.苦力歌（〃）13.碼頭工人歌（〃）14.畢業歌（影片"桃李劫"中）15.開路先鋒（影片"大路"中）16.大路歌（〃）17.飛花歌（影片"飛花村"中）18.牧羊女（〃）19.打長江（未發表）20.採菱歌（〃）21.逃亡曲（影片"逃亡"中）22.塞外曲（〃）23.春回來了（舞台劇"回春之曲"中）24.慰勞歌（〃）25.再會吧南洋（〃）26.梅娘曲（〃）27.回聲歌（影片"新女性"中）28.天天歌（〃）29.一天十二點鐘（〃）30.四不歌（〃）31.奴隸的起來（〃）32.新的女性（〃）33.鐵蹄下的歌女（影片"風雲兒女"中）34.義勇軍進行曲（〃）

上列聶氏作曲作品，係智促閱所搜集；其隨身攜帶原稿篇內，尚有數種，一時不能憶舉其名。俟在日遺物寄到後，當再爲之作詳細之整理也。—— 師毅記司徒慧敏，利用各自的拍片空隙轮流编辑（第13期由唐纳主编）。由于画报在内容报道和编排形式上都有独特之处，因此广受欢迎，每期发行量达到3万余册，这在当时是一个非常了不起的数字。1935年11月，电通公司遭当局迫害而关闭，画报也于11月16日出版第13期后终刊。

《电通》画报，为艺术类刊物，上海电通电影公司出品，半月刊，大8开本，这样的版式在16开电影刊物流行的年代，显得尤为醒目。画报图文并茂，每期6~8页，以“影写版”印刷技术印制，比同时代普通杂志的图片清晰许多。画报内容涉及广泛，文字和图片相当丰富，集编、导、演、摄、录、美、评、脚本于一身。包括报道、评论电通股份有限公司出品的影片，刊登国内外电影艺术及技术方面的论文，介绍苏联戏剧情况和电影导演的创作经验，此外还刊登电影常识浅释、演职员生活报道、编后记等。1935年7月聂耳在日本逝世，画报以第7期主要篇幅刊登聂耳的作品和悼念文章。第10、第11期就音乐喜剧片《都市风光》的拍摄，发表了多篇文章，阐述音乐和电影的关系。

1935年，著名戏剧家田汉在完成了影片《风云儿女》的文学故事后，被国民党当局以“宣传赤化”的罪名逮捕，而与此同时《电通》却在第2期推出了“电影《风云儿女》特辑”，全文刊出了田汉撰写的长达近2万字的《风云儿女》。故事结尾，主人公辛白华唱着自己创作的长诗《万里长城》的最后一节，勇敢地走向前方。聂耳根据这节诗，谱成了雄壮激昂、闻名中外的《义勇军进行曲》，特辑以通栏标题整版刊载了此曲。此后，该曲灌制了唱片，雄壮的歌声很快传遍了全国。新中国成立后，这首歌成了中华人民共和国的国歌。因此，《电通》被誉为“《中华人民共和国国歌》诞生的摇篮”。

画报因刊登了江青做演员时的剧照、生活照、漫画和文字等20多则，所以在“文革”中，江青曾暗中指派“文革专案组”要员赴上海查抄这本画报，一时就连图书馆里的《电通》画报也成为最敏感的禁书。更有人因为这本画报而受到了残酷迫害，甚至带来杀身之祸。

《电通》第3期的封面人物是电影演员王莹。1936年电影《王老五》试镜初期，江青与她争演第一女主角失利。“文革”期间，王莹一直受到残酷的迫害，直至1974年3月3日，死于狱中，当天即被火化，死亡证明书上甚至连姓名也没有，只有一个囚徒的编号——6742。

上海书店是经销旧期刊的全国中心。“文革”前上海出版局一些负责人常去上海书店参加劳动，有一次办公室主任游云同志在劳动时，看见了《电通》上刊登的蓝苹照片，便想借阅一下。书店负责人丁之翔同志写了一张借条后，便将这套《电通》借给游云。为慎重起见，丁之翔又打了一个电话向出版局负责人做了汇报，这位负责人的态度比较谨慎。不久，游云同志即将这套《电通》还给书店，事情到此应该完结了。不料“文革”开始后，有人非说这套《电通》丢了，找不着了。于是“七一五”这天，军宣队、工宣队进驻上海书店，开批斗会要丁之翔同志交代罪行。会后不久书店又找到了这套《电通》，造反派们不顾事实，编瞎话非说“此套”非“彼套”，继续逼丁之翔交代罪行。随后，又将他们夫妇押送进“学习班”改造思想端正态度。游云同志也因为借阅《电通》被关押入狱竟达两年之久，释放不久即去世了。

《电通》承载着太多的历史烟云，宛如一首诉尽人间沧桑的老歌，其中既有早期的光荣与使命，也有后来的血腥与荒谬。如今，历经劫难的《电通》因它的特殊性、稀缺性和传奇性，已经成为珍贵的电影史料、收藏者的追求极品。

歌坛杂志《歌星画报》

1935年6月，《歌星画报》在上海创刊，社址在上海老西门外唐家湾厚德里，社长虞春荣，前三期主编宋友梅，第4期改任虞嘉麟先生，图画编辑余振龙，法律顾问余沅，于同年9月出至第4期后终刊。画报虽只出版了4期，但因其较为系统地记录了中国最早的歌坛，广泛介绍近30位歌星、词曲作家和音乐评论家等中国第一批音乐人，刊登了中国早期的歌曲，而成为中国最早、最权威的歌坛画报。

《歌星画报》为娱乐性刊物，月刊，16开，40页，彩色封面，内文黑白双色。早期的歌舞、电影演员，后来成为郭沫若夫人的黎明健，曾为画报题词：“《歌星画报》在歌咏界是个典型的刊物！敢为介绍给我们的读者们！”为了增加发行量，画报每期都要刊印一些“读者意外赠券汇”，读者可以将赠券剪下寄回报社，一周内即可收到由主编虞嘉麟拍摄、上海英明照相馆洗印的周璇、黎明健、白虹、汪曼杰、徐健、陈竞芳、欧阳飞莉等数十位歌星亲笔签名的玉照；如一次性寄回3枚赠券，则可加赠一册《歌星画报》创刊号。

画报明确分为图片和文字两个部分，18页图片部分设“新星介绍”“众星灿烂”“明月之光”“新人展览”等专栏，以一个整版推出一名歌星，以连环画的形式推出最新歌曲，以漫画的形式介绍当红歌星的最显著特点。值得一提的是，这些歌星的玉照均为主编虞嘉麟亲自摄影的。文字部分没有图片，也没有插图，“歌坛情报”“歌星论坛”栏目，刊载过家容的《音乐与人生》、马乐天的《一个小小的希望》、红草的《胡说八道》等；“各地风光”栏目介绍全国各地播音情况，如《苏州播音》《宁波播音》《汉口播音》等；“歌星作品集”刊登的是歌星自己创作的音乐、文学、诗歌等作品，有《艺术象牙之塔里——我的生命寄托于音乐》《歌星的诗》《见闻随笔》《杂写》《故话的童年》等；“抄剪集”专门摘录全国各报刊刊载的歌坛消息、逸闻；“动物园”专栏，依据每位歌星的不同特点，将她们与不同动物相匹配，如白燕——南国的乳燕，黄蝶——蝶儿纷飞，曼娜——夜莺里的夜莺，赖玲——野猫，姚英——金鱼儿，绿茵——兔儿被人怨；还将当年活跃在歌坛的25位歌星划归不同类型的“西施与美人”，如半截美人——绿茵，豆腐西施——白燕，矮脚美人——汪曼杰，隔墙西施——黄韵，石膏美人——陈竞芳，江北西施——王琪，青菜美人——雯仙，排骨西施——姚莉，肉眼美人——徐健，照片西施——曼英，火鸡美人——赖玲，灯泡西施——金仪，满洲美人——白虹，大胖西施——王蝶，刀疤美人——狄心，长舌西施——包雪雪，晚宴蛇蝎美人——马亭亭，刨冰西施——张静，肉感美人——英茵，神经西施——欧阳飞莉，吃糠美人——黎明健，鱼肉西施——魏莉，长脚美人——珍妮，栗子西施——白光，金狮美人——戴萍等。

20世纪三四十年代，黎锦辉的名字在上海滩的音乐界和电影界家喻户晓。他创作了中国第一首流行歌曲《毛毛雨》，创立了中国的第一个歌舞团——明月歌舞团，建立了中国流行音乐界的明星制度，组建了上海高级夜总会第一支全部华人阵容的爵士乐队，他的著名歌曲《国父纪念歌》《桃花江》传唱至今，他被称为中国近现代娱乐之父。许如辉是与黎锦辉并驾齐驱的同时代音乐人，他们共同开创了中国早期的乐坛。《歌星画报》曾多次刊登他们的文章和最新创作

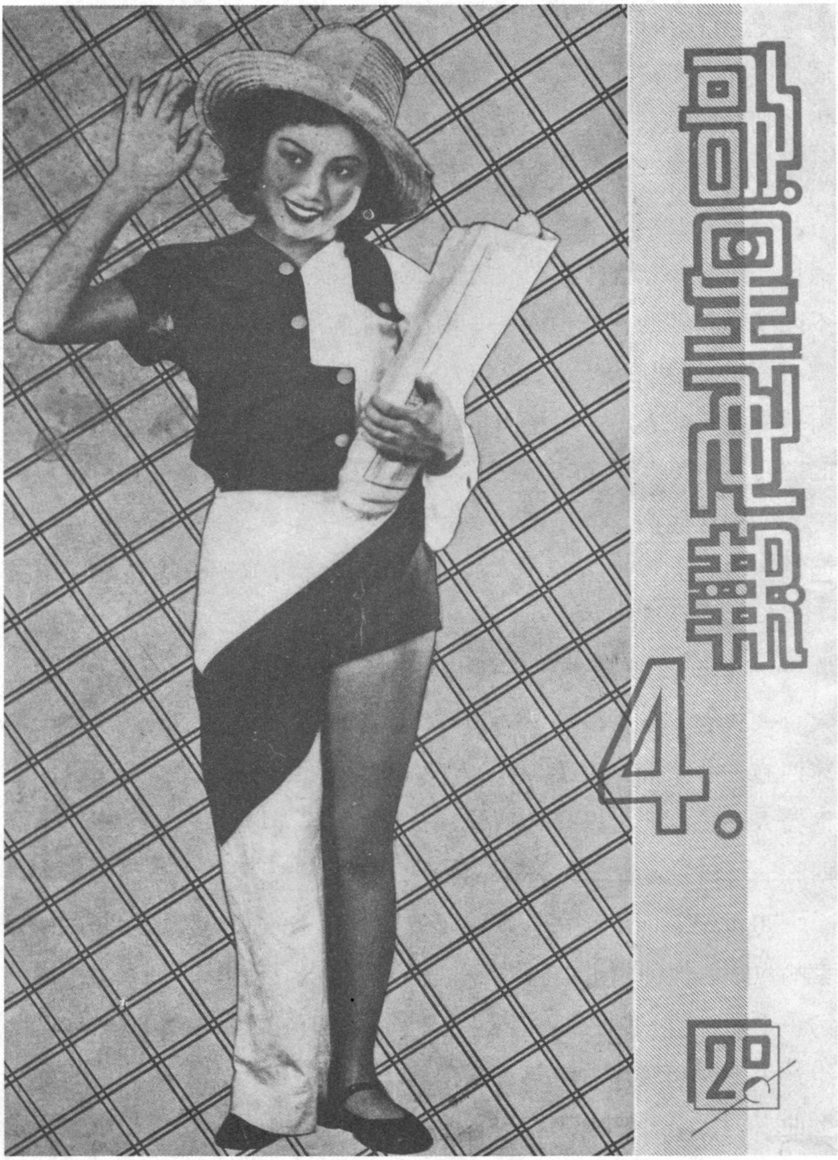
歌星畫報
4。

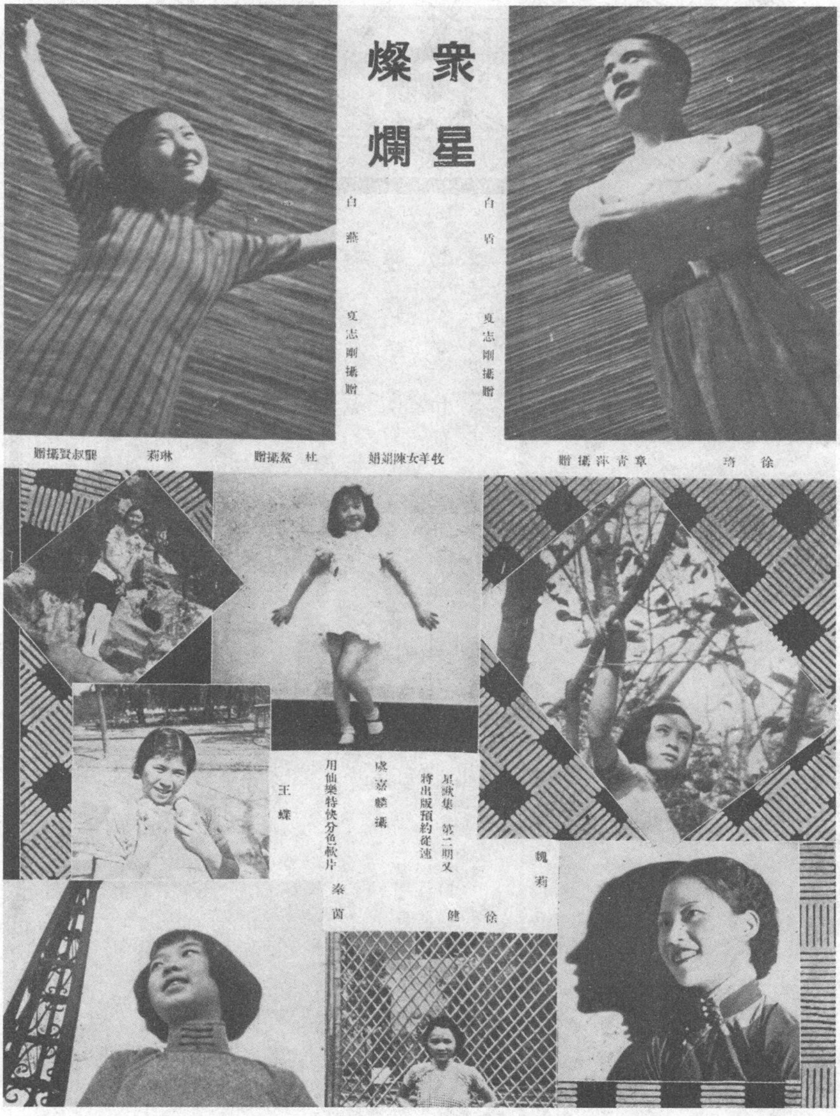

群星
燦爛
白燕
夏志剛攝贈
白虹
夏志剛攝贈
瞿叔賢攝贈
琳莉
杜黎攝贈
牧羊女陳娟娟
章青萍攝贈
徐琦
王蝶
用仙樂特快分色軟片
盛嘉麟攝
星歌集第二期又
將出版預約從速
魏莉
秦茵
徐健

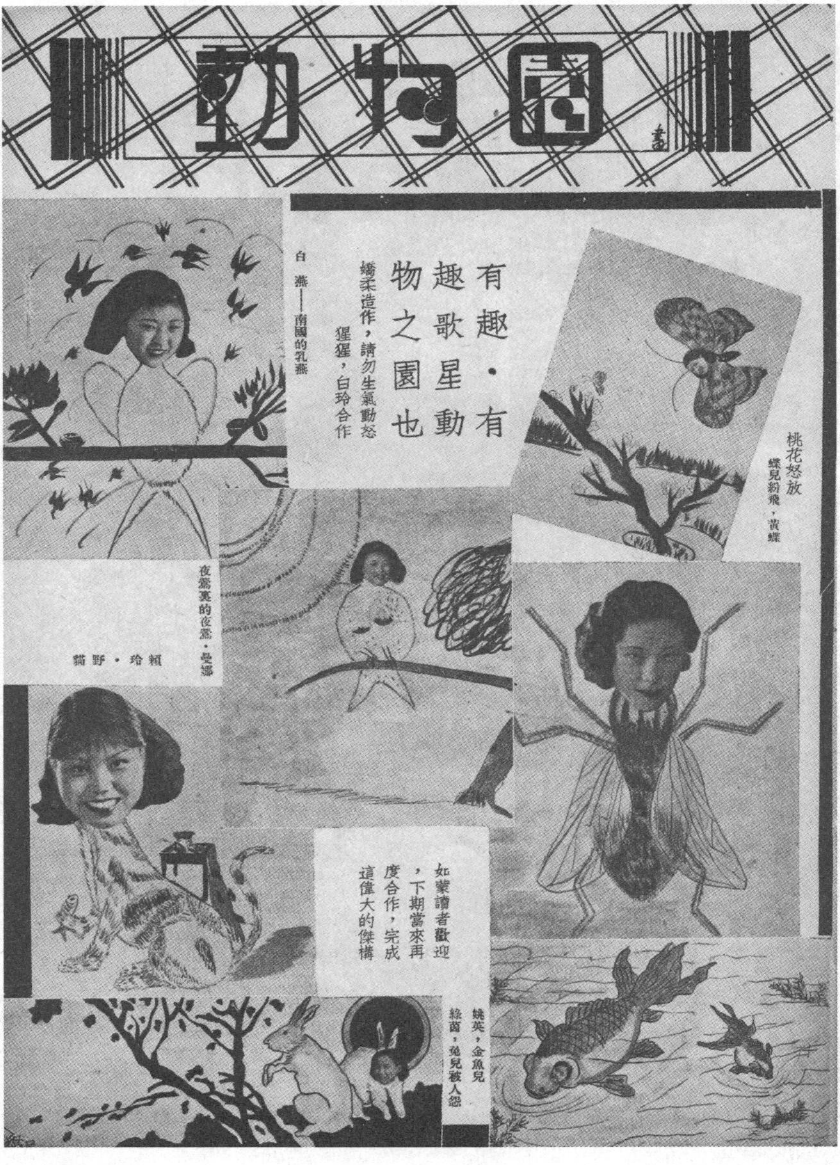
動物園
有趣・有趣歌星動物之園也
嬌柔造作，請勿生氣動怒
猩猩，白玲合作
白燕——南國的乳燕
桃花怒放
蝶兒紛飛，黃蝶
夜鶯裏的夜鶯・曼娜
賴玲・野貓
如蒙讀者歡迎，下期當來再度合作，完成這偉大的傑構
姚英，金魚兒
綠茵，兔兒被人惡

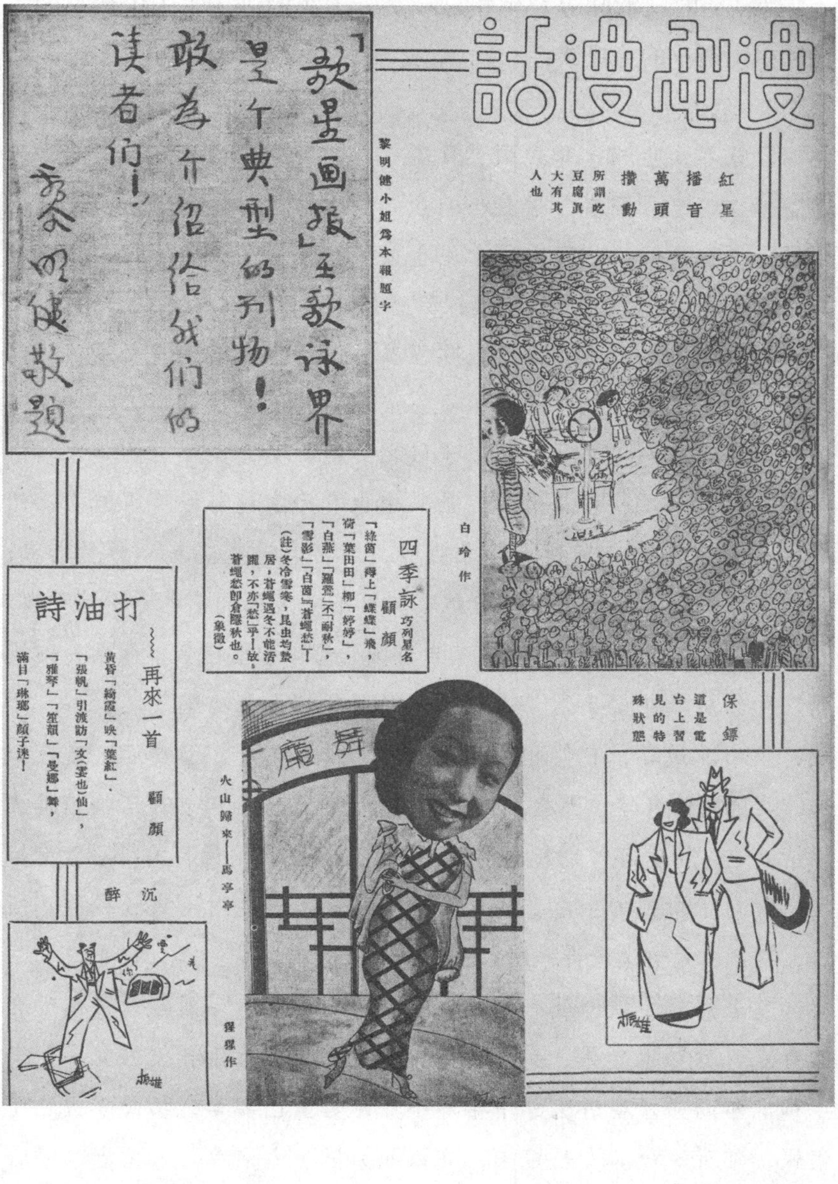

漫画漫話

紅星播音
萬頭攢動
所謂吃豆腐眞大有其人也

白玲作

黎明健小姐爲本報題字

「歌星画报」在歌詠界是个典型的刊物！敢为介绍给我们的读者们！

黎明健敬题

四季詠 巧列星名

顧顏

「綠茵」得上「蝶蝶」飛，
荷「葉田田」柳「婷婷」，
「白燕」「羅鶯」不「耐秋」，
「雪影」「白茵」「蒼蠅愁」——
（註）冬冷雪寒，昆虫均蟄居，蒼蠅遇冬不能活躍，不亦「愁」乎！故蒼蠅愁即倉隱秋也。
（象徵）

打油詩

再來一首

顧顏

黃昏「綺霞」映「葉紅」，
「張帆」引渡訪「文（雯也）仙」，
「雅琴」「笙韻」「曼娜」舞，
滿目「琳瑯」顏子迷！

保鏢

這是電台上習見的特殊狀態

火山歸來——馬亭亭

猩猩作

沉醉

歌曲。如黎锦辉作词、作曲的《快感的音乐》，许如辉的《给现代乐手和歌唱家》《缝穷婆》等。

第4期的《歌咏界众生相》一文，为我们讲述了中国最早的歌坛和中国最早的追星族：

歌咏界众生相也和影国、舞国一样的复杂，内容包有领导、乐师、侦探、吃豆腐者、歌星……领导的乐师，只要是有本领，会耍乐器，不论男女，均可做得，倒也公平。侦探又分公、私，公家侦探系各杂志团体特派，私家侦探除嗜爱此道，不时义务“捧”之外，余均为“醉翁之意不在酒”之吃豆腐一流者，亦略带有私家侦探之嫌疑。再说歌星，歌星除学生及引为职业、出风头者外，大抵还可分为两种：其一年届及笄而瓜未破之妙龄少女，反正有的是左辅右弼，故她们只图朝朝花月夜。虽其中也有为家庭与经济压迫者，然都歌兴方酣，有名有利，努力前程，或甚有升做舞星、影星之望；其乐无涯，所以不致自悲红粉飘零，更不懂叹息桃花之易于消灭也。其二浪漫成性，青春派司，有来自舞国、影国、学国者，生活变幻剧烈，既经历“花好无常”之苦境，又遍尝“人情冷落”之世态。于是，虽高歌漫耳，日伴相爱相偎公园，逛影艺场、溜舞厅，夜夜似锦，实则阿侬身世，大有难以语人之苦衷也。至于歌星是否有情抑或无情，这可不是容易判断的问题。不过，歌星之最大目的，不管有情无情，对于所抱的生意“眼”及捧的主义，是绝对不肯放松的。所以，有情、无情也没得一定，全凭个人的所遇罢了。

歌星播放甜歌，就有无数听客收听，因此也得间接地说到听客的身上。听客也分男、女，老年少数，中年、青年各据占其半。老年都偶尔高兴才会听听，中年却不然，男虽已娶妻，仍犹吃饭之不稍辍，常听不厌。女虽嫁夫，亦以此为惟一之消遣。未婚者其嗜听又胜过前者。青年血气方刚，更了不得……

侧重体育、电影的《娱乐周报》

1935年7月，《娱乐周报》画刊在上海创刊，社址在上海南京路138号，发行人包德（J. Potter），主编梁桐，三和出版社出版。初名《娱乐半月刊》，每月1日、15日出刊，自1936年第2卷开始更名为《娱乐周报》，每周六出刊，至第2卷第37期停刊。

《娱乐周报》画刊，属娱乐类刊物，16开本，24页，页码为大流水号，以文字为主，兼有少量图片专版，封面、封底均为影星，插图是影星和名闺。画报虽在全国各地均设立代销处，但因常出现账款延欠的现象，致使画报资金周转不灵，严重影响业务。为此，画报不得不暂停或取消了一些代销处的代理资格，停寄刊物。据第2卷第14期统计，当时共有15家因欠款未清暂停寄发，21家因积欠报款不付取消代销资格，3家欠款还清恢复代销，2家不愿继续代理而自动解除代销。

画报以体育、跳舞、戏剧、播音、文艺、电影等六方面为主要内容。“体育”有《本年（1936年——引者注）8月1日举行世界运动会之19项比赛》《参加世界运动会足球代表人选已内定》《北平市政府拒绝派球员赴日本》《竞走不出席世运》《世运篮球选手训练课程业已订定》《国体篮球杀败拉萨书院》《（香港泳王）陈振兴结婚不忘救国》等；“跳舞”有《再度开张后辣斐与圣爱娜争舞女起纠

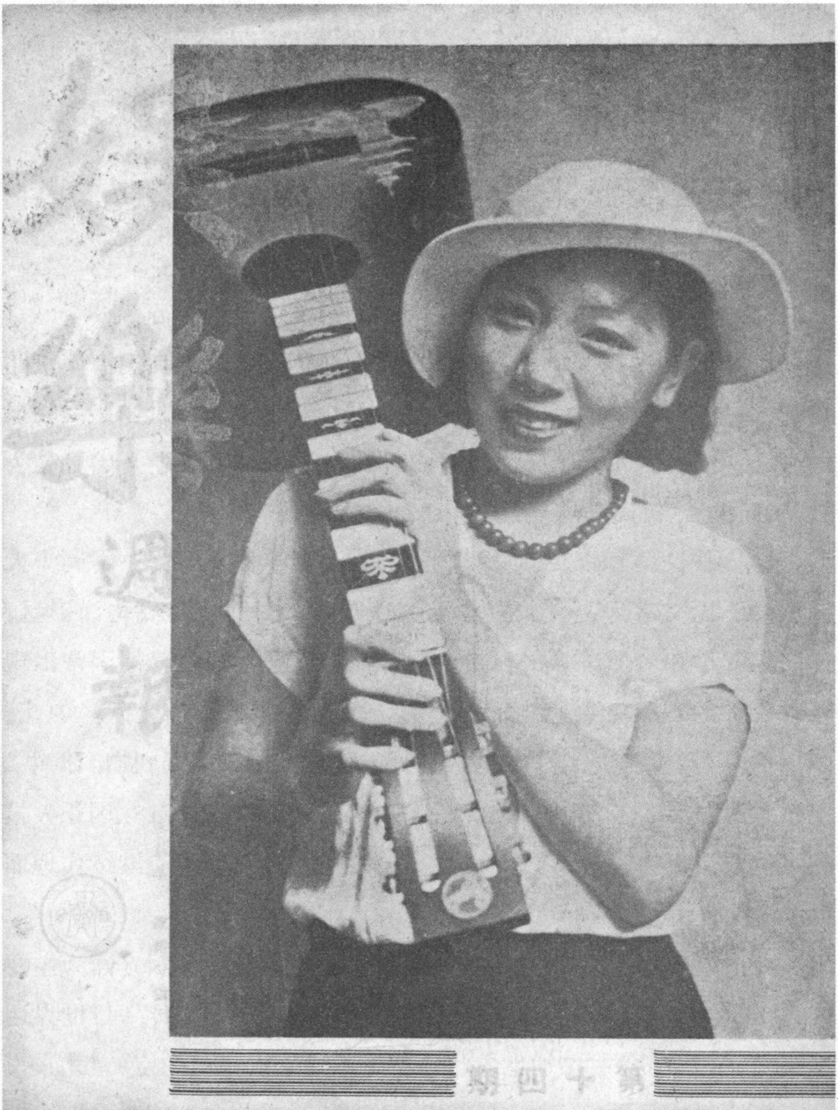
第十四期

● 丁茵 ●

● 瑞華 ●

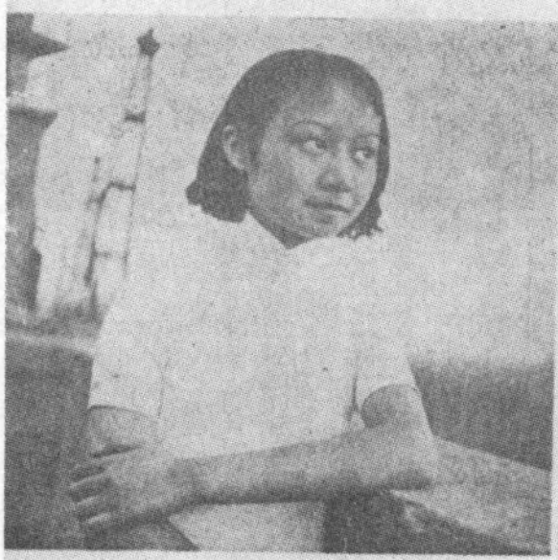

● 張之澍 ●

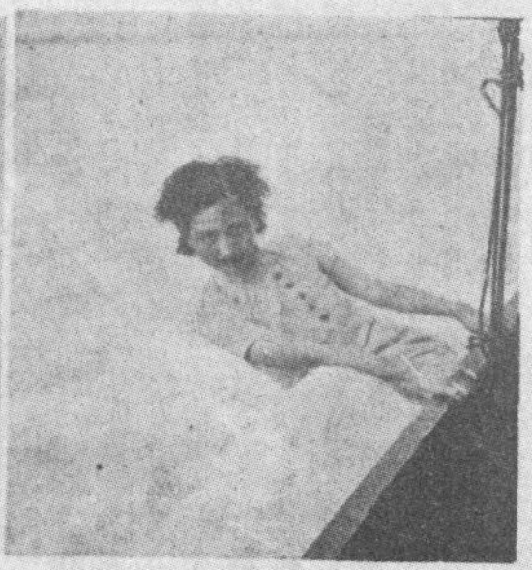

● 王耐雪 ●

跳舞

再度開張後

辣斐與聖愛娜爭舞女起糾紛

一筆欠薪未清・風潮因此解决

辣斐舞場，去年秋間，因營業不振，宣告停業。最近始重整旗鼓，再度開張。

辣斐復業之始，即因舞女問題，與聖愛娜發生糾紛。

緣舞場所倚爲命脈者，爲舞女，辣斐歇業既久，舊有舞女，均散處他家。及辣斐此次重張，遂不得不盡量羅致舞女，而舊日曾在辣斐伴舞過之舞女，自更在招致之列。此等舞女，因與辣斐既有一度淵源，自亦樂於應命，故及辣斐開幕之日，聖愛娜有數舞女咸舍此而適彼，一時離去者將及十人，遂使聖愛娜方面，大爲焦急，當日曾派人四出追蹤，冀其歸來，未得效果。

不願代還欠款

聖愛娜方面既不得要領，一度曾向辣斐談判，謂所有由聖愛娜過來之舞女，十九均有欠欵未清，如果辣斐欲延用者，可請代還其欵，作爲交換條件。辣斐方面表示不肯，而舞女自己，復多不願自還，故因循若干日，各舞女均自動退回聖愛娜仍安其原位，而兩舞場之小小糾紛，亦得以無形解决矣。

拖車之種類

謂舞女爲龍頭，熟舞客爲拖車，喻其追隨之象形。然紅舞女之熟客甚多，其中亦以金錢關係，顯分彼此。故好事者又將拖車分爲若干種，最密切者爲煤車，最優待者爲花車專車，普通爲頭等，二等，三等，其餘便爲四等，貨車，獸車。

舞市祕聞

滬西某大舞廳，其租用地基之合約，每逢三月續訂一次。今該地基已出售，新地主將從事建築公寓，限令三個月內遷讓。若事果屬實，則今年夏季又將少一消夏場所矣。

・・

預料今夏，靜安寺路戈登路，將又有一新型之露天舞場出現。聞該場規模極大，資本充實，刻已從事打樣，不日即將動工云。市面不景，舞場競開，好現象歟？

・舞訊・

文藝界中人喜歡逛舞場的有穆時英劉吶鷗。穆跳得很不錯，劉則喜歡跟比他矮一半的人跳。

★

小舞廳之噱頭，近來愈來愈奇。「賭鳥」之後，現在又有「金魚伴舞」出現。

★

工部局對舞場同業要求取締舞校一事，未核准施行，惟將令舞校捐照，與舞場受同樣待遇。

★

聯華公司巨頭之一吳邦藩近日舞興甚濃，並聯合了幾個人在大捧舞女。

有名無實・禁而不絕

天津之舞禁與舞市

天津爲華北重鎭，市面較之暮氣沉沉之北平，自然勝過多多。自北平禁舞以來，天津亦仿效禁舞。但津市舞場，均在租借地。只特三區有一二家小舞場被停業外，其餘租界，因禁舞反形活躍。

十大名流聯名請禁舞

不久前，津市有所謂十大名流者，曾聯名呈市政府，請禁止跳舞。呈文引經據典，洋洋灑灑，達數萬言。其中最妙之點，謂『跳舞之起源，爲原始人類祭祀鬼神之重典，沿至今日，祗有朝廷祀天，孔廟祭丁，始一行之，豈能用作男女誨淫擁抱之媒介，故應厲行禁止，以免褻瀆神靈。』又謂：『現代舞蹈，係從外國流至中華，外國者夷也，中國者夏也。自古皆用夏化夷，未聞有用夷化夏者也。』但未知市府對此呈文將如何批示耳。

租界變成了跳舞世界

津市既禁舞，租界舞場，營業激增。北平舞迷、多有乘星期六休沐之期，來津小住，星期日返平，以過此一宵舞癮者。舞場之翹楚，以日租界中原公司屋頂之『巴黎舞廳』，義租界之『福樂利舞場』爲最。但現回力球場，有時亦舉行交際舞會，舞迷尤趨之若鶩。但舞客中以外地客居多數，津地人士，問津者少。因津市爲華北商業之中心，津人以善營商稱名於時，對此新興娛樂尚未十分接近。然未嘗不見獵心喜，近亦躍躍欲試，終以不擅舞術，又無地學習爲苦，因此跳舞傳習所，一時又風起雲湧，競相設立焉。

●王叔英●

夏佩珍

花香

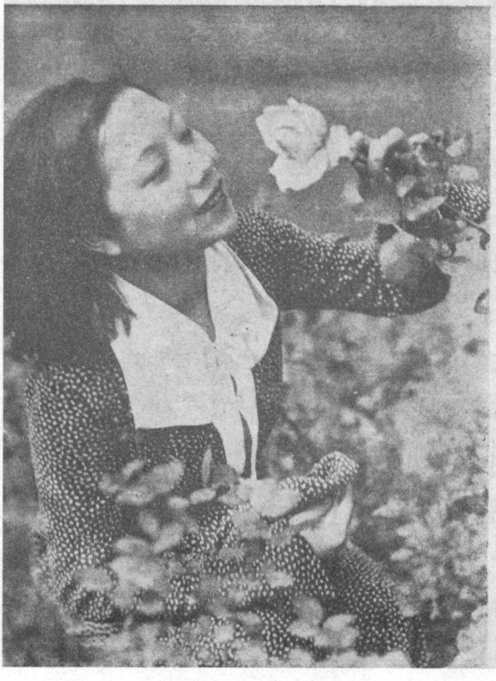

●方青●郁風●

纷》《舞市秘闻》《舞讯》《天津之禁舞与舞市》《跳舞场中的礼节》，连载世界交际舞界权威Victor Silvester的专著《现代交际舞术》等；“戏剧”有《程砚秋不日赴日本演剧》《狮吼剧社公演亏本》《粤剧界的噩耗 千里驹咯血逝世》《剧讯》等；“播音”有《禁播淫词艳曲加严 沪、苏两电台分别受罚》《明月社播音》《工部局乐队存废又有问题》《播音台》等；“文艺”有《韩侍桁为了轮盘辞去大学教职》《朱维基的一个特长》《王映霞对人称郁达夫做“瓶”》《傅东华文学地盘危险》等；“电影”设“外国影坛”“中外新片”“零星”等栏目，有《好莱坞影星怎样求婚》《范朋克和卓别林》《好莱坞女星选美结果》《摩登时代》《烟台三小学生中武侠社怪片毒》《黄柳霜怕见记者》《卓别林将再度来沪》《英国高蒙公司近日来华拍片》《马连良亦将上银幕》《电通公司正式宣告关门》《杨耐梅的收入》《大批影人上京替田汉助威》《张石川要求周剑云交出经济大权》《天一香港制片厂或将暂行停止毒玫瑰讼案》《郑正秋突然患病逝世》等。

画报占最大比重的是电影内容，每期占10页左右的版面。画报极为关注唐纳和蓝苹，1935年12月7日的《娱乐周报》先以《蓝苹与唐纳同居，在北平的丈夫怎样表示》一文，披露了他二人同居的新闻：“据该公司有人云，蓝苹已经不是一位未嫁的小姐了。在北平，她早已有了丈夫了。如果此事属实，不是要闹出一场醋海潮了吗？好在他们不过是同居而不是结婚，否则蓝苹不是要犯了重婚罪?”后又报道了1936年4月26日，在上海法学院院长沈钧儒的主持下，赵丹和叶露茜、唐纳和蓝苹、顾而已和杜小鹃三对青年，在杭州钱塘江畔举行婚礼的消息。同年7月4日、11日，又连续刊发了《唐纳在济南自杀原因》《唐纳和蓝苹回沪以后》《自杀案两主角身世》等文章。

体育也是画报的一个重要内容，曾出版过三期体育专刊。1935年10月10日，第六届全国运动会在上海召开。这届全运会是中国体育史上一次规模空前的盛会，观众达10万人，各地参赛运动员达2700名。赛会打破了19项全国纪录，涌现出符保卢、贾连仁、刘桂珍等体育名将。同年10月24日的第1卷第17期《娱乐周报》专门出版了第六届全国运动会专刊，以8版图片、11版文字详细报道了运动会盛况，称之为“历史上最伟大之全国运动大会”。以《刘桂珍压倒杨秀琼》《杨秀琼是“落水狗”》《广东包办男女两锦标 杨秀琼孤掌难鸣》《劏鱼 劏鱼》《杨秀琼拍照姿式》等文章，特别报道了称霸泳坛多年的“鱼美人”杨秀琼败北的新闻，并将刘桂珍的大幅泳装照片刊登在画报封面；《打裁判员风依然》《全武行集 会场中之精彩演出》报道了当年盛行于赛场上的打裁判员、运动员互殴、观众打运动员的事件；《英雄女儿传》记录了女子跨栏钱行素、女子标枪原恒瑞、女子铅球潘瀛初、男子铁球刘福润等四位打破全国纪录的冠军运动员。《侧面新闻》《田径花絮》《球场花絮》《大会花絮》则报道了赛场内外不为人知的小消息。

“小黑炭”“牛鼻子”与《红绿》画报

1936年3月15日，《红绿》画报在上海创刊，社址在上海五马路芜湖路74号，社长兼主编叶微波，编辑江毓祺、金剑凡、朱京新、汪令宣，广告人林和笙、唐士英，朱振鹏为常年法律顾问，由上海东方出版社出版、发行，上海杂志公司、群众杂志公司及国内各埠书局经销，于1937年1月出版至第2卷第2期终刊。画报因连载“小黑炭”“牛鼻子”两个中国早期专题漫画和漫画专著《漫画作法》而在中国漫画史上占有一席之地。

画报第1卷第2期的《编后话》解释了画报取名《红绿》的含义：“在画家的调色板上，不能缺少红、绿的颜色，因为红、绿在自然色素占着极重要的位置，不论青、紫……各色，都须有红、绿的成分的。更进一层说，宇宙本来是一幅图画，五颜六色都有，仔细判别起来，也都是红绿在里面支配其他色素。我们既定名做《红绿》，那么，社会上的种种色彩，在这里都呈现出来了。”

《红绿》画报为娱乐性刊物，半月刊，16开本，30页，每期页数大排序。除封面、封底、封一、封二为图片外，其余均为文字配插图、漫画。图片部分多为影星、舞星玉照。文字部分的“妙文共赏”“文艺区”“红绿批发所”等栏目刊登的是小说、散文、小品文、杂文等文学作品，如《许泥匠》《张天翼流年不利》《穆时英之新企图》《郁达夫当了裤子打茶围》《茅盾的罗曼史》《珠江桥上的女性》等；“俗语集锦”“标准幽默”“幽默对白”“笑话集”“芝麻绿豆集”等栏目告诉读者，这是一本轻松幽默、娱乐休闲的刊物；报道电影界消息的“银国”刊有《六个艺人集体结婚》《二月的梦》《阿英的生活》等；“五颜六色”是记述社会底层平民生活的栏目，如“替无数母妻在尽职，给人间穷汉群弥补创痕”的《缝穷妇》，上海码头上专向外国船员卖身的《打泡婆》等；介绍国内名胜、国外风俗的“各地风物介绍”，有《山东的轮廓》《凤阳本是好地方》《日本人好浴的风气》等。

画报编辑江毓祺、金剑凡等均为上海新艺漫画社成员，因而画报最突出的特色就是大量刊登漫画作品。而在画报上连载、由他二人合作撰写的《漫画作法》一书，以通俗易懂的文字详细讲解了漫画的基本知识，而生动形象的百余幅画作，更宜于习者临摹，是一本中国漫画学的早期教材。张英超、金剑凡、吴世禄、江栋良、许超然、张鸿飞、陈少白等10余位民国漫画家均为《红绿》的作者，画报每期都要刊载20余幅漫画。其中黄尧的“牛鼻子”和江毓祺的“小黑炭”两个连环专题漫画，在当年影响最大，红极一时。“牛鼻子”以幽默的画笔讽刺社会弊病，“小黑炭”则以一个小人物小黑炭的遭遇来折射社会的黑暗。

为增进读者兴趣，增加发行量，画报在第1卷第4期开始举办“拼图游戏”奖励大洋200元的活动。画报从某刊物上选取头身分离的四位著名女影星的照片，读者将照片拼接后寄回报社，全部拼接正确者，按寄回时间先后，获取一二三四等奖，未中奖者获赠画报一册。此举引起读者的极大兴趣，参加者甚为踊跃，画报每天都会收到数百封读者回函。

1912年，17岁的刘海粟在上海创办了一所新型的美术学校——上海图画美术院（上海美术专科学校前身），成为中国最早的传授西方美

紅綠
半月刊
每册只售洋六分
第一卷第五期

馮鳳的舞姿……

甜姐兒馮鳳……

梁賽珊……

黎灼灼……

笑話集

大荒

某翁喜聽好話，一日，翁七十大慶，三位女壻均往祝壽，酒至數巡，三壻各以吉祥語進，長壻道，岳父壽比彭祖，翁問道，八百歲後如何，長壻道，死了，翁似不悅，次壻暗想翁八百歲倘嫌不足，因道，壽比廣成子，翁道，一千二百歲後怎樣，次壻不得已，答道，也是死了，翁又搖着頭，第三壻道，岳丈的壽，和府上的那位三姑奶奶的雙臭脚，一般無二，翁驚問其故，三壻道『永遠不洗，』（南方洗與死諧音，）翁才大笑道，你說的，才是好話。

牛鼻子

利用

黃堯

幽默對白

柒

（一）

大學生甲：『我憂慮得頭髮也掉下來了。』

大學生乙：『可是你爲着什麼憂慮呢』？

大學生甲：『爲着頭髮脫掉而憂慮！』

（二）

乞丐：『給我一個錢罷！我一條腿沒有了』。

失業者：『我三個月沒有生意，也蹩脚了，和你一樣。』

先生：『你怎麼又忘了帶鉛筆，你想譬如一個兵去打仗，能不帶槍嗎？』

學生：『我想他一定是位軍官！』

教員：『和人類最相近的是什麼動物？』

學生，（頭上長着很長的頭髮）：『跳蚤。』

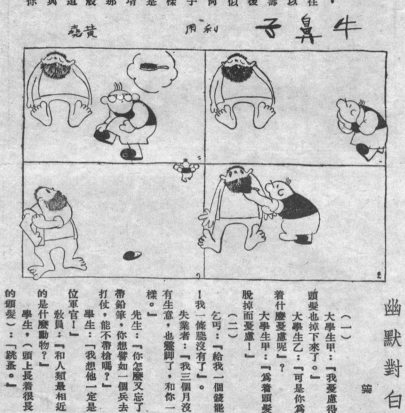

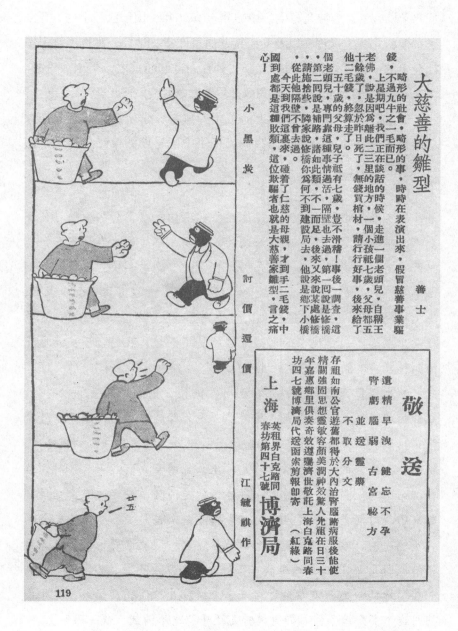

大慈善的雛型

善士

畸形的社會，畸形的事，時時在表演出來，假冒慈善事業騙錢，不過九牛之一毛而已。

上星期吧，我們正在談話的時候，走進一個老頭兒，自稱王老佛，說是因為離此二三里的地方，一個小孩祇七歲，父母都五十餘歲了，忽於昨日死了，無錢買棺材，請行行好事，後來給了他二毛錢，終算走了。

五十歲的父母，兒子祇有七歲，豈不滑稽！事後一調查，這個老頭兒，專門靠這種事情過活，隔壁也去過，第一回說是修橋，第二同說是補路，諸如此類，不一而足，後來又來說某處修橋，請施捨些，隣家說修橋你為何不到建設局去，他說是鄉下小橋，從此他隔壁不會去過。

今天到我們這裏來，碰着了仁慈的母親，才到手二毛錢，中國到處都是這種敗類，這位欺騙者也就是大慈善家雛型，言之痛心！

敬送

遺精早洩健忘不孕
腎虧腦弱古宮秘方
並送靈藥
不取分文

存祖如南公官遊舊都得於大內治腎腦諸病服後能使精關強固思想靈敏容顏美潤神效驚人先祖在日三十年嘉惠鄉里俱奏奇效遵囑濟世敬託上海白克路同春坊四七號博濟局代送函索剪報即寄（紅綠）

上海 博濟局 英租界白克路同春坊第四十七號

小黑炭 討價還價 江棟祺作

119

术的学校之一。1920年7月，学校聘请了一名白俄女子充当模特儿，从此学校有了女模特儿写生。1925年至1926年，由于已经引进、开办了女模特儿写生课程，以及女模特儿通过课堂、学校、画作展览引发社会上的连锁反应，军阀、官府和尊孔派群起而攻之，引出大论战。1926年6月3日，五省联军总司令孙传芳勒令取缔模特儿。

《红绿》第1卷第5期的上海美术专科学校学生撰写的《立在大众面前的模特儿》一文，让我们见识了中国早期的模特儿和学生们写生时的情景：

雇年轻的小姑娘，赤身裸体、一丝不挂立在大众的面前，任凭十百只眼睛向她瞧个饱，同时瞧的人一笔一画描她赤身的影子，这叫做写生，说得普通一点就是画模特儿。像这类学校在本埠要算刘海粟主持的美专。以前他们校内为雇模特儿，曾被孙传芳加以通缉，说他在碍风化，刘（海粟）因之就逃到外埠去。“艺术叛徒”的诨号就发生在那年代。现在的刘海粟当然是了不起，我们也不必对他介绍，就来谈谈他学校的模特儿吧！

学生们每逢用女模特儿写生时，比什么也高兴，看雪白的肉，高耸的奶，圆滚滚的大腿，黑越越、毛茸茸的东西时，莫不空气紧张、热烈，一颗心跳得怪厉害。尤其是碰着面貌美丽一点的模特儿，特别具有意外的好感。用模特儿写生，她的姿式当然不只一种，这在图画杂志上很多，不过有一种姿式就是两只手或者一只脚向前举起来的。时间差不多要点把钟，半脚举起来该是多么吃力！模特面孔不漂亮的，学生们画起来大都马马虎虎。假使遇着标致一点，可要给他们开玩笑了。“这个姿式不好、那个立法不对、脚还要举得高一些”地调派她。美专最近聘来一个模特儿，面孔很标致，学生们就叫这个那个地不休。弄得模特儿还呼“吃不消哉！快一眼眼”，一口的吴侬软语。学生们听见，真有点飘飘然的样子。

新华影业公司的广告《新华画报》

1934年，上海影人张善琨创办新华影业公司，特约田汉为编剧，曾拍摄《红羊豪侠传》《长恨歌》《狂欢之夜》《壮志凌云》《夜半歌声》及《青年进行曲》等影片，成为摄制国防影片的基地之一。1936年6月，张善琨请曾主编过《时代电影》的龚天衣（龚之方）加盟，创办《新华画报》。该画报是新华公司最好的宣传工具，成功炒作《长恨歌》《狂欢之夜》《夜半歌声》等影片，为公司带来巨额的票房收入。

1936年6月5日，新华影业公司投资创刊了《新华画报》，社址在上海爱多亚路433号，新华影业公司负责出版，发行人张善琨，中国科学公司印刷，中国杂志公司总经销，全国各大书局、影院代售，至第2期已发行至2万份。画报由新华画报社编辑部编辑，主编龚天衣、丁聪，图片编辑薛伯青。1937年8月5日出至第二年第8期后因全面抗战爆发而休刊。1938年10月5日复刊后，由龚天衣、李嵩寿、江栋良、曹蜗隐等编辑。撰稿人有欧阳予倩、黄天始、洪深、唐纳、徐迟、之尔、许曼丽、引波、侯枫、顾而已、蔡楚生、杨小仲、胡萍、黄尧、陈娟娟等。1940年12月25日出至第五年第12号后终刊，出刊42期。

《新华画报》属艺术类刊物，月刊，每月5日出版，16开本，40

活寶貝的把戲

狩獵圖

韓蘭根
劉繼羣

丁聰作

页，封面、封一、封底多为彩色图片，内文通常有20页图片、2页广告、4页漫画，其余均为文字。图片多为该公司的电影剧照、明星生活照和拍摄花絮，一页一个明星，一页一部影片。文字基本反映了1936年至1940年新华影业公司全盛时期的概貌。

龚天衣在创刊号中提及办刊宗旨时写道："借着公司这个助力，努力于一切国产电影的推动工作，而且在编辑方针方面，我们正在搜罗较有意义较有兴趣的各外国电影的材料，来充实这个杂志。"因此，早期的画报不止于纯粹地为新华公司生产的影片做宣传，还注重刊登一些讨论中国电影现状，介绍电影理论、技术、动态、表演、配乐等各方面知识的文章，并邀请电影业内人士和影评人撰稿，做到广收博纳"左"、右、中间各派的言论。如《中国电影剧本的发展阶段》《病马乎》《编写电影剧本的动机》《银色杂笔》《特殊的电影》《电影教育化》《夜记之什》《观众的心理》《电影的化妆》等。由宣良执笔的"每月情报"专栏是介绍国内外最新电影、影坛大事的窗口，"读者版面"全部刊登读者的影评、意见和建议。复刊后，更偏重公司电影的宣传，主要刊登公司新片介绍、剧照和电影剧本。其连载的《电影史料》则掇拾了一些中国电影史上较有影响和历史意义的事件，如电影学校的创立、电影检查制度的肇始、中国最早的新闻影片、露天电影的兴衰等，是研究中国电影史的重要参考资料。

作为新华公司主办的画报，刊登自己公司导演、演员的作品当然是顺理成章的事了，他们可以在画报上讲述从影经历，畅谈拍片收获，倾诉影人辛酸，抒发对生活的理解，如许曼丽的《死里逃生记》、顾而已的《拍了〈狂欢之夜〉以后》、吴永刚的《写〈壮志凌云〉的动机及其他》等。

集合当年所有漫画家的作品，是《新华画报》的一大特色。龚天衣在创刊号的《编辑的话》中写道："丁聪的一幅精细毕肖的人像色彩画，江栋兄的神气十足的线条画，漫画界长篇作品鼎足而三的

參觀新華影業公司

←←←

—大門—

—有聲攝影場工作時之一角—

—會客室—

—無聲攝影場—

新华影业公司的广告《新华画报》

江毓祺的小黑炭、黄尧的牛鼻子、张乐平的三毛，都是准期交卷。”此后，不仅他们的作品连续出现，而且还有叶浅予《王先生吃饭难》的后来居上。

画报发行人、新华公司经理张善琨，善于搞广告效应，几乎公司每部新片上映，他都会推出让人难以始料的宣传手段，一方面利用《新华画报》进行宣传，另一方面则是动用社会力量炒作绯闻。1936年公司拍摄了电影《长恨歌》。故事描写一个知识分子向上爬的悲剧。影片的主人公朱冬心（梅熹饰）和马尼娜（王人美饰），是一对为争取婚姻自主而从封建家庭出走的青年，但是后来朱冬心堕落了，他由推销员不择手段地爬到了经理的地位后，得意忘形，花天酒地，把老婆也丢弃了。最后，他又遭到了失败，仍旧变成了一个穷光蛋。此时此刻，醒悟过来已为时过晚，来不及了。影片对20世纪30年代民族工业的衰落，社会的动荡不安，疯狂的商业竞争，工人的失业，都做了比较真实的描绘。

在《长恨歌》即将公映之前，张善琨事先有计划地用钱买通、唆使一个颇有一点名气的妓女小林黛玉，让她向上海地方法院提出刑事自诉，控告新华影业公司摄制的影片《长恨歌》中，有一个不重要的配角，名字也叫小林黛玉的妓女，名字和她的一模一样，在影片中和嫖客接吻，“状至不堪”，这是恶意中伤她的名誉，要求法院对新华影业公司采取法律行动云云。

这件事立刻成为当天报纸上的花边新闻，有些小报更加据此而大肆渲染。于是，妓女控告影片“亵渎表演”，成了特大新闻，一时家喻户晓，成了街头巷尾、茶余饭后的笑谈。好奇者在张善琨巧妙制造的广告鼓动下，争相到电影院排队购票，意欲一睹《长恨歌》中“状至不堪”的镜头。《长恨歌》因此轰动，大收旺场之效。由此看来，张善琨的广告噱头，一点不逊色于今天的电影人。

连环画专刊《滑稽画报》

1936年8月1日，上海报人林竞成创刊《滑稽画报》，社址在上海西藏路82弄2号，编辑林梁、徐乙，由滑稽画报社出版，三和出版社代为发行，全国各大书局、派报社代售，于1937年7月15日出版至第24期终刊。画报汇集了世界各国的精彩笑料、滑稽漫画、幽默故事，尤其是连载的国内外数十种连环画，更成为研究中国乃至世界漫画史的珍贵素材。

《滑稽画报》属艺术类刊物，半月刊，每月1日、15日出刊，16开本，每期28页，彩色封面、封底，黑白内文。用幽默的图画、轻松的文字，解读者烦忧，引读者发笑，逗读者开心，是画报的办刊宗旨，其创刊词写得更为神奇："一看此书，立刻笑逐颜开，愤气全消；饭量不好，一看此书，马上津津有味，连吃三碗。总之，它能把你带到另一个快乐世界去，使你忘掉一切现实的痛苦，只有哈哈大笑。"

画报一律是手绘画图，配以文字说明，文字一律手写，国外作品采用中英两种文字。不设专栏，"取材宏富，趣味浓厚，老幼咸宜，文字通俗，妇孺均能了解，对白幽默，寓意深刻，滑稽而隽永，并不胡闹，且富有教育意义，对于儿童教育，家庭教育及青年生活，更有所指导或讽刺"，内容包括侦探冒险、体育、家庭、青年恋爱、生活讽刺、影星、动物、儿童、猜谜、游戏等十大类。

大量刊载中外连环画是《滑稽画报》的突出特色。它曾先后连载了《父与子》《大力水手》《人猿泰山》《一身是胆》《安得生》《狄克探案》《雌老虎》《怕老婆》《摩登家庭》《她的矮情人》《女职员》《摩登小姐》《王先生与小陈》《罗曼笑史》《劳来和哈台》《聪明的黑猫》《禽兽国米老鼠》《顽皮姑娘》《胜利者》《顽童日记》《探宝记》《小妹妹》《荒岛女盗》《大腹贾》《琳丁丁》《小人国》《救火车》《拳大王》《大毛二毛》《小三子闹学记》《小童生活》《花花公子》《女巫》等数十种连环画。

1920年10月17日，瑞典著名漫画家奥斯卡·雅各布在《星期日——尼斯》幽默周刊第42期上连载长篇连环漫画《安得生》，第二年起，每年出版一个单行本。秃顶上只剩三根头发的矮老头——安得生"其貌不扬，身材却很结实；上了岁数，可并不世故；经常戴着礼帽，叼着雪茄，独自踯躅街头，经历着各种奇遇，即使闭门家居，也常遇麻烦；他是一个不识时务而永远胜利的英雄"的形象，从此产生了世界性的影响，《安得生》成为欧洲漫画宝库的经典之作。德、英、法、美等国先后出版其选集。1925年至1926年，雅各布在希腊、意大利旅行期间，创作了《安得生漫游记》。1934年我国漫画界老前辈张光宇编选其中的100幅作品出版了单行本。

20世纪40年代，我国漫画家汪子美以"五种连环漫画"为题，撰文介绍了《安得生》："英雄如堂·吉诃德，精神胜利如阿Q的安得生，在杂志画报上的活跃，抢了最得宠的风头，那种极平凡中之不平凡的诙谐，使人喷饭叫绝……一方面由于主角人物典型的可爱，一方面则是画面简洁经济及意味幽默隽永。"另一位漫画家则认为："不同的是，我以为还要看到他的坚韧不拔的硬功夫汉性格。很多旧世界的连环漫画主角都是小人物，生活的失败者，在这方面安得生有其自身的特色，耐人寻味。"

滑稽畫報
FAMOUS F
46132
壹角

小妹妹
BETTY BOOP
你說他們要拿合同來給我看嗎？
是的合同就要拿來了，你就預備做電影明星罷。
我不要吃了！
這是你的合同，看看滿意不滿意。
讓我來看！
我來看看究竟怎樣。
廿三節四十四條：不得與人結婚。
五十六條：他人無權得以法律起訴。
媽虎点看吧，
喂你為什麼這樣？
他們用種種條件來束縛我！
公司當然有公司的權利。
合同讓我自己來起草。
我們的小姐不要胡鬧了。
我用不着律師保護，隨便什麼地方我有能力保護我自己。
你的力氣是這樣，不過——
這是我的合同，簽不簽？
請你和法律股接洽。
我自己是律師，
請你從這邊走到談話室裡去
這合同和你們許多法律家對敵是不公平的
假使我們經理不要她，她便情情願願的和我們訂合同了
她合同中的條件好極了！
?
?
?
?
?

牛鼻子
我在這裡敲門敲了一小時,沒有一個人聽見——真是一班混賬東西!
真是弄糟了,我今天跟律師還要討論一件重要公事,
還好,倒算還有点小運氣,讓我從此處下去吧!
還算好
哦!想偷進去嗎?好,靜靜地跟了我來吧
可是我是住在這裡的呀
不錯,小偷們總是這樣說的
警局
喂,卡賽,你拉來的是什么?
捉了一个裸体的小偷,巡長
我的名字是安得列吉姆,如果你打電話到我家裡,我的妻子會証明的!
我去接接電話,好唄
RING
RING
這是警長打來的,他說有一个赤裸了身体的人在警局,自称是你的丈夫
8

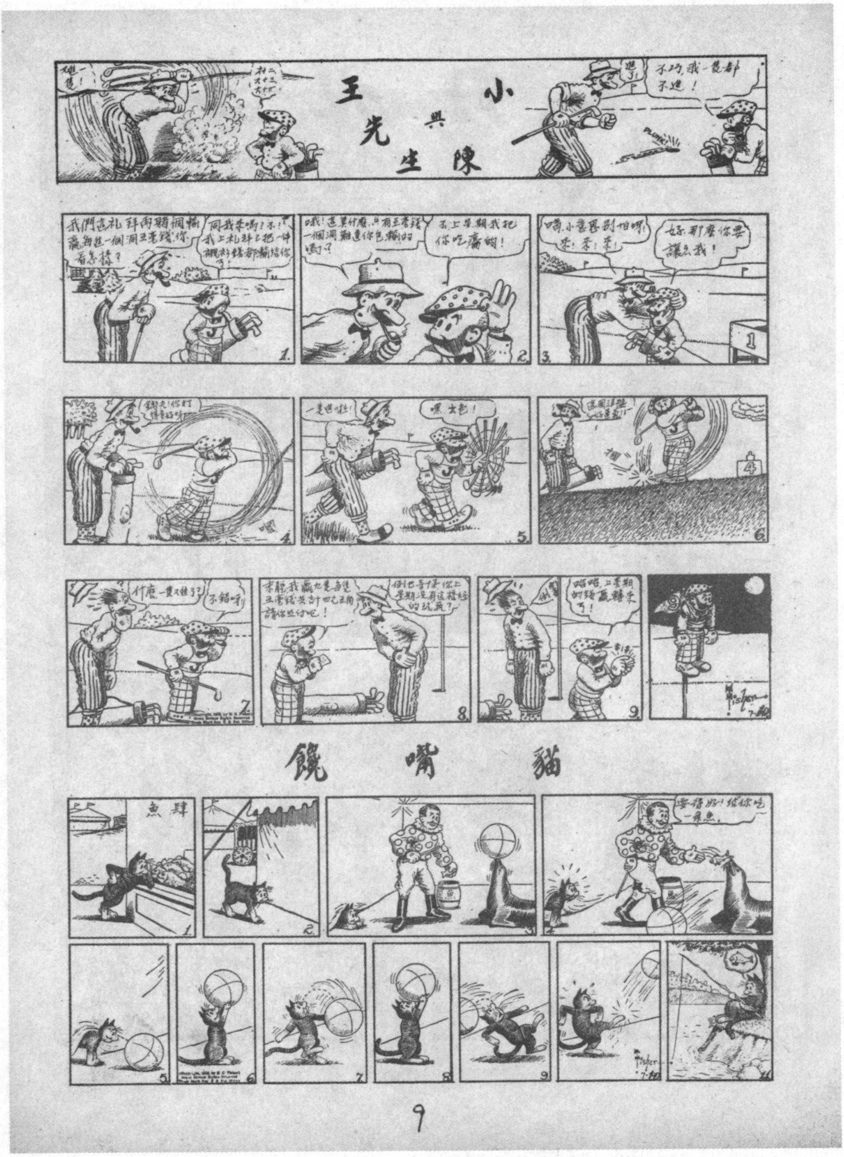
小王先生
陳興
不巧我一隻都不進!
PLUNK!
1.
2.
3.
1
4
5.
6.
4
什麼一隻又進了?
7.
8.
9.
饞嘴貓
魚肆
9

1934年12月，第二次世界大战前夜的德国，到处充满了火药味，正是在这样的一个背景下，一套取材于日常生活反映父子间感情的漫画作品开始在《柏林画报》上连载，它的幽默温情犹如一片人性的绿洲，拂过万千民众的心，这便是德国漫画大师埃·奥·卜劳恩的传世名作《父与子》。《父与子》所塑造的善良、正直、宽容的一对父子形象深深地打动了千百万读者的心，被誉为德国幽默的象征。它的幽默感和人情味表露得如此纯真，以致在问世近70年后，依然不断征服着世界各地的读者，散发出不衰的艺术魅力。

《父与子》问世的第二年，即被我国著名出版家吴朗西先生引进，在中国出版发行，丰子恺先生欣然为该书作序。《父与子》出版后得到了鲁迅先生等人的高度赞誉。在此后的数十年里，《父与子》一直是中国读者最喜闻乐见的连环漫画佳作。

《人猿泰山》是一部优秀的小说，在书中巴勒斯一方面对人类社会的弊端感到深恶痛绝，另一方面又指出了非洲原始丛林对"泰山"人性发展的限制。"泰山"就跟孙悟空在中国一样受人欢迎。很快，《人猿泰山》就被改编成连环漫画。这部漫画开启了英雄漫画人物市场，同时促使美式漫画史发生了重大的改变，以拥有超能力的英雄为主角的类型漫画开始粉墨登场，继而愈演愈烈。1929年，又改编成电影搬上银幕，一时风靡美国，从而拉开了漫画改编电影的序幕。

《王先生与小陈》因诙谐、幽默，贴近现实生活，深受读者喜爱，不仅风靡上海，而且传遍大江南北。由于它借鉴了外国连环漫画的形式，是第一部中国现代漫画的鸿篇巨制，亦由于它的深刻内容和独特的艺术风格，自问世至今80多年来，一直为人们所喜闻乐见，成为中国现代漫画的传世经典。

介绍知识、提供文化的《知识画报》

1926年2月，上海良友图书公司成功创刊《良友》画报，深受读者欢迎，行销世界多国，堪称中国现代新闻出版史上出版时间最长、发行范围最广、发行数量最大、报道信息最及时、内容最丰富的一部大型综合性新闻画报。《良友》成功发行4万册，为良友公司带来了良好的收益，《今代妇女》《妇人画报》《电影画报》《知识画报》随之问世，不仅标志着良友公司的发展壮大，而且也确立了它在中国出版界的领军地位。

1936年8月1日，良友公司投资创刊了《知识画报》，发行人李知行，主编李旭丹，特约编辑莫康时、沈传仁、黄苗子、马国亮、李青等，因李旭丹“事务纷烦不能兼顾”，画报出版多次愆期，曾一度由余俊人主编。画报由上海良友图书公司总经销，在南京、广州、梧州、汉口、厦门、重庆等地的良友公司特约经销。1937年7月，由于全面抗战的爆发和画报资金链的断裂，《知识画报》出刊至第7期后即宣告夭折，从而也成为良友公司运作最不成功的画报。

《知识画报》属科普类刊物，“介绍最新知识，提供现代文化”是画报自己的广告语，画报认为“介绍实际知识是比介绍什么抽象的学问还来得重要”，因而其出版目的是“专为大众介绍世界科学知识，以图片介绍实况工作”。但画报只注重广博，并不追求深奥、专

介绍知识、提供文化的《知识画报》

业，因为“理想中的读者的对象也不是什么专家，却是为一般渴求普通知识大众，凡一切过于专门艰深的，我们都不要。虽则我们也敢相信，当一个专家拿起这一本刊物时，他未必会说是浅薄，因为他们所知的，也未必如这里所有的广博，至于介绍专门科学知识的工作，我们只好留给那些专家们去做，却不在我们的计划范围以内”。

画报虽为月刊，但经常不能按时出刊，如1936年9月1日出版第2期，第3期却延误到了1937年2月1日。画报为16开本，每期50页，以图为主，配以文字说明，铜版纸印刷，图片精美。其内容极为广泛，天文、地理、动物、矿物、生物、植物、时事、军事、历史、人物、珍奇、探险、交通、自然界、地方风物、美术、体育、艺术、电影等无所不包，其中“珍奇”有《稀有之巨鱼》《搜珍钩奇录》，“探险”有《欧战遗迹之发掘》《常驻山的探险》，“时事”有《黑衣宰相侵略胜利》《一代黑英雄之灭亡》，“军事”有《空防表演》《莱茵区法国之地底炮台》《防毒气知识》《未来之海战》，“交通”有《空中巨厦兴登堡号》《明日之火车》，“生物”有《蛋孵成鸡的过程》，“植物”有《植物种子的力量》，“科学发明”有《人造雨》《玻璃事业之新发明》，“体育”有《跳远姿势》《跳水姿势之研究》《游泳术初步》，“自然界”有《雷电摄影》，“动物侦探常识测验”有《昆虫战斗演义》，“历史”有《50年前的预言》，“天文”有《陨星残迹》《土星光带与日蚀》，“新装”有《1936年之游泳衣新型》，“发现与发明”有每期连载的《实验室》，“生活素描”有《日本之尼姑生活》，“动物现象”有《天堂鸟之羽舞》，“矿物”有《琼克钻石的故事》，“地方风物”有《坏人岛》《矮人国》，“美术”有《曼丽皇后之美术装饰》《加拿大战碑》，“侦探常识测验”有《邻室枪声》《暗室失珠案》等。

20世纪30年代，英国文学家威尔斯（H. G. Wells）创作的文学

各式橡皮製之浴衣，尤爲一九三六年最時髦之製品。

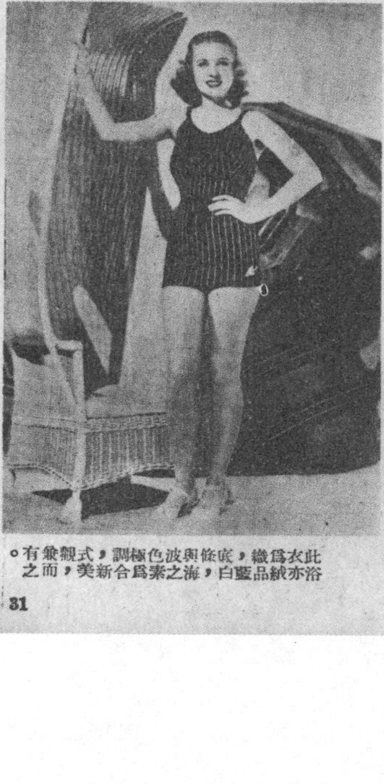

此浴衣亦爲絨織品，底藍白條，與海波之色素極爲調合，新式美觀，兼而有之。

此種浴衣爲細絨綫織成，樸素美觀，老少咸宜。

31

未來世界

一九七〇年後的理想社會

英國文學名著，Things To Come爲文學家H.G. Wells所作，近已由英國影片公司攝製電影。該書預言第二次世界大戰將爆發於一九四〇年之聖誕節，劇中背影「每城」爲猛烈之空中轟炸所燬，於是世界的文明去了，未死的人們遂不得不度其艱苦的生活。隨着大戰而來的爲各地的互相刼掠與小戰爭，一直延續三十年之久。到那時工廠已沒有，商店也沒有，人類社會與原始時代相倣。直至二〇〇〇年，空中來了一隊善意的飛機，散下「和平之氣」，然後才轉入了一個新的世界。那未來的世界，是一個適合於將來人類共同生存的社會，一切事物都和現在不同了。本兩頁所刊，爲該片的新世界的現象，均作家與該片的導演，和許多科學家底根據科學進展的趨向而作成的。

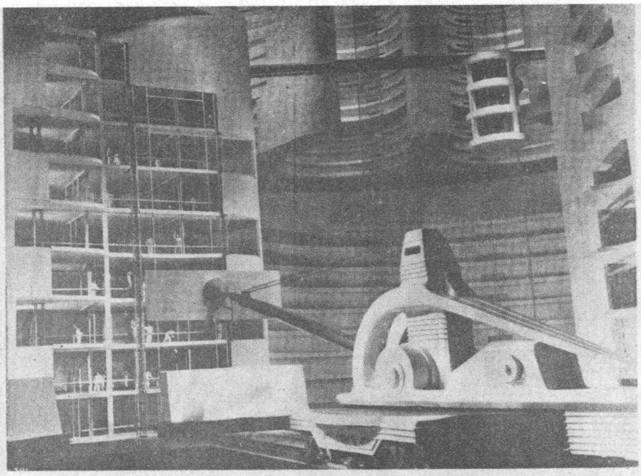

未來世界的建築，是最適合於理想的衛生條件的，其形式和現代建築風格完全不同。當中爲兩種電梯。前方巨人的機器，爲一種具有理想能力的舉重機，可以用最經濟的時間做成一偉大之居室。

這巨大的怪物，有移山關地的本領，是科學進步的結晶品。未來人類是利用機械來謀大業的幸福，並不是因爲機械應用而增加人們苦惱的。

未來世界作著英國威爾斯爲當代之有名文學家，攝製本片時，威爾斯親自參與其事，使其理想提供於現代人類的目前。

人類居室，是這樣的美化而簡潔，在其中，有人工的花園，人工支配的氣候。家具俱爲琉璃質所製。室內並可供飛行工具之自由活動。

名著《未来世界》（*The Shape of Things To Come*），曾预言第二次世界大战将于1940年圣诞节爆发，“于是，世界文明去了，未死的人们不得不度其艰苦的生活。随着大战而起，各地的互相劫掠和小战争，一直持续30年之久。到那时，工厂已没有，商店已没有，人类社会与原始时代相仿。直到2000年，来了一队善意的飞机，散下‘和平之气’，然后才转入了一个新的世界”。不久，英国影片将其拍摄成电影搬上银幕，一时风靡欧洲。《知识画报》创刊号以“未来世界——1970年后的理想社会”为题，介绍了该剧的故事情节，撷取了其中未来的人类居室、幸运的未来儿童、情侣月球旅行和未来的女子服装等图片。如今，影片的预言大多已变成现实，我们不能不为之叹服。

苦、香、甜的混合物《咖啡味》

咖啡到底是什么味？在小康社会的今天已不是问题了，但在20世纪30年代，人们大多还在为温饱犯愁的日子里，“咖啡”还是贵族社会的代名词。人们出于好奇，满足一下窥视上流社会生活的欲望，于是，就花一毛钱买上一本《咖啡味》画报细细地品味，这才知道《咖啡味》原来是苦、香、甜的混合物。

1936年9月25日，《咖啡味》在上海创刊，社址在上海山海关路406弄32号，主编是曾主编过《影迷周刊》的陈耀庭，编辑铜雷、邱谒德、陈尔希、银雨、白裒白，朱幼才负责发行，杨乃馨、杨永兴负责广告，可可出版社印刷出版，中国图书杂志公司总经销。画报出刊时间短，发行量小，存世较少，终刊时间已无从考证。

《咖啡味》画报属娱乐性刊物，16开本，30页至38页不等，彩色封面多刊登舞星、影星玉照，除4页专版图片外，其余多以文字为主，间有插图。初为半月刊，每月5日、25日出刊，后因“每次出刊都感觉时间太仓促”“内容不够充实”，而从第4期开始改为月刊。画报除“歌坛”“电影”“舞场特写”等当年画报必不可少的栏目外，“都市巡礼”，专门刊登上海人的生活，如《相命的女人》《倒冷饭的瘪三》《汤白林之神秘》《上海新兴的玩意儿——向导社》等；记录正史以外的历史掌故、逸闻趣事的“故事今谈”，有《奇奴传》

《飞刀斩马记》等；“咖啡座”和“可可味”是人们在咖啡馆、茶馆以及街谈巷议的一些平民话题，如《角先生之流》《四大独裁者身边的女人》《僵尸种种》等；“文艺”“文坛剪辑”报道文坛动态，刊载文学作品，如《文坛漫话胡风与徐懋庸之参商》《青年作家萧军由青赴日》《鲁迅复病》《无肠公子传》《报王游日》；介绍国内外各地民俗民风的“奇风异俗”，刊载《青海番人的随身四宝》《马都拉岛猎奇记》《迷信的世界》等；此外，还有戴黛妮的《水银灯下》、孙夜婴的《舞后忏悔录》、金钱力田的《薰风吹进窗棂的时候》等长篇小说连载。

说《咖啡味》苦，是因为它通过真实地记录上海舞女、向导女郎、妓女等下层百姓的苦难生活，无情地揭露了社会黑暗和政府腐败；说《咖啡味》香、甜，是因为它刊登了众多影星、舞星的甜美玉照，报道了上海上流社会的奢华生活，营造出一种歌舞升平、太平盛世的假象。但苦也好，甜也罢，它都是时代特色的具体体现，关键是我们怎样去理解它了。

进入20世纪30年代中期，盛极一时的跳舞业逐渐走向衰落，为了招徕舞客，舞场从一元三舞到一元十舞，但舞客仍不领情，舞场依旧冷落，舞女照样吃汤团。于是，在报刊上刊登广告宣传自己，就成了每个舞场的必需程序。更有一部分舞场摇身一变而成为时髦的向导社。而《咖啡味》创刊之时正是上海向导社刚刚兴起之日，因此，《咖啡味》画报上出现频率最高的就是舞场和向导社的广告。从这些广告中，我们也能领略到当年大上海的灯红酒绿。“明星舞厅：聘请第一流红舞星伴舞，正宗爵士乐队伴奏；布置新型别致，灯光优雅美化，舞女窈窕娇艳，乐队悠扬动听；晚舞奉送饮料，茶舞加送茶点；一样寻欢作乐，此处即是仙境”“国际舞厅：乐队特别高超，乐曲支支兴奋，舞女异常整齐，个个婀娜善舞”“逍遥舞厅是人间的仙境，世间的极乐园：这里没有阿墨尼亚的气氛，有的是浓郁醉人的葡萄酒香；悠扬的爵士乐催您入众香国，温馨的情调导您

咖啡味
半月刊
3
舞星王玲玲
壹角

舞國閒話（日本通訊）

南雍

國內朋友寄來了幾本咖啡味，不覺消遣了整個黃昏。一時好像自己又回到了以前在海上做學生時的狂舞時代，心裏說不出的有着一陣感慨。離國不過半載，原來海上舞國已有那麼多的變動了，不知我以前常跳的幾個舞女現在怎樣了？異日回國後還找得到她們嗎？本人從進大學起就涸跡舞場，迄今已五易寒暑，目下雖遠在異國，但仍忝爲此間舞場忠實同志，過去目前，儘多足述者，因此不揣翦陋，也來塗鴉一陣，隨想隨寫，並無次序，稱爲閒話，庶能名副其實。

既然寫到舞話，似乎先應從跳舞本身說起。海上自舞業興盛以來，少到也有十年了，但至今舞迷雖然如過江之鯽，長江之浪，而眞正有心注意到舞藝者卻說不到幾個。一般人普通多由黃包車拖出，此後能略會幾個步法，就心滿意足，不再想求進步；於是五年十年的跳下去，終其身也不過這幾步了，此海上所以探戈舞之終於不能盛行也。記得去年大華舞廳曾一度仿照日本舞場辦法在原有樂隊之對面另加一專奏華爾滋，探戈舞之樂隊，但結果終於取消了。此無他，海上能跳探戈舞者少也。照我海上狂舞五載之經驗，我敢說滬濱舞迷一百個倒有九十五個對着探戈舞搖頭。本人也不能例外，探戈舞是一直到了此地才學會的。

東京舞場普通多有兩個樂隊，輪流奏曲，同以前大華樂隊一般。舞迷比海上要少得多，常綳場面者中國人倒着實爲數不少。舞場以福羅利達舞廳爲最上等而中華人士也特別多，每逢星期六日晚上，幾乎二分之一是敝國同胞。大凡西裝挺，皮鞋尖，面目清秀者皆是留學生也。（日本人西裝式樣大多不講究，皮鞋穿方頭者十有

明日之舞廳

測字先生

現在浴裝伴舞大會，將來一絲不掛裸體伴舞狂歡大會不足爲奇。

現在各舞場以表演助興，有羽扇舞，人體美，吃玻璃，吃毒蛇等等的玩意兒，將來有賈拳頭，活猻出把戲的演出。

現在購滿舞票幾元以上者贈送坐台子一小時，將來贈送「那個」一夜概不取費。

現在有水上飯店的建設，將來有水上舞廳的供獻。

現在的舞女雖多，將來的嚮導員要多出舞女十倍以上。

現在舞場常有以粵曲，口琴，奏樂伴舞，將來小堂鳴或許也會出現於舞場裏。

現在曾有人發起過電影明星賑災伴舞，將來定有人提議伶界坤角伴舞賑災大會。

現在一元跳五小時，將來從午餐舞起至晚舞打烊止

歌壇

歌星論

黃韻

林蜚

以擅長唱「漁光曲」聞名於歌唱界的「漁光仙子」——黃韻。我們該不會否認她是播音歌唱界的一個傑出人材。

要是拿嚴格的眼光來檢討整個播音界的許多歌星，那你準會使你感到失望，因爲許多大歌星都是徒有虛名而無實際的，更其可笑的是所謂幾個歌星，她們是不懂得五線譜的，連極淺顯的幾個音樂的原則都是莫明其妙，就是唯一所形成歌星頭銜的「歌」，也只能唱幾只普通歌曲，甚至於在一星期的歌唱節目中會炒上幾遍「冷飯」，所以在這個歌星充滿的歌星界裏，播音事業是一天天的走向了沒落的道路。

許多歌星的形成，倒並不是靠了她的「藝」，反之倒是仗着她的色」，依仗了她幾分薄具的姿色，相當靈活的交際手腕，以妖媚艷麗的形態來誘惑男性，使一般青年們拜倒在她旗袍角下，她的歌星頭銜在這種畸形發展下造成的。不過話得說回來，這是指一部份所謂歌星者，以整個歌唱界來論，當然其中亦有不少以藝術來獲得人們信仰的存在。

這裏所論到的黃韻就是屬於後者的歌星，她——黃韻——一個短短的小胖子，配合着一張並不漂亮的圓臉兒，她沒有惹得起人們對她一見就發生傾愛的引誘力。她所能獲得無綫電的廣大聽衆的擁護，那該歸功於她那婉轉幽靜的歌喉咬字的準確，一條天賦挺好的桑子，這一切形成她第一流歌星的主因，她那婉轉而幽靜的歌聲，够使你自然的陶醉，她唱幽靜緩慢的歌，會使你特別感到滿意，這決不是過火之言只要你不帶上有色的眼鏡，你準不會否認我的話，本來以藝術上的成就來獲得她的廣大的羣衆的擁護，這該是永久的，決不是像靠了「美色」來博得聽衆不正確暫時的歡心。

當然黃韻亦並非一生下來就能唱得這麼好的一口歌，除了一條天賦特異的歌喉之外，還是她努力刻苦訓練出來的，所以要達到藝術成功的境地，非努力訓練自己的技術不可，否則只是一美麗的夢，黃韻的成功，就是給你一個很好的榜樣。

但是藝術的成功，與她（或他）的生活是有着連繫的密好關係，一個沒有嚴束生活的人她（或他）的成就只建空於一時，在發展到某一時期，她（或他）會遭到不可避免的阻難——淘汰。自然而然的跑上了沒落的道路，自己毀滅了自己在藝術上的建設。

黃韻在歌唱藝術上是有了相當的成就，但是我們對她的生活一加檢討，發現到一個很大的缺陷，而且這缺陷足以毀滅她整個在藝術上的前途。在以前的一個時期，黃韻在歌唱界是相當的「紅」，一方面當然還是自身努力的收獲，另一方面廣大的無線電聽衆對她的熱烈擁護，所形成她在歌壇上相當紅的原因，但是後來她忽然脫離歌唱界，脫離的原因是她跟一個人訂了婚，因爲那一方面的家庭反對播音而加以阻止，所以她才脫離的，這事件的發現才使我們清楚地認識了她，從這事件之下我們推測到黃韻是怎樣的一個人物，要是說結婚是她幹藝術工作的結束時期，那這是一個絕大的錯誤，因爲藝術界的從業者，她（或他入神秘乡”；“王小妹导游社：社员个个美丽，服务诚恳周到”“世界向导社：伴君导游，解君寂寞”“健华导游社：向导小姐个个美丽，知识优越，活泼干练”。

而刊登在第3期的《上海新兴的玩意儿——向导社》一文，则让我们认识了向导社的基本概况：

向导社在上海还算是一种新兴的玩意儿，现在是正在一家一家地生长着。这种事业，以历史言，是由伴舞社嬗变而来的，而伴舞社的所以发生，无疑的是为舞场的舞券，从一元三舞跌到十舞，舞客还是觉得不便宜的缘故。因为单以伴舞的名义来号召，顾名思义，营业范围当然是很狭的了。若在向导，则可以并不限于舞场。天涯海角，无不可以有她们的足迹。

上海现在以单纯业向导者以及兼向导及伴舞者，加以统计，已有桃园、国际、爱华、沪江、现代、市花、华华、明光、乐乡、良友、亦乐、新村、莺莺、美丽、飞飞、百乐、交际、红星、女子、蝶来等20家，经每家雇有20位女向导员计算，则上海的女向导员至少已有400名以上之数。

公共租界工部局所发给“书寓”的执照，是规定只许“卖唱”而不许“卖娼”的，这真是所谓“和妓女讲贞操”了。在向导社也是如此。我曾考验过20位女向导员，她们对于上海各界门径的常识，都不如我所意料那样淡薄得可怜的。再有两个统计，也是很滑稽的，就是问她们叫她们的客人，以老上海人多，抑是外埠来的人多，她们一致说是老上海多。再问她们叫她们来了之后，以伴游的次数为多，抑是坐谈的时候为多，她们也一致回答以坐谈的次数为多。事实上，很少有人请她们伴游的，因在一元一小时外，客人还得花游玩的钱。上海的事本不能都合名正言顺的格律，正如开上海大旅馆的房间，大都是在上海有住处的人。

青少年科普期刊《少年画报》

“俗语说‘百闻不如一见’，图书的作用在于显示事物的真实性。看了图画，不但可以在短时间内明了某事物的真相，而且可以使所见的事物在头脑里留一深刻的印象。”这是《少年画报》在创刊词中对画报直观、易懂、易记特点的阐述。《少年画报》以“知识就是力量”为出发点，旨在“用真实的图画和浅显的文字介绍各种真实的知识，满足少年们的求知欲”，文字通俗易懂、图片生动活泼，深得中小学生欢迎。此前虽有画报开辟了青少年专栏，但并没有此类专刊，因而《少年画报》遂成为中国最早的青少年科普期刊。

商务印书馆作为中国近现代文化企业的潮流引领者，始终关注少年儿童的成长，曾陆续出版了《学生国学丛书》《算学小丛书》《中学各科要览》等一批学生辅导读物。1937年4月1日又在上海创办了《少年画报》，社址在上海河南路221号，社长兼主编徐应昶，商务印书馆负责印刷和发行。社址曾先后迁至长沙和香港，画报于1941年11月停刊。

《少年画报》为科普类刊物，月刊，每月1日出版，16开本，42页，封面彩色，内文黑白双色。内容范围广泛，包括自然科学、应用技术、社会艺术及少量时事等，如《世界第一长桥》《飞行小史》《牛归日》《上海市博物馆一瞥》《成吉思汗的陵寝》《北平的舞狮》

等，而《几个中国女飞行家》则以图片的形式介绍了王灿芝、林鹏霞、李霞卿、杨瑾珣等四位中国最早的女飞行员。

随着画报两度迁址，办刊风格也有所改变，全面抗战爆发后时事内容明显增多，如国际方面的《德国西佛里特防线的秘密》《法国在守望着》等，国内方面的《新生活第五周年纪念在重庆》《新建的西康省》《春节慰问大会在重庆》《广东军民华侨献机壮观》等，而图片专栏“形形色色”刊载的是近期军政界要人的行踪和新闻事件。

画报除介绍科普知识外，每期都要刊载一些抗战图片，如创刊号就有《绥远抗战写真一、二》《绥东前线的新装士兵》《自武川县出发的抗敌军》《构筑前线防御工程》《从集宁开赴前线的士兵》等近20幅珍贵图片。

“无论我们企图哪一种事业成功，必须先‘求知’；所知的东西越多，则所企图的事业越有成功的可能。”让广大的青少年尽量多地掌握科学文化知识是画报的第一目的。所以，画报刊登最多的还是科普知识。《奠定了航空的基础》一文，介绍了正是牛顿（Newton）、卡文狄什（Cavendish）和卡维罗（Cavello）等科学家的重要理论，才让飞行变成了现实：“……在17世纪时候，英国的牛顿爵士发现了地心吸力。后人研究飞行，知道要飞行实现，必须先克服地心吸力。卡文狄什也是一个英国科学家，他于1776年发现了氢，并且证明它比空气轻许多。布来克博士（Dr. Black）和卡维罗也同时在实验氢。卡维罗用膀胱贮氢，证明了可以用氢使气球胀大。后人根据这些重要的答案，加以研究。倍根（Roger Bacon，英国的一个修道士，哲学家又是自然科学家）于13世纪预言将有飞行的机器发明，竟被他说中了。”而《第一次在空中停留十分钟》一文讲述了世界上的第一次飞行经历：“1783年6月5日，有一群人，佛兰克林（Benjamin Franklin）也在内，参观第一次克服天空的成功的实验。蒙特古尔斐厄（Montgolfier）兄弟俩在法国安诺奈（Annonay）地方演放

青少年科普期刊《少年画报》

飛行小史(一)

奠定了航空的基礎

牛　　頓

關於古人的飛行理想，以及關於飛行的種種古代傳說，因爲太沒有科學根據，我們都撇開了不談，只把一些信而有徵的事實，逐一介紹給你們。第一件要告訴你們的，便是與飛行有關的幾種科學原理。

在十七世紀時候，英國的牛頓爵士(Sir Issac Newton)發現了地心吸力。後人研究飛行，知道要飛行實現，必須先克服地心吸力。

卡文狄什

卡文狄什(Cavendish)也是一個英國科學家，他於1776年發現了氫，並且證明牠比空氣輕許多。布來克博士(Dr. Black)和卡維羅(Cavello)也同時在實驗氫。卡維羅用膀胱貯氫，證明了可以用氫使汽球脹大。

後人根據這些重要的答案，加以研究，倍根(Roger Bacon 英國的一個修道士，哲學家又是自然科學家)於十三世紀預言將有飛行的機器發明，竟被他說中了。

卡維羅在一個實驗

⑩

幾個中國女飛行家

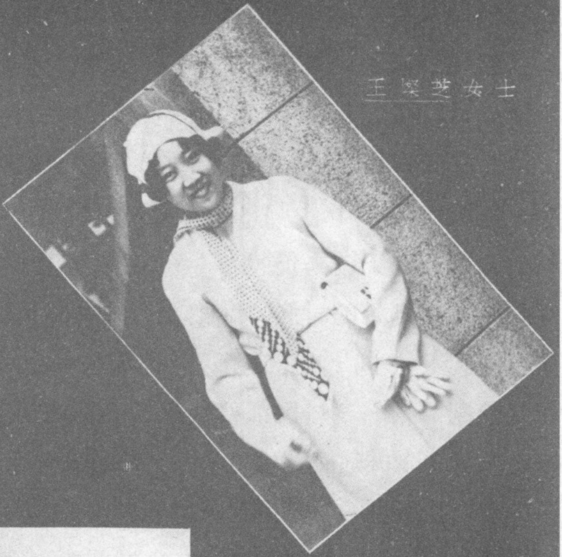

王粲芝女士

林鵬俠女士

气球。气球的直径35呎，用垫着麻布的纸做成，在空中停留了十分钟，高约1000呎。气球属于热气式，是根据热空气上升的原理造成。他们未举行户外表演以前，曾在户内用小纸袋做了许多次的试验。后来，这两兄弟把一只羊、一只鸭、一只鸡放在气球底下的一个篮子里，在法王路易十四面前表演，示用气球运输的可能性。”

为开阔青少年的视野，增加故事性、趣味性，画报每期都要刊登一些域外风情。《牛归日》一文介绍的是德国一个相对偏僻的小山村的习俗，今天读来仍感新奇和温馨：“德国巴威地方山中的居民，在每年夏季开始的时候，就把他们的牛驱到阿尔卑斯山上去放牧三个月。到了秋季，天气冷了，就把那些牛赶回来。在牛归来的日子，很是热闹。天一亮村民都群集草场上，遥望远处的山，伫候牛群归来。末了，牛群都回到村里来了。凡是没有死过牛的牧人，总要用花朵的丝带把所有的牛打扮起来。至于死了牛的牧人就不这么做了。这一天还举行一个有趣的仪式。在过去夏季的三个月中，牧人让胡须长得满满的，直到回到村里来之后，方才剃净了他们的胡子。”

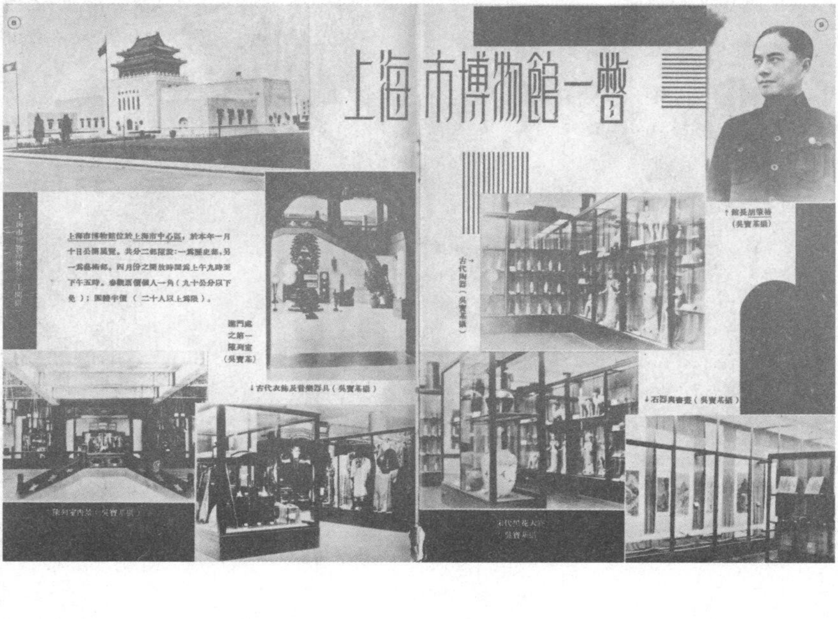

“孤岛”电影画报《电影》周刊

民国时期的电影画报多以刊登中外影星尤其是女明星的私生活为卖点，而对于电影界的发展方向、制片倾向等问题则少有思考和探讨。于是，有人说，民国时期的电影画报“纯粹就是影星的附庸品，完全失去了电影界诤友的意义”。艰难图存于日伪时期上海的《电影》周刊却以生动鲜活的内容，在广泛介绍美国电影界的动态，评析好莱坞最新影片的同时，也较为完整地反映了“孤岛”电影的发展和演变，从而成为研究“孤岛”电影不可或缺的重要资料。

1938年9月7日，邵逸夫的邵氏集团投资创办了《电影》周刊，社址在上海四川路569号，邵文怀任主编，上海电影周刊社编辑出版，上海友利公司发行，全国各埠书局派报处代售，天津美丽书店、北平自强书店设立经销处。画报还于同年11月5日，创刊了报道美国好莱坞电影界消息的《好莱坞》画报周刊。《电影》周刊于1940年7月出刊至第92期停刊，后来独立了的《好莱坞》则出刊至第130期后终刊。

《电影》周刊属娱乐性刊物，周刊，每逢周三出刊，16开本，26页，其中10页图片，余为文字插图，封面为黑白绿三色套印。画报内容丰富，生动活泼，吸引了一大批年轻人，特别是“影星生活”“邵氏明星”“国际影坛消息”等栏目，以报道邵氏公司的新影片为

62
白燕女士
賴俊輝攝
上海友利公司發行 Union & Co. Shanghai.

好萊塢影星錄

TWELVETREES Helen.

海倫·杜芙姬，一九〇八年生於紐約。金髮藍目。高五呎三吋。眞姓名海倫裘根士。她初學美術，其後加入美國戲藝學校，隨後上舞台演劇。一九二八年開始上銀幕，影片包括：「When We Look Back」，「Hollywood Round-Up」，「胭脂虎」。

VARCONI, Victor

維多伐康尼，一八九六年三月卅一日生於匈牙利。髮目均深棕色。高五呎十吋。出身爲店夥。在布達配斯的戲劇學校受過兩年戲劇訓練後，便開始上台演戲。在維也納電影界工作之後，一九一七年赴美。近作有：「大都會」，「蘇彝士」。

VEIDT, Corrad.

康拉佛脫，一八九四年正月廿二日生於柏林。深棕色髮藍目。高六呎二吋。一九一三年初上舞台，不久在歐洲戲劇界以表演莎士比亞的戲劇著名，一九一七年上銀幕。受約翰巴里摩亞邀請到美國跟他合演，便訂立合同。有聲片興起後，便回英國去。在英國影片中演出。近作有：「大紅袍」，「黑衣間諜」。

VELEZ, Lupe.

羅范麗絲，一九〇九年七月十八日生於墨西哥，黑髮棕目，高五呎五吋。眞姓名爲 Guadeloupe Velez Villalabos，十二歲時便登台任舞女。到好萊塢後在却利卓氏的滑稽短片出名。後被選充任范朋克的作品「The Gaucho」的女主角。聲譽漸起。她的作品包括：「Strictly Dy Namite」，及「High Flyers」。

VENABLE, Evelyn

愛佛琳范納布。一九一四年十月十八日生於美國。紅金色髮，藍目。高五呎六吋。在舞台演劇時，引起派拉蒙公司的人看見，便跟她訂立拍片合同。她的作品有：「Star For a Night」，「North of Nome」，「Fugitive Lady」。

VINSON, Helen.

海倫溫遜，九月十七日生於美國。金髮棕目。高五呎六吋。在台薩斯大學受教育。先在台薩斯的劇院演出，後來在百老匯戲劇界成名。在英美兩國的電影界都演出過。包括：「Private Worlds」，「The Tunnel」，「Love in Exile」，「Vogues of 1938」。

VISAROFF, Michael.

密卡爾維薩洛夫，一八九二年十一月十八日生於俄國。棕髮灰目。高五呎十一吋。在聖彼得堡受戲劇訓練。在俄國戲劇和電影界工作了十五年後，然後赴美在紐約演過三年。加入電影界後，作品有：「The Gay Desperado」，「亂世忠臣」，「南國佳人」，「I'll Give a Millon」。

VON STROHEIM, Erich.

伊立馮史屈漢，一八八五年九月廿二日生於奥國維也納。棕目。高五呎七吋。他本是奥國公爵，到美國後，自願放棄爵位，做美國公民。未上銀幕前，在美國軍隊中服軍役四年。主演過許多影片，並導演過幾部。退出影界數年，復上銀幕演「博士小姐」一片。

WADSWORTH, Henry.

亨利韋斯華士，生於美國坎泰基州。棕髮藍目。高五呎十吋。在紐約之雜藝班及劇團內工作過。電影作品有：「Mark of the Vampire」，「The Voice of Bugle Ann」，「Ceiling Zero」。

WALBROOK, Anton.

安東華爾布洛，本名阿道夫華爾布洛。生於維也納。棕髮藍目。高六呎。父親爲著名丑角，他從小便決意繼父業。他在戲劇界過了多年後，便轉而注意電影，有時兼用兩三種不同的語言拍片。作品有：「Victoria The Great」，「垂簾六十年」。

WALBURN, Raymond.

雷門華爾本，一八八七年九月九日生於美國。深棕色髮藍目。高五呎十吋。他的母親是一個女演員，從小便把他養成一個演員。六年之後，他便跟上百老匯。上銀幕後，他演過許多影片，有：「古董教授」，「比翼雙飛」，「Song of the West」。

WALDRON, Charles, Snr.

却爾斯華爾倫，生於美國，出身戲劇家庭，在舞台劇界演過許多名劇，如「情鑄」及「閨怨」等。拍過的許多影片，包括：「罪與罰」，「龍鳳燭台」，「絕代豔后」等。

WALKER, Nella.

耐拉華克，生於美國支加哥。灰髮藍目。高五呎七吋半。初在紐約任商店售貨員，遇到一位戲劇家後，便獲得上舞台機會。一九三二年退出舞台達五年之久。後赴加州演電影。作品有：「滿庭芳」，「四十五個爹」，「巴黎尤物」，「妙手療心」，「三朵花」。

影星

童月娟女士

馬永華攝

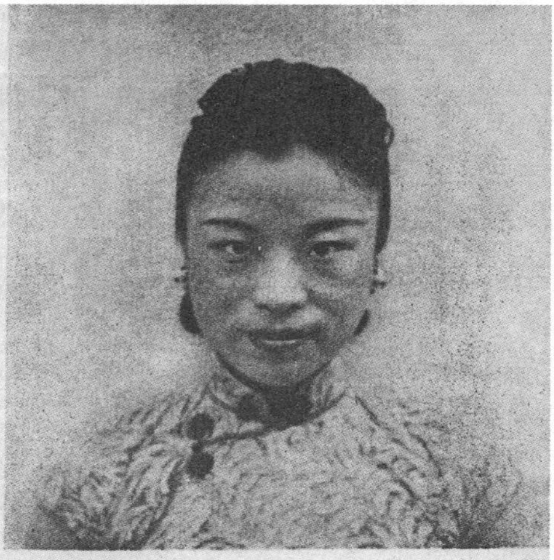

二種豐姿

童月娟由平伶躍爲電影明星，同時又榮任爲新華影片公司「老闆娘」，陳雲裳等五姊妹，老闆娘亦與焉。爲人和藹，善於解紛，新華影人中如發生爭吵糾紛，憑老闆娘一言，雙方即爲捐嫌，蓋不愧新華老闆之賢內助焉。

陳雲裳以南國「孤」星，飛墜到海，一時鋒芒過露，未免見忌於海上明星。老闆娘乃從中排解，身以魯仲連自任，至今徵然。鑒於陳勢孤，與結爲金蘭之好，「五姊妹」在一九三九年中國影壇上亦一大佳話。

童老闆娘於「翻變陰陽」外，又善拍片，其得意作良多，想讀者於銀幕上定能時覩其笑貌也。

電影院裏的譯音聽聲機

「譯意風」發明的經過

初用在日內瓦近爲亞洲一董事想起採用

日內瓦的國際聯盟，上海電影院的宴會，女人的清脆聲音——把這三者聯合起來，便成了『譯意風』了。

這解釋也許還不够明白，但相當確切。原來自從電影輸入中國之後，中國觀衆對這種新興的娛樂，感到很大的興趣。起初是默片，用字幕，雖然麻煩，却容易瞭解。經默片進化到聲片。一連串的英語對白，這就使不懂英語的中國人莫明其所以然，雖則仍有用燈片來代替字幕，但給予觀衆的幫助，却是有限。直到最近『譯意風』問世，這才替不懂英語的中國觀衆解決一個重大問題。

要明白『譯意風』發明的經過，話就得從頭說起。在日內瓦的國際聯盟會議室裏，有一種新奇的發明。你坐在那兒聽演說，你面前就放着一個針盤，指着『德語』『法語』『西班牙語』等。附在這物件上面的，是一個聽筒，和那舊式的無線電聽筒一樣。把聽筒套在耳上，再把指針撥到『英語』上面，去聽阿弗烈多西班牙語的演說。但你聽到的並不是西班牙語，而是簡潔的英語，由譯員迅速地把它譯成英語。這翻譯員是在一間小小的廣播室裏，那播音機正經由聽筒向你的耳朶說話。這一來，解決了一切翻譯的困難，你在日內瓦，愛聽那一國的語言，就聽那一國的語言。

亞洲影院公司一位董事有一晚想起了這樁事情，他和他的一對中國朋友吃晚飯。飯後，他們陪他去看了一齣中國劇，自然，如果沒有人在旁解說，他是不會懂的。但他那中國朋友的太太，把舞台上的情節，動作和對白，一齊解釋給他聽。她講得那麼明白，這位董事先生不禁對自己說道，『看外國電影的中國觀衆，沒有這樣的說明，是多麼可憐呀。』接着他又說，『我們沒有人把劇情翻譯給中國觀衆聽，眞是慚愧得很。如果有的話，不是更能吸引觀衆麼？那些年老和年幼的，甚至連那些略知一二的，不是都要……』

就在這一轉念之間，他想起了國際聯盟的翻譯制，這就是『譯意風』發明的動機。

現在任何上海人，無論他是說英語或中國語，都可以享受這種娛樂了。只須於票價之外，再出國幣一角，就可以坐到譯意風的座上把聽筒安置耳畔，去聽一種悅耳的聲音。年輕的中國小姐，操着美妙的國語，告訴你銀幕上的一切，她把每一個演員的動作和說話，輪流地翻譯着，並把必要的解說報告出來。

王熙春與演話劇

小鳥王熙春自離平劇，曾傳聞將演話劇。惟據記者所知，此消息極不準確。王現在仍未脫離平劇，與電影云。

華南影侶 關文清曹綺文赴美

關擬中戰劇本 售與好萊塢

華南影界導演關文清，前月間與他的夫人曹綺文鬧過一次離散的悲劇後，不久，由雙方友好的居間調解，便言歸於好而恢復他們的關係了。

他倆在破鏡重圓後，事實上也同時的合作起來了，最近，她倆在完成了南洋公司的新片「姑嫂墳」後，便將雙雙出國赴美了。此行目的，除了爲山月公司的影片在美各地輪流放映，與曹綺文隨影片親自登台表演外，關文清還有着一件事要辦的，就是他寫了一部以中國戰事爲題材的電影劇本，預備售給好萊塢影片公司當局拍攝。

這一部劇本的故事，是寫出了一個留華多年的牧師，爲了維護人類和平的眞理，盡了極大的努力，來在反侵略的鬥爭陣線上，艱苦地負起神聖的工作，最後得到「公理勝强權」而建立全劇的高潮，裏面有求解放自由而戰死的英勇將士的壯烈事蹟。

更有同情我國戰事的異國朋友，怎樣幹着眞理援助我們的工作，至於劇名暫定爲「地獄的天堂」。

倫敦戲院復業

美藝人渡海前往獻技

歐戰爆發，倫敦的戲院劇場所以在上月初得到市長許可，倫敦戲院又開始復業了。而且有一美國藝人，不怕危險，渡海到倫敦去獻藝了。

陳雲裳張翼交惡
曾在攝影場鬧翻

陳雲裳返港時期，僅爲民族公司攝粵語片賊王子，國語片南島相思曲，其他大觀等公司承訂之合同，陳均毀棄之。按民族之賊王子，已全部攝竣，合演者有粵中名伶馬師曾等，頃方以映演權問題，與代理公司發生交涉，至南島相思曲，由譚君嘯編劇，譚曾在滬執醫師業，以女人問題，被迫返港，邇忽又以女人問題，急蘧遁滬，導演者霍然，惟別延唐槐秋任顧問，合演者有張翼等若干人。霍爲陳之唯一知己，惟導演手術不高，以此張翼對霍表示不滿，一日竟在攝影場互詈，陳對張遂亦表示不再合作，南島相思曲僅攝千餘尺，因此中途停頓矣。

夏令配克
舊址建築新影院

夏令配克在數十年前，原是首創第一家的新型大戲院，亦卽是西片的發祥地。後來爲了受及時代淘汰，歸於落伍，蛛網塵封，早歷多年。八一三戰起以後，曾將它闢爲難民收容所，現在則是改建落成，又改換上了一番新的氣象。

該院爲西人糾資所築，亦爲西片首輪影院，片子大多爲米高梅公司的出品，設備富麗，惟座價甚昂。

當在一度巡禮之後，顯見這座壯麗的電影院，又回復了早年的雄風，而創建最早的夏令配克戲院，從此亦卽成爲歷史上的名詞了！

汪洋脫離藝華
秘密去港伴舞

銀幕小情人「汪洋」，原爲貨腰女郎，當在百樂門時，頗卓聲譽。因伊工於媚，能醉倒舞國衆生，以是捧之者頗不乏人，其名乃益噪。

之後，得「寄爺」嚴春堂之拔擢，乃棄舞而投身影界，一躍而爲「影星」。無奈伊祗長媚力，而不擅演技，且又不能操流利之國語，故不爲藝華所重用，僅爲配角而已。

伊旣不能得志於藝華，內心不無怏怏，雖藝華小主嚴幼祥對其靑睞有加，煞費苦心，頗欲加以造就。然伊則亟不及待，滿擬另謀發展，故在月前曾有脫離藝華之傳聞。

玆者，消息傳來，汪洋已於日前悄然抵港。據云伊此次南下之動機，實爲回復老本行，重度伴舞生活。事前，有港地某舞廳之代表，曾在滬向其接洽，但伊則表示須俟抵港後再行決定，故連日來，伊正與石塘嘴某舞廳在積極磋商條件中，一俟談妥，卽行下海伴舞矣。

邵醉翁僱
羅宋保鏢

天一主人邵醉翁，是電影公司老板階級中最會做生意的一人。近年早經遷地爲良，設廠香港，專拍粵語影片，更屬財源茂盛，極稱得手。不久以前，他將港地廠務交與乃弟村人管理，自己偕同陳玉梅回滬，在大馬路哈同大樓最高層上，賃屋久居，情形上且又無所活動，顯然已是功成身退，安然守富的樣子。最近，他爲力謀安全打算，又經僱了一位羅宋保鏢，專司守衛之責。卽此一點看來，亦可見到他的身價如何了。

大英婦女會
開映影片

大英婦女協會於上星期，假該會會所開映「茄萊」影片，目的在襄助戰時工作經費之不足。該影片開映之舉行，係英駐華大使寇爾爵士夫人所發起者。該項影片，除英國著名編劇家著述風行滑稽劇外，並映演自加拿大奥大利亞及南菲洲沿途之奇異風景。

放棄紅氍毹生涯
于素蓮上銀幕

坤伶于素蓮現放棄紅氍毹生涯，加入藝華公司而上銀幕工作。于自脫離某公司劇場後，卽隱居家中，絕少出外酬酢。外傳卡爾登曾一度邀于重返，而其家人托詞于已離滬之說，實屬不確。此次于入影界，發動在一個月之前，因條件問題，直至昨晚始議妥。按藝華最近招兵買馬，審萱李麗已先後加入，于以坤伶之聲望，當可號召一時。據于女士告記者，嘗試電影工作之企圖已久，今後將全力以赴，圖有新的收穫云。按坤伶登銀幕者前有金素琴，近又有王熙春，于素蓮殆已第三人矣。

主题，以使影迷们先睹为快。其“每周谈话”“新片批评”“零讯”“西南杂讯”等栏目，报道“孤岛”电影的消息，介绍国内影星动态，对比评介中外电影，如《谈瑛小姐的五个镜头》《赵树荣彩色新片〈华侨之光〉在美献映》《舞台剧人纷纷加入影籍》等；“好莱坞零简”“好莱坞”“好莱坞影星录”刊登的都是好莱坞影星和影讯，如《战时的好莱坞减薪后复裁员》《好莱坞一年接吻一万个》《秀兰·邓波的一大困惑》等。

民国时期不乏三栖、四栖明星，舞星、名伶、影星、歌星也会常常转换。如《汪洋脱离艺华秘密去港伴舞》一文，讲述了在舞星与影星间来回穿梭的汪洋：“银幕‘小情人’汪洋，原为货腰女郎，当在百乐门时，颇卓声誉。因伊工于媚，能醉倒舞国众生，以是捧之者颇不乏人，其名乃益噪。之后，得‘寄爷’严春堂之拔擢，乃弃舞而投身影界，一跃而为‘影星’。无奈伊只长媚力，而不擅演技，且又不能操流利之国语，故不为艺华所重用，仅为配角而已。伊既不能得志于艺华，内心不无怏怏。虽艺华小主严幼祥对其青睐有加，煞费苦心，颇欲加以造就。然伊则亟不及待，满拟另谋发展，故在月前曾有脱离艺华之传闻。兹者，消息传来，汪洋已于日前悄然抵港。据云伊此次南下之动机，实为回复老本行，重度伴舞生活。事前，有港地某舞厅之代表，曾在沪向其接洽，但伊则表示须俟抵港后再行决定。故连日来，伊正与石塘嘴某舞厅在积极磋商条件中，一俟谈妥，即行下海伴舞矣。”

话剧名家唐若青是戏剧家唐槐秋的长女，自幼爱好戏剧。1934年在中国旅行剧团开始舞台生涯，因扮演《梅萝香》剧中梅萝香，一举成名。抗战前后，连续出演了近30出中外名剧，如《茶花女》中的玛格丽特、《复活》中的喀秋莎、《雷雨》中的鲁妈、《日出》中的陈白露等。她主演的《葛嫩娘》《洪宣娇》《李香君》等，是“孤岛”时期受观众欢迎的剧目。1948年唐若青应香港永华电影公司邀请在《清宫秘史》中扮演慈禧，后客居香港，在一些商业性电影和电视剧中扮演角色。《唐若青受影片公司包围》一文介绍了她从话剧演员向电影明星的过渡：

唐若青在上海颇有魔力，以前几次随中旅在沪公演，拥有广大的剧迷群众。这次她又出现于话剧舞台上，是突如其来，出人意料的。原来她对于舞台生活已一度发生厌倦，当唐槐秋在港树起重兴新中旅的旗号时，她忽然放弃演剧生活，而准备出洋留学的手续。后来港、沪报纸对于她的行踪记载不一，有的说已放洋出国，有的说到了西南去，但结果却都成为捕风捉影，半个月后，她携着未婚夫王遐文出现于上海滩了。

若青莅沪之日，恰值冷落了两年多的话剧空气在西南角里中兴起来。上海新剧院闻得若青来沪消息，都委了得力人员前来拉拢。这一来，使对话剧发生厌倦的唐女士，重又燃起一团热烈的兴致，有跃跃欲再试之慨。唐便又与话剧结下了不解之缘。最近从各方面传来消息，电影界诸巨头鉴于唐在舞台上拥有广大信徒，极富号召力，而且演技出类拔萃，天才横溢，所以正在秘密进行拉拢工作，预备请她上银幕主演几部影片。据传，动她念头的不只一家，同时有三家公司，各怀雄心，在暗中争夺。至于将来为哪家所得，目下尚难逆料，大概以最出得起高薪的一家最有希望。有人曾做预测，认为唐若青如跃登银幕，其号召力必不在××之下。

唐在港时，原早盛传应沈雁秋等之邀，将主演一影片。但结果唐女士行色匆匆，未成事实。料想不到现在上海也有人动她的念头，或许一年之中，女士将由舞台艺人一变而为银幕红星了。

《都会》《大观园》《都会大观园》

《都会》画报，1939年1月1日创刊，半月刊，每月逢1日、15日出版，发行人谭沛霖，16开本，34页。娱乐刊物，其内容正如其广告语所称“妙不可言，热不可当，艳色无边，香气逼人”，多为低级趣味、庸俗不堪的文字，如《妇女贞淫鉴别》《男女性知识问答》等，配以插图和漫画，间有戏剧名伶、电影明星、杂耍艺人剧照、生活照和花边新闻、风流韵事。

《大观园》画报，1939年2月20日创刊，社址在上海天津路煤业大楼2楼11号，发行人何少华，主编郭小枫，画图编辑罗小廷，总发行华洋信托公司，自称“内容丰富精彩，有趣噱头十足，赠送亲友最有意义，最有价值。手此一册增长万分兴趣，阅罢之后其乐无穷”。

《大观园》属娱乐刊物，半月刊，每月逢5日、20日出版，16开，34页，“妇女性知识讲座”“妇女服饰讲座”“妇女化妆讲座”为系列妇女专栏，刊有《娼妓的起源》《送春无曲话春宫》《上下古今谈》《不守节操的妇人的刑罚》《恋爱外史》《地狱般的人肉市场》《小姐们的生活趣味》《由迷信而起的处女性的牺牲》等。“民间情歌集”栏目，刊登《相思之歌》《幽会之歌》《热恋之歌》《送别之歌》《千里寄相思》等。“戏剧”专栏载有《谈须生》《姜妙香24岁改习小生》《广东戏文武丑生石燕子》《五小名旦婚姻大事》等。介绍跳舞业的“舞池”，刊有《最近流沪之Palaisglide舞》《火山风月》《张莉莉之自杀》等。“国产趣味集”相当于现在的小笑话，诙谐幽默。“古人”和“情史”，专门捕风捉影地搜罗一些历史人物的私生活，如《孔子亦有小老婆》《大禹妻子叫女峤》《苏武的情诗》《马光祖审判风流案》《司马温公风情不薄》等。此外每期还连载嘻嘻生的艳情小说《新金瓶梅》。

突出地方特色的“上海滩特辑”，介绍沪上风情和历史掌故，有《上海生活全貌衣食住行》《游艺场赌博溯往》《三光码子》《眼睛一瞬 孵鸡变鸭》。刊登电影、戏剧剧本也是画报的一大特色，刊有朱少祖的侦探剧本《欲魔》、鼓王刘宝全的剧本《活捉三郎》和白玉霜的《马寡妇开店》等，为戏剧、电影的发展与研究提供了基础资料。

从读者“订阅三个月的《大观园》获赠两期的《都会》”的宣传语中可以看出，这两种画报可能为同一人或同一公司投资。随后两种画报的合刊也证明了这一点。

由于“在这百物飞涨声中，杂志界是首当其冲，纸价、版费、印刷，一样样的负担加重”，自这两种画报创刊后，就接连亏累，“贴钱来做事，是无论哪一个商人都不愿意干的”。为此，1939年9月1日，将《大观园》第12期与《都会》第15期合并为《都会大观园》，发行人谭沛霖，编辑郭小枫、罗小廷，由新时代出版公司发行，社址在上海天津路煤业大楼2楼9号。

《都会大观园》画报，仍保留纯娱乐性的办刊风格，其内容和栏目也为《大观园》《都会》的合并，只是篇幅减半，仍为16开本，34页。《在性的立场上谈美》《嫁的问题》《男有四忌》《女有四远》《历史上的女人裤子问题》和描写性生活的打油诗《房中人语》等格调低下的文字仍占较大比例。《女人在黑暗里活动》描写妓女、舞女及影院女招待的生活，而丁克写的《海外猎艳谈》系列文章，如

《在瑞士的浴室里女侍役陪你同浴》，以及《纽约的警探网》《冰模特示威》《巴黎的两性生活》等，则介绍国外的风花雪月。舞场专栏“弹性圈”，刊登《话舞人》《啤酒的妙作用》《自古嫦娥爱少年，舞娘与夷人亲昵》《开门七件白饭黑饭》《布鲁斯华尔兹舞》等。戏剧栏目“小戏场”，有《从北平来上海黄金演出的小角儿总检阅》《从贵妃醉酒到中路三宝》《宣淫的蹦蹦戏》等。“电影版”刊载《千载难逢　艳福不浅　仙子出浴记》《袁绍梅的裸浴镜头》《大明星的脾气》等。《都会大观园》画报存世较少，终刊日期无从考证。

合刊后的“上海滩特辑”仍为画报的亮点，它不仅以《50年前上海之生活》《上海生活全貌衣食住行》等记录了旧上海的风土人情，而且还侧重描绘了以“当方土地”“三光码子”“长三”“角里先生”“白相人”为代表的上海混混儿，以“跑栈房的卖淫女郎”“向导女郎”“黑暗的人肉市场”为代表的娼妓业，以《赌徒哲学》《赌场溯往》为代表的上海赌博业，《当方土地开条斧》《眼睛一瞬　孵鸡变鸭》则生动地描述了街头骗子的骗人把戏。

《当方土地开条斧》以生动的笔触、形象的语言，栩栩如生地勾勒出20世纪30年代上海混混儿“当方土地”无赖、狡诈的丑恶嘴脸：

畸形上海，投机社会也！投机分子多如江鲫，上至“交易所”买卖的投机商人，下至各马路各里巷“当方土地”（白相人）。他们游手好闲，专门遇事生风，无中生有。废历七月“盂兰胜会”，拿了黄纸簿，挨家排户写捐，延请僧道打“太平公醮”，媚神媚鬼，保佑阖境平安。当年旧规，渔中取利，公开秘密。他们到此时节，稳照牌头了！一年一度，油水尽肥。终难派当年用场呵！虽云：“日吃太阳，夜吃月亮！”生活须谋解决，平日乃无中生有行使诈术啦。

大觀園
第一年 第五期
國泰歐陽惠民攝

大觀園
合刊新獻
第一號
都會
請注意本期內容…
出一次代價看兩本雜誌
揚子金蝶
大都會特攝
是最經濟最充實的刊物
每册兩角
25

《都会》《大观园》《都会大观园》

從北平來上海黃金演出的：

小角兒總檢閱

•顧曲老人•

今年的上海「黃金」戲院活躍極了，後起諸小角兒，張君秋外，邀來演唱者頗不乏人，且角以毛世來，侯玉蘭為中心，生行有高盛麟之武，沙世鑫之文，現在宋德珠又要來了，黃金眞是太熱鬧了。

毛世來今年來滬成績，有人謂平平，有人謂收獲一萬餘，莫衷一是。其藝術方面，較第一次來滬時，已見進步，則似非諛詞，吾人亦甚期望世來能從正當路徑上努力，將來無論于派乎荀派乎，必自有所成就。

侯玉蘭之「女硯秋」徽號已著稱於各刊物上，一般的批評，只就第一晚之「玉堂春」言之，均謂前半不免過於矜持，此亦玉蘭於明場尚差火候之表現，以後尚須歷練而徐圖改善也！

高盛麟之紅，似在同行諸後起角色中，出人頭地，戲碼由第三改排第二，尤為殊遇，然所以致勝之由，則嗓音恢復為一大關鍵，於傳楊氏鉢之盛譽一如今日北方之讚孫毓堃然。

沙世鑫據說頗受制於貫盛習，此亦無他，嗓音有以使然，而盛習又非不顧同科之義，故與以難堪實台下自然趨勢也，第一日演甘露寺，雖欲以馬派投滬人之好，因一切尚未成熟，適足以暴其短，為盛習造成優勢地位，亦可作不自量力者鑑鑑。

熙麒麟童的衰派戲多有神：

劇談

從貴妃醉酒說到路三寶

•小楓•

此劇以身段表情見長，早年精於此者，人才衆多。不勝枚舉，然各有妙處，更勿詳評。當在光緒庚子之前，路三寶（即玉珊）正在大紅大紫的時代，伊每演醉酒，必能特別叫座，足徵伊自有可取之優點。惟此戲飾楊妃者，有踩蹻者有不上蹻工者。（據某名士云，楊玉環非纏足女子以不蹻踩為是）而三寶乃不上蹻工，其所着之彩鞋，係八分木底湖色緞幫加之鎖金綉花，前端綴以粉穗子，兼之路伶兩足不大，而且纖秀着之頗為美觀，並閱此雙彩鞋

青楓閣：

乃某尚書所餽贈，為尚書之如夫人親手做成也。

◇宣淫的蹦蹦戲◇

•青流•

我經不住友人的數度邀約，到珠市口大街華北戲院去看喜彩蓮，老媽艷史是蹦蹦戲中的風流戲，劇情，唱詞，白官等均合這些妓女招待姨太太等的胃口，因為他完全一種淫的玩藝兒，批評他為三淫戲第一劇情淫亂，第二劇詞淫穢，第三是角兒表演淫蕩。

說蹦蹦戲如何如何好，這是淫棍的遁詞，要知道淫棍們的擁護蹦蹦戲，絕對不是因為他的藝術好，是為唱蹦蹦戲漂亮的女伶，因為演淫戲的這些女伶，精鍊淫術而且易於引逗所以才去捧他。

◆定閱本刊特別便宜：全年四元，半年兩元：請打電話九七〇五二，隨即隨送。

◇名角與琴師◇

•東人•

梅蘭芳……徐蘭沅
程硯秋……周長華
尚小雲……張長林
荀慧生……郎福潤
馬連良……楊寶忠
余叔岩……朱嘉夔
言菊朋……李慕良
譚富英……趙繼庚
奚嘯伯……王瑞芝
金少山……趙桂元
李少春……李鐵三
李桂春……朱順來

新推背圖

·郎飄然製·

猜？

這四幅畫請各打一字詳見下面文字

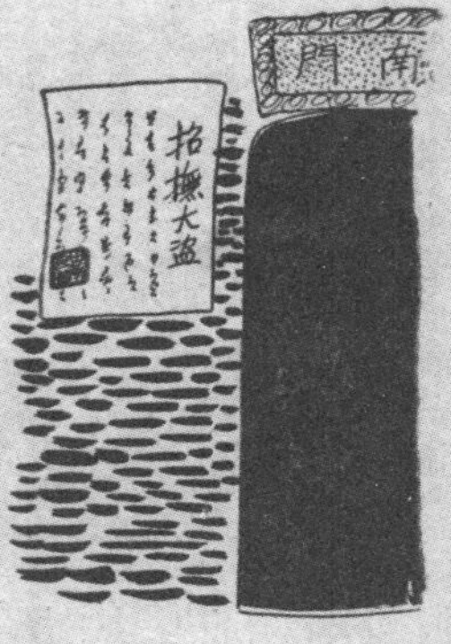

上期揭曉

（一）恰（二）嫁（三）媚（四）轄

新推背圖

第五期·印花·

應徵簡約

（一）全中者贈三炮台香煙一盒；猜中三字者贈買司干香煙十枝裝一包；三字以下者無贈。

（二）應徵者須附本刊印花，（印花一張祇猜一次）如有漏貼雖中無贈。

（三）應徵期限自出版後十日爲止，以郵戳爲憑，過期無效。

（四）本期謎底於下期揭曉（四月五日）猜中者來本公司領贈。

（五）應徵人須寫姓名住址，並蓋圖章，以便給贈時核對。

（六）應徵函件請逕寄天津路煤業大樓二樓十一號華洋信託公司收，並請書明「應徵」字樣。

狗的妙用：

摩登女子對狗的愛好，有時比什麼都利害，食同桌，睡同牀，親暱得無以復加。那畜生是伸舌擺尾，女人是偎首吻狗頭，一些兒都不覺得它是頭畜生。據說女人並非愛狗的美麗靈活，却是愛它那靈活的舌尖，致於如何妙用，那是非局外人所知道的啦

上海下流社会，组织森严，划地为界，各不侵犯。一条马路有一条马路的“大亨”，几所里巷有几所里巷的“小亨”，生财有道。“工部局”建造的朝天马路，为他们的石柜台，公共出入的巷堂，是若辈的账房间、批发所。此中人一旦“干血痨”，腰包“瘪的生司”“三个臭皮匠合成一个诸葛亮”！鬼鬼祟祟，计较出敛财妙计。通常拿手好戏，效颦游方僧化缘办法，假称附近某巷路倒尸首，要化棺成殓，请求随愿乐助，阴功积德！或称某姓妇人为打花会而吊死，或称某人吃官司出狱帮忙换季，或称某丐妇临产，或称某弟兄奔丧回籍募化盘费……指东说西，无根没据，借题发挥，惟一目的，敛人钱财而已！借口的种种事件，真“大舞台对过（今当改后门）天晓得”也！

商绌住户，明知若辈玄虚，怎奈“当方土地”，不可轻易冒犯！为些许捐费而结怨仇。良人不与恶徒斗争，都抱息事宁人苦衷，逆来顺受，破钞一元数角，稍餍欲望罢了。他们识透了大众的心理，才一次又一次地登门开条斧。每家破费虽然有限，但聚沙可以成塔，积少便成多。“当方土地”们募化若干金钱，即上老虎灶“劈把”（分赃），或上“正兴馆”庆功（叙餐）。我道大行利操左券，善哉善

哉！不亦乐乎！

马路骗术中，这种花样最难摆布，识得过而勿戳破。要免若辈常来纠缠，惟有不怕结小人怨家，先做老虎势，不买“当方土地”账，自己摆出“大亨”眉眼，抬出有名前程（老头子、先生），他们见凶碰钉，一遇“爷叔”班子，勿敢“班门弄斧”。一次拒绝，下次自然不再登门麻烦了！

为日本侵略者呐喊的《新中华画报》

1939年6月，由日本人出资、汪精卫政权的政客操办的《新中华画报》在上海创刊，社址在上海河南路303号，新中华画报社出版，主编兼发行人伍麟趾，新中华画报印刷局印刷，总发行中央书报，国内各大书店均有代销。画报为时事类刊物，月刊，16开本，40页，每月月底出刊。以图片为主，配以中英对照的文字说明，图片清晰。1944年4月出至第6卷（每卷12期）的第4期终刊，共64期。

《新中华画报》完全站在日伪的立场，赤裸裸地为日本的侵略行径摇旗呐喊。如大肆宣传汉奸褚民谊1941年2月5日“出使”日本任“大使”时的情景，露骨地宣称“中日外交成功”“日渐崩溃的英帝国”等言论；而“太平洋防御如铁壁”则公然炫耀在太平洋上的各种日军战舰和舰用飞机；1941年3月30日，汪伪政府“庆祝还都”一周年时，特别刊登了伪主席汪精卫的大幅照片。

在纳粹德国空军总司令戈林的私人档案资料中，有这样一幅带有战场背景的宣传照片：戈林站在法国加来海岸的一个高山顶上，对面多佛尔的白色峭壁在远处闪闪发光，一批批德国轰炸机正向英吉利海峡对岸猛扑过去；机场上，密集排列的“施图卡”轰炸机已做好出发准备，随时可以升空。这张照片的拍摄时间是1940年9月7

日下午5时，德国大规模空袭伦敦的前一刻。从这天开始到1941年5月10日，纳粹德国对英国实施了疯狂的战略轰炸。轰炸范围遍及英国的各大城市和工业中心，以伦敦受创最为严重。至不列颠战役结束，伦敦被轰炸长达76个昼夜，超过4.3万名市民死亡，并有约10万幢房屋被摧毁。伦敦顿时成为一片火海，大大小小的工业设施、交通枢纽、电力网络、平民住宅相继被毁，爆炸声、坍塌声、呼救声、惨叫声以及警车、消防车的呼啸声伴着黑烟直冲云霄。城市瞬间化为瓦砾，草木顿时燃成灰烬，整个大地在颤抖，整个天空在呻吟！因此，伦敦与柏林、重庆成为第二次世界大战期间遭受轰炸最为严重的三座城市。

画报第3卷第4期，以《伦敦圣保罗寺附近被德机轰炸烧毁》《英王乔治巡视撒桑敦市被炸后的状况》《德国纳粹轰炸了伦敦，连英国历史上著名的公会会馆也被炸成一片瓦砾场，但唯有会馆前院的卫灵敦公爵铜像却安然无恙，叫行人感觉越发的凄凉》《号称世界第一的伦敦市现已被破坏无余》《撒桑敦市已变成一片废墟》等多幅图片记录下了德国法西斯的残暴与灭绝人性。可以说，画报本意原是炫耀德国纳粹的“辉煌战绩”，但同时更成为揭露其暴行的罪证。

20世纪30—50年代，著名朝鲜舞蹈家崔承喜是享誉世界的舞者。她将学到的西方现代舞蹈技巧和从韩国传统舞蹈中吸取的精神主题结合起来，把韩国人感情中固有的、隐约可见的奔放激情，同从西方当代舞蹈中移植过来的新鲜的舞台风格成功地结合起来，创作了非常富于艺术性和观赏性的舞蹈作品。二战期间，她曾巡演于美洲、欧洲各地，因当时朝鲜正处于日本殖民政府时期，遂获“日本现代舞后”之誉。1943年8月在华演出期间，她在北平设立了一个舞蹈研究所，教授中国学生，并与著名的京剧表演艺术家梅兰芳建立了深厚的友谊，一起探索中国古典戏剧中的舞蹈艺术。20世纪50年代，崔承喜在中央戏剧学院“舞研班”的教学，更是把她的探

新中華画報
THE NEW CHINA PICTORIAL
共同租界工部局警務廳登錄C字八五三號
中華民國三十年四月
第三卷第四號
每冊二角五分

↑ 法印法軍司令莫爾登視察前線

Mr. Mordan, Commander of French Indo-China Army inspects the border.

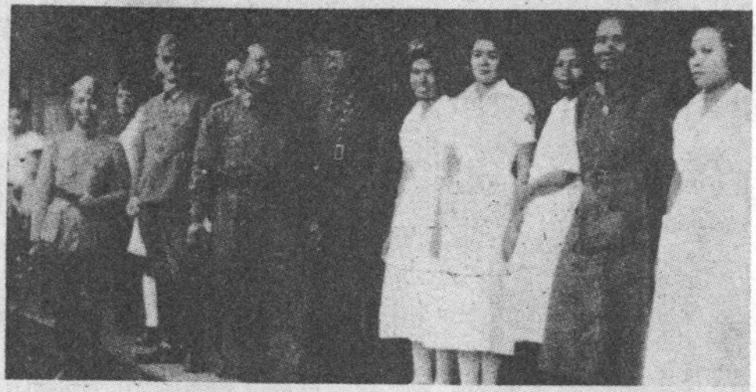

↑ 泰國護士們準備加緊工作

Nurses of Thailand preparing for the emergency.

FRONTIERE THAILANDE

↑ 被破壞的泰·法印國界標識

The destroyed border signs

泰·法印調停會議以前

Scens before the truce of Thai-French Indo-China Conflict.

↓ 法印兵向國界開拔

Indo-China soliders marching to the front.

中華琺瑯廠
立鶴老牌
搪瓷器皿
家用送禮
處處相宜
上海法租界老北門路 電報掛號〇三九四
50-56 R. P. DU NORD SHANGHAI CHINA
THE FIRST AND GREATEST ENAMELLED WARE
MANUFACTURER IN CHINA T A "0394"
CHUNG HWA ENAMEL CO., LTD.
立鶴牌琺瑯器皿

讨有效地融入教学中，为中国古典舞的建设起到了启蒙作用。

画报第5卷第9期，除封面刊登了她的大幅照片外，还以多幅图片报道了1943年8月崔承喜来华在伪满洲国、华北、华中巡回演出时的情形，但画报竟然将她说成“生在日本的女流天才跳舞家”，并且将此次演出冠以“亲善表演”之名。

纳粹德国的冲锋队，是由一群纳粹党的精英分子组成的，是第19迫击炮连的一部分纳粹分子在恩斯特·罗姆（Ernst Röhm）领导下，为保护希特勒和其他纳粹领袖的演讲活动而成立的，后来逐渐演变为纳粹“最能战斗”的一个军事组织。该组织招募了一批年龄在17岁至24岁之间、血气方刚的年轻人，其任务是用尽各种手段破坏敌国军事设备，实行奇袭作战，以使德军顺利进行闪电战。德军在莱茵河之战、马奇诺防线中获胜，就是得益于这支“奇兵”。画报第3卷第4期中，以图片的形式介绍了这支特殊部队在战斗中的镜头。

此外，画报还刊登了一些裸体艺术照和一些世界各地名胜景观，如从巴厘岛的新郎新娘、美女、舞姬、风光等一组南海风俗图片中我们可以了解到，当时这个岛上的男女，还是全都裸露上身生活的；玄武湖畔、北海公园、华北农村风光、曲阜孔庙等图片，则记录了20世纪40年代日本铁蹄下的中国。

颇具新闻价值的《联合画报》

太平洋战争爆发后，英、美对日宣战。根据宣传需要，1942年中、美、英三国在重庆联合成立了幻灯电影供应社。为扩大宣传、推广幻灯电影，同年9月25日，该机构创办了《联合画报》。在抗战期间，《联合画报》对宣传抗战、报道世界各国抗击法西斯战争发挥过重要作用，成为中国记录八年抗战历史最为完整的图片新闻报刊，是中国广大民众了解世界战局、增强抗敌信心、树立必胜信念的宣传基地，曾被誉为“世界战场的瞭望台”“联合国奋斗的缩影”。在整个解放战争时期，《联合画报》以新闻图片客观地报道这时期的重大新闻事件，特别是记录了李公朴、闻一多被刺案，抗议美军暴行，南京下关事件等，发生在国民党统治区内的历次民主运动，而成为民国时期最具新闻价值的画报之一。

《联合画报》为时事类刊物，美国人温福立任社长，复旦大学新闻副教授舒宗侨应邀出任主编，报社设在重庆南岸玄坛庙中央电影场的地下室内。温福立极少过问报社业务，各项事务统由舒宗侨具体负责。1943年初画报脱离幻灯电影社，由美国战时情报局（后改名为美国新闻处）主管。抗战胜利后，同盟国反对法西斯斗争任务结束，《联合画报》出版至第154期停刊。舒宗侨从重庆飞抵上海，全力筹备在沪复刊。美国新闻处鉴于舒宗侨在第二次世界大战中做

聯合畫報

出的突出贡献，将《联合画报》的版权转让给他。1945年11月20日《联合画报》正式复刊，舒宗侨担任主编兼发行人，社址设在上海外白渡桥百老汇大厦（现上海大厦）的底楼。1949年4月，画报出版至第227期后终刊。

画报初创时为半月刊，每期4开一张。1943年元旦改为周刊，出至第100期增加为4开两张。其主要任务是“以生动的图片，配以通俗、简练的文字向广大民众报道世界各国抗击法西斯的情形，鼓舞民众的信心”。1942年12月25日，中美无线电传真直通后，无论世界哪个战场，只要有新闻，画报总能在第一时间内图文并茂地及时报道。如西南太平洋大捷、中国鄂西大捷、非州沙漠的胜利、斯大林格勒会战胜利等新闻照片最快速度地刊登，大大激励了广大的后方民众。1943年元旦改为周刊后，《联合画报》的内容更为丰富，更为读者所欢迎。除仍大量刊登新闻图片外，又增设小品文、木刻、漫画、地图等，并邀请文化界知名人士茅盾、老舍、叶浅予、丁聪、张乐平等撰文作画，把新闻性和艺术性、趣味性有机地结合起来，吸引了不同层面上的广大读者。画报发行量扶摇直上，最高时达到5万余份，这是同时期其他画报所望尘莫及的。

画报在全国各地的代销处从70多个增加到100余处，发行范围从抗日大后方、前线，扩大到沦陷区各大城市及部分乡村；从国内扩大到印度、缅甸、越南等国家。1944年是世界人民反法西斯战争胜利的前夜，也是斗争最为艰苦的时期，为坚定军民的抗战信心，《联合画报》和美国新闻处、盟军密切合作，由美国空军向敌占区投掷《联合画报》，每期投放6000份至1万份不等。截至抗战胜利，共投放画报20.7万份。画报也曾被空运送到在印度受训、在缅北丛林中坚持战斗的中国军人手中，成为他们的精神食粮，鼓舞了斗志。

复刊后的《联合画报》，改为10开本，月刊单行本，每期20页。其复刊词称：“现在，我们逐渐恢复到平时生活，本刊的编辑方针也不能不有所改变。本报今后将以超然的立场，对国际方面，促成联合国家的团结，共同保障世界和平；对国内，联合全国力量，从事战后复兴建设的艰巨工作。复兴建设的前题是团结，是民主……愿与全国人士，共谋新中国的建设。”为了保持“新闻性画报”的传统特色，紧跟时代步伐，以满足读者了解形势发展的要求，《联合画报》在南京、北平、重庆、汉口等大城市设立办事处，在昆明、广州、兰州、天津等聘请特约摄影记者，及时报道各地的重大新闻。

画报设“新闻”“时事剖视”“通讯”“特写”“运动”“漫画”“妇女、儿童、家庭”“艺术”等栏目。刊登教育家陶行知追悼会、蒋介石私人顾问端纳去世、司徒雷登来华访问等消息。摄影记者曹聚仁在宝岛台湾历时半月，拍摄阿里山优美风景数十幅，以《阿里山之梦》为题刊出。而对毛泽东从延安赴重庆与国民党谈判，全国学生反内战、反饥饿、反独裁的游行示威，重庆较场口事件，昆明李公朴、闻一多被害，南京下关事件，以及物价波动、抢购黄金、小商贩和舞女请愿等社会事件的报道，不仅及时，更能做到客观、公正、翔实。

1873年，美国传教士约翰尔·司徒夫妇来华传教，定居于杭州，1876年6月生下儿子司徒雷登。司徒雷登因毛泽东主席的《别了，司徒雷登》一文而闻名全国。他生于杭州，长于杭州，能讲一口流利的杭州话。他极喜爱中国的饭菜、糖果和水果，欣赏人们在新年里吃年饭、看社戏、观灯、坐彩船游西湖的具有中国生活特色的场面。1887年随父母回美国读中学与大学。1904年，司徒雷登回到杭州，过着传教与教书生活，他的父母先后在华去世，合葬于西子湖畔。司徒雷登曾担任燕京大学校长，为海峡两岸培养了众多的学者名流。1946年，经周恩来向马歇尔推荐，司徒雷登取代亲蒋的魏德迈担任了美国驻华大使。同年10月，司徒雷登再次来到杭州，在西子湖畔的故居逗留三日，为其父母扫墓。当时的杭州市政府授予他

民主之魂·教育之光

大教育家 陶行知追悼會

中國大教育家陶行知逝世，上海各教育團體在震旦大學舉行追悼會。（康正平攝）

Mr. Tao Hsin-chih, Chinese great educator, died recently in Shanghai. Memorial service was held by Shanghai educational organization and democratic groups.

端納逝世

前任張學良顧問，後又任蔣主席私人顧問，在西安事變時担任折衝者之一的澳人端納，於本月九日逝世於上海宏恩醫院。端納於太平洋事變時適在菲律賓，當時爲日人所羈，幸未被發現係端納。日本投降後，端納恢復自由返滬，但因年事已高（七十歲），屢有病痛，本年二月應蔣主席之囑，來滬養病，半年以來，病勢日見沉重，蔣夫人特於八日晨乘專機來滬探視。七十高齡之端納，七日以來，即呼吸短促，神智昏迷，全藉人工氧氣延續生命，至九日晨一時十五分卒病死於宏恩醫院。

端納死後由勵志社主持殮儀，於九日上午移送萬國殯儀館，下午二時大殮，由英國教堂屈[illegible]脫牧師主持宗教典禮，後送虹橋萬國公墓安葬，蔣夫人，孔祥熙，吳國楨，陳納德等均往悼唁送葬，至三時，此中國友人乃於寂靜中安眠地下。

蔣主席私人顧問端納，於九日逝世於上海宏恩醫院。上爲蔣夫人與孔祥熙（中）在萬國公墓送葬情形。（章虎臣攝）

Mr. William Henry Donald, personal advisor of Generalissimo Chiang Kai-shek, died in Shanghai on Nov. 9, 1946. Madame Chiang and Dr. H. H. Kung present at burial service at Hung-Chiao International Public Grave.

端納最後遺容（中國社）

Late Mr. W. H. Donald laid in the coffin

“杭州市荣誉市民”的称号。《联合画报》第191、第192期合刊，以图文的形式真实地记录下《下机后检阅航校学生》《用华语接受记者采访》《杭州市长周象贤赠司徒大使荣誉市民证件》《向二十一市民团体致词》《在故居前留影》《在双亲墓前静默致敬》《在其父教堂内与友人共餐》等珍贵历史镜头。

炒作八卦新闻的《明星画报》

1937年11月，随着国民党军队的撤离和日军的进驻，上海租界变成了“孤岛”，但当时全国电影制作的中心还在上海。1941年12月太平洋战争爆发后，日军侵入租界，上海影坛发生了重大变化，伪中华联合制片股份有限公司、中华电影联合股份有限公司相继成立，除日本影片外，其他外国电影一律禁演，《东亚影坛》《日本影讯》等一批汉奸电影刊物出笼。但这一时期也有一些私人小画报在夹缝中挣扎图存，《明星画报》便是其中之一。

1942年12月5日，《明星画报》创刊于上海，初由明星画报编辑部编辑、出版，上海图书出版公司发行。从第3期开始改由影艺出版公司编辑，明星画报社发行，影艺出版公司出版，晓周书报社总经销，广告总代理银都广告公司，图片由青鸟摄影室及银花摄影室提供，编辑部临时通讯处设在上海维尔蒙路树德里34号。因出刊时间较短，存世较少，终刊时间不详，已知出版至1943年8月的第5期（革新第2号）。

《明星画报》属电影艺术类刊物，名为月刊，实则经常脱期延误，在出版的5期中可说是不定期出版。画报自诩为“上海影坛唯一立场严正批评公允之刊物”，关注在战争夹缝中求生存的沪上影坛与影人现状，设“随星日志”“摄影场花絮”“艺坛漫步”“影人专

周璇與其新作

「漁家女」

周璇重返銀幕新作「漁家女」，現將完成，該片啓示人類之愛應以純潔眞誠爲前提，而男女之感情尤當遵行此「純潔眞誠」四字，否則眞愛永不可得。該片內有新歌五支，周璇主唱，配演者有顧也魯殷秀岑鄭玉如等。本頁上列兩匱爲周璇，其外五圖均爲「漁家女」劇照，故事請參閱上期本報。

本報編輯部臨時通訊處
上海維爾蒙路樹德里三
十四號李松毅君轉

访”“文艺墨人”“本刊特稿”等栏目。创刊号为“四十大明星专辑”，介绍了陈云裳、高占非、梅熹、李丽华、刘琼、舒适、陈燕燕、王丹凤、顾也鲁、严化等40位电影明星。这是根据中联公司影片《博爱》上的名单集合而成的。每人皆配文图，文较简略，侧重生活方面。画报对当红明星陈云裳、李香兰给予了较大篇幅的关注。《童月娟与龚秋霞》《袁美云的性格、脾气、家庭、演技以及一切》《五年来的王熙春》《谈陈燕燕的消遣》等文章，勾画出沪上影人群像。画报除关注影星外，也介绍一些最新出品的影片，如《万紫千红》《党人魂》《渔家女》《桃花潭水》《第二代》《新生》等。从革新第1号开始，偶见略有深度的文章，如《谈中国电影小生群》不仅介绍了自国产电影发轫至全面抗战爆发这段时间中国最具有代表性的影星，而且也梳理了中国电影的发展脉络。

画报较有价值的是对当红影星的采访，对研究沦陷时期上海孤岛电影的发展和影人的生活具有一定的参考价值，如《白光小姐会

DDS，一回又說我和男朋友在「飛騰」，一回又說我和男朋友在那裏跳舞，而且這許多男朋友又都是外國人……

「取致使我和白雲中的情感，發生了誤會，誰不知道我有一個美滿的家庭呢？誰又不知道我們已經是二個孩子的父母了呢？難道我們的家庭，可以任她來破壞，以致分裂……

一條傷 賠十萬元

「第一回可以忍耐，第二回也可以忍耐，難道第三四回還可以忍耐嗎？所以我打算到她家中去解釋清楚，誰知道她竟蠻不講理，動手便打，並且還將玻璃鏡架來敲我的頭！

「她說：她的臉上有傷，我的臉上也有傷，她說她的一條傷要我賠十萬元，那我臉上共有三條傷，該賠三十萬元。」

至於這次事情的原因在那裏，她沒有說：「大約是李綺年羡慕我的家庭吧」，羅舜華想。

服毒自殺 白雲暈迷兩天

至於這次的出事原因，據說羅舜華跟她的丈夫白雲一樣，也是個風流人物，不時有風流把戲演出，過去時常有她的風流事件演出。

最近這位楊太太在「DDS」，與一位碧眼兒男朋友有過熱烈的演出，有人把這目睹的情形，去告訴給白雲知道，氣得他和她大鬧一場，甚至白雲為這事，服了多量的「安眠藥片」，預備自殺，並且暈迷了兩天，才得灌救得醒。那位具有「西洋風」的楊太太，認為這事是「風流寡婦」李綺年所搬弄的是非，於是帶了白雲的「男秘書」殷英傑，直搗李寓，大興問罪之師，結果就弄出這樁「話把戲」來。

李綺年 白雲合作

在這事還未發生前，李綺年與白雲在本月份開始，為「華影」合作一片，白雲跟「華影」合同還在去年訂立，不過因為全體導演不予合作而一直空閒到現在，最近李綺年進公司，方才預備着手進行，而現在也許也得擱淺吧。

——敏之——

影人專訪

走訪

王丹鳳，現在誰都得承認她是位正在走紅的明星的，換句話說，在最近的將來，王丹鳳怕還不是一位尖兒頂兒紅得炙手的女明星呢？雖然，二年前，就是王丹鳳自己也許不會想到有今日的地位的。

這並不是形容過度，或者是太捧了她些，事實上，王丹鳳的確是擁有較多的觀衆的。在最近這幾個月所出品的影片，可說大半是由她演出的。這是最好的證明，就而公司當局對他也寄予莫大的熱忱，當她工作完成時，照例應該有一個較長的休息時間，然是她並不，她是不斷地會被派着工作的。

王丹鳳得有今日，環境與天才佔一半，而大半則是她的努力獲取的，她在銀幕上的歷史並不久遠，然而却有相當老練的演技，她給人的深刻的印象是不會磨滅的。

為了知道她多一點，在一個炎熱的下午，記者特地到她家裏作一次簡短的訪問。

從顯履理路的中段的弄堂裏，拐過一個彎，走後門進去，直上三層樓。這裏，從樸素與簡潔的陳設看來，也許不會相信這屋主人紅遍上海的大明星的，然而這裏正是王丹鳳的家哩。

知道王丹鳳近來很忙，貿然的趨訪，一定會「上門不見土地」的，所以預先我們已約定了，當跨進門時，王丹鳳已迎在門口，她招待我們一下，我們很隨便的坐下後，就開始了談話：「近來你很忙吧」。這算是訪問的開始。

「這幾天是比較忙些，總是兩部戲同時拍，「三朵花」與「浮雲掩月」剛好，跟着就是「萬紫千紅」和「新生」，現在「萬紫千紅」已公映了，「新生」也差不多快完成了……，唔！我昨天還在拍新生哩。」

說話總是帶着一副輕輕地微笑，態度是天眞的，但絕對不是做作，我覺得王丹鳳第一個給我的印象是：在她私底下是跟銀幕上有些不相溶的，溫柔，淑靜，十足流露出南方姑娘的性格來，她說的是上海話，而在她的語氣中，却具有十二分的誘惑性，雖然她還是一個十足的孩子哩。

「王小姐：請你告訴我們一些從影史和演戲的意見？」

「我進電影界祇有二年多，是由沈勇石先生介紹的，第一部是朱石麟先生见记》《在胡枫小姐香闺纵谈》《会见登台“美华”的白虹》《欧阳沙菲会见记》《走访王丹凤归来》等。“文艺墨人”专栏是影星自己撰写的从影纪实文章，如欧阳沙菲的《我真惭愧》一文介绍她对电影的热爱和从影后的感受：“演员的生活是很适合我好动的个性的，我从小对于戏剧就感得极大的兴趣，无论电影、舞台戏或京戏，我都爱看，同时也都爱尝试，因为总觉得干戏剧是很有趣而很有意义的。从影以来短短的一年中，我幸运地在《白云塔》《人海慈航》《秋之歌》等影片中担任了一些戏，因为经验缺乏，处处地方都感到自己的不够，演出不能使人满意的地方是太多了，人真惭愧。但我是要虚心学习着，从努力来充实自己，同时，我是怀着一颗热诚的心期待着诸位先进们的指教。”

既然是小报，就有报道八卦新闻、炒作明星绯闻的特色，《明星画报》着重影星的性格、脾气、恋爱、婚姻、家庭，而品评影星的演技却放在次要位置，如《顾也鲁结婚》《陈云裳弃影与结婚》《〈秋海棠〉内吕玉堃面部化装刀痕，要求公司负责84万保险金》等。

在旧中国，混迹于电影圈的男女演员，一旦走红之后，他的私人生活就成为媒体关注的焦点，绯闻也就接踵而来。作为蜚声影坛的“风流小生”白云（杨维汉），当然也不能例外。白云和罗舜华结婚本是平常事，但由于新郎是“风流小生”，新娘是犹太人哈同的过房孙女，于是就有“戏”了。他俩的罗曼史，他俩的婚礼，他俩婚后生子，都成为媒体猛料，就连他们婚后住进的哈同花园，也被媒体炒作成“海上大观园”。李绮年原是香港粤语片红星，应邀到上海拍戏结识了白云，由于工作往来密切，罗舜华听到他二人在外面开房的流言蜚语后，于1942年7月18日，竟带着白云的秘书殷英杰上门去，进门来不由分说就打了李绮年一记耳光，导致两人互殴，二人脸部均被抓伤，直到李家的女佣叫来警察后才被制止。后二人均到广慈医院验伤，互告至上海地方法院。白云得知这一消息后悲痛至极，吞服了过量的安眠药意欲自杀，幸被及时发现，两天后苏醒。而在法庭上，罗舜华因拿不出他二人偷情的确凿证据，经调解后，只好向李绮年赔礼道歉了事。《明星画报》刊登的《李绮年罗舜华互殴，白云自杀》一文，从李绮年与白云合作，到传出绯闻、罗舜华打上门、双方对簿公堂，最终导致白云的自杀未遂，都作为炒作的素材。

在“编辑室”栏目中，编者对画报连续脱期向读者致歉，并且抱怨“干画报实在是件吃力不讨好的工作，市况的动乱，我们没有办法使它平抑，成本根本不能预算，于是往往入不敷出，而收入方面也太狭窄，除了发行作为唯一的收入外，就是连一般的刊物视为重要收入之一的广告，我们也是发生了问题”。基于以上原因，《明星画报》的短命也就不足为奇了。

从《上海画报》到《中国生活》

抗战结束后，中国步入一个物资奇缺、百物腾贵、物价飞涨的经济困难时期，这从当年的画报上也可见一斑。这一时期的画报多采用劣质的纸张、粗糙的印刷技术；以文字为主，少有图片，更罕见彩色图片；多为寒酸的16开本小画报。这与抗战前图文并茂、印刷精美的8开大画报相比，真有天壤之别。但上海的《中国生活》却是一个特例，它不仅采用大8开本，而且印刷精美，尤其是它每期的4~5幅彩色书画作品，这就让人不得不佩服画报主人“甘为艺术献身，赔本赚吆喝”的魄力了。

1946年6月，《上海画报》在上海创刊，社址在上海福州路432号，社长金有成，总编唐亚伟，发行人丁星五，编辑梁琛、万临乔、李锡九、张培彩，三一画片印刷公司承印。后因刊名过于“狭隘性、地方性，实不能与本报内容相称”，而从第6期更名为《中国生活》。到1948年6月出刊至第13期后停刊。

画报办刊宗旨为：“报道我国社会生活的动态，介绍我国文化艺术的创作，发扬代表东方文明的中华民族文化，使之传达到西方去，俾外人对我有崭新之认识与了解；显示东亚唯一大国进步改革及其辉煌前途，以激励国人共起建国。”其特点是：“着重图照的提供，不做主观性的文字论断，并尽量利用印刷的优越条件，做到形式上的美观。”

《中国生活》画报属综合性刊物，8开本，40页，以图片为主，兼有文字说明和文学作品，封面多为大幅彩色书画作品，配以详细的作者介绍。开设风光、时事、美术、艺术评介、舞剧、工业与工程、社会、教育、体育、科学、特写、文艺等栏目。时事类有《蒋主席北巡》《张群北巡》《美洲水利的考察》《冯玉祥在美考察水利》等；文艺类有叶浅予、张文元的漫画，姚雪垠的小说《祖母》，熊佛西的《习画记》，夏衍的《上海两题》，凤子的《生活在上海》，任钧的长诗《上海狂想曲》。

刊登大量名人书画作品是画报的突出特色。以第12期为例，彩色书画有：封面贺天健的《青绿山水》，插图石涛的《山水（国画）》、俞剑华的《山水（国画）》、季康的《仕女（国画）》和万锦襄的《风景（油画）》；《谢闲鸥近作》一文除详细介绍了画家谢闲鸥的绘画之路及绘画特点外，还配发了三幅佳作；1947年11月，上海美术馆筹备举办“中国近百年画展”，画报预先刊登了画展的18幅最具代表性的作品，其中有吴仲熊收藏的顾若波的《浅绛山水》，孙伯渊收藏的顾鹤逸的《仿渔山湖天春色图》，蒋谷荪收藏的林琴南的《秋山云起图》，吴东迈收藏的胡三桥的《元宵儿嬉图》，陆汉邦收藏的陆廉夫的《松林晚翠》，秦清曾收藏的秦祖永的《仿石谷山水》，潘仲麟收藏的戴熙的《仿巨然山水》，金任钧收藏的金城的《青绿山水》，欧阳子斌收藏的汤雨生的《秋风得意》，沈叔和收藏的费晓楼的《竹里烹茶图》，李秋君收藏的高奇峰的《虎》，吴东迈收藏的吴昌硕的《墨兰》，百榭楼主人收藏的谢公展的《秋窗集艳图》，吴湖帆收藏的吴大澂的《苏文忠公像》，金任钧收藏的姜筠的《红树碧山图》，李秋君收藏的张善孖的《竹林仕女图》，王个簃收藏的陈衡恪的《烧佛图》，靳克天收藏的虚谷的《沈竹斋照》等。

更名为《中国生活》的同时，画报内部“乃经扩大改组”。改组

中國生活
12
The
CHINA LIFE

中國近百年畫展特輯

近百年畫展之意義

施翀鵬

我國繪畫，原與書法同源，后以繁簡不同，質文異致，一則趨於符號紀事而有定形，一則趨於自然模狀而無定態，至是而書畫分流焉。

自黃帝繪蚩尤象以弭亂，周鑄鼎以象鬼之後，歷唐而虞，會宗彝，畫衣冠，繪畫多依存於社會實用。自三代以迄秦漢，君權確立，禮教形成，凡百繪事，無不寓『成教化，助人倫』之政教意義。漢末三國鼎分，政教潰弛，思想漸趨自由；逮魏晉南北朝，猶復兵連禍結，士夫逃於清談厭世，佛教乘機流入，宗教畫於焉勃興。隋五代以還，佛教與原有之儒家及道家文化，交相融合，滲流，蔚成一種新文化，故其時畫藝製作，雖仍以佛畫爲中心，但已蛻出六朝之模寫窠臼，嶄然獨創，自具中土藝術之特立精神。惟自王維援詩入畫，蔚爲此後文人畫之濫觴。下歷宋（遼、金），元、明，清諸代，畫家與文學書法，金石，長結不解之緣，逸筆潦墨，寫意傳神，繪畫與書法，又呈相得益彰之趨勢。

清末六十年間，鴉片戰爭之後，已不復能閉關自雄，外而甲午、庚子諸役，內而太平天國，戊戌維新諸變，國運日在風雨之中，舊文化傳統亦根搖本動。迨海禁大開，啓蒙運動抬頭，西方美術，漸入斯土，於是有新舊畫派對立之事。迨至民國，歷經被譽爲中國文藝復興之「五四」運動，以及展開民族復興運動之「七七」抗戰，中國由積弱而躋於五强之一，文化課題，亦由囫圇吞進西方文化，與揚受祖先遺產，而迄至東西文化古今之融合交流，邁步入含英咀華，吐槽棄粕之新時代；繪畫藝術，與時代精神相應，遂然進入一新階段。綜如上述，自咸同至今，爲時約百年，國畫與西畫，始而水火冰炭，各不相能，分庭對抗，各自爲政，正與新舊文化對壘相當；繼而互相誘發，互相援引，互相嬗變，互相提高，直與新舊文化之融合再造無異。此百年中，中國繪畫，與其國家，及其全文化，同受巨大考驗，同經烈火洗禮，而目前更同負承先啓後，繼往開來之光輝使命，殆無疑義。然今之論者，背畫輒盛稱晉唐，其後皆自噲已下，卑無足論；殊不知一時代乃有一時代之藝術任務，正不能以彼例此。如所云然，則晉唐而後，畫家可以擱筆矣。故欲正確估計近百年繪畫之價值，是必先拋棄此種玩古舊式之成見，從歷史出發，始可認識到此一時代之國畫藝術，實已上紹先人偉業，下育新生胎胚，其受西洋藝術影響，正與漢唐之受印度佛畫藝術影響相同，後一時期之發展端倪，自可由此窺知。

美術館籌備處舉行畫展，先辦近百年畫展，此後當循流探源，絡續舉行清初四王，以至於明，元、宋，唐，晉，漢各代，分期探索，意存由近及遠，知今而鑒古。正視近百年繪畫之藝術及其歷史價值，其亦足矯正惟古是尊之古董觀念也乎！

秋山雲起圖　林琴南作　蔣穀蓀藏

林紓，字琴南，號畏廬，閩侯人。工詩善文，以譯歐美名家小說見稱於時。晚年興趣一變，專工山水，畫臨四王墨井南田外，上及宋元諸大家，有聲於時。法書滿平，穎橫盤屈，綠食軼外，少待品也。生於咸豐二年壬子，卒於民國十三年甲子，享壽七十有三。

Autumn is Born　By: Ling Ching-Nan

仿漁山湖天春色圖　顧鶴逸作　孫伯淵藏

顧麟士，長洲人，號鶴逸，一字西津。工山水，師法四王，有時譽。是圖（仿漁山湖天春色圖）佈局精妙，用筆工整，畫中湖光山色，相映成趣，數點飛水，雙燕飛舞，均極生動。

By the Lake in Spring (After the style of Yu-San)　By: Ko Ho-I

淺絳山水　顧若波作　吳仲熊藏

顧澐，字若波，江蘇吳縣人。工山水，摹古功深，能兼併四王吳惲諸家之長，故所作多渾厚蒼古。是圖（淺絳山水）山石用披麻皴兼米家點法，略有石濤筆意，頗爲不凡。若波生於道光十五年乙未，卒於光緒二十二年丙申，享壽六十有二。

Landscape in Pinks　By: Ku Yo-Po.

山水（國畫）

俞劍華教授山東濟南人，幼卽嗜畫，尤工山水，沉潛於宋元明清諸大家，得其神髓；已乃嘆曰：師古人不如師造化，乃棄筆出遊，北至塞上，登萬里長城，西上華山，南泛武夷，東遊扶桑，三謁泰岱，而攀黃山九華；其間如贛之匡廬，浙之天台雁蕩，青島之嶗山，宜興金華之洞，福州之鼓山，無不飽遊飫覩。每至一山必有寫生畫冊，以記其峯巒挺秀，雲烟出沒，故能胸羅邱壑，筆端造化，所作益臻神妙。近更運五尺四幅寫黃山大觀通景，千巖萬壑，奇松怪石，萃於一幅，尤稱傑作；惜篇幅過大，製版維艱。又能以左手作書，眞草篆隸各體俱工。

BIOGRAPHY of Professor Yu Kien-hwa, famed artist.

A. A native of Tsinan, he took to painting in his early youth and was especially good at landscape painting. He made a deep study of the technique of old masters of the Sung, Yuan, Ming & Ching Dynasties and attained a great degree of their perfection. He closely studied nature in order to depict it faithfully in his works. He travelled the length and breadth of the land to find fitting landscapes for his paintings which possess a rare degree of excellence. With a pen he is ambidextrous, writing with facility all types of Chinese characters with his left hand as well as his right. Widely acclaimed. his works proclaim him one of the rare masters of art in modern China.

俞劍華作

Landscape
By YU KIEN-HWA

17

后的业务最显著的变化是加大了宣传和发行力度，中国文化信托服务社接任发行任务后，开展了“征求10万基本订户”的运动。他们制定了“以团体为单位，希望做到每一个团体、每一个大商号，至少订阅本报一份，先从团体发展到每一个读者手中，再进而征求个人的订户，以期扩大普及”的目标，派出外勤业务人员分赴各省、市，谒见各机关、团体首长，拜会各银行、商号经理，发放纪念赠品，为基本订户忠实服务。这一发行计划非常奏效，“它使画报不胫而走，短期内达于边远省份而遍及全国”，基本订户逐月递增，发行量由原来的1万册增至3万册。此后，他们又将发行业务发展到美国、加拿大、比利时、新加坡、秘鲁、委内瑞拉、印度等国家，受到海外侨胞热烈欢迎。就美国而言，开展活动不到三个月，已从最初的每期200份激增至5000份。画报遂在美国设立分社，在新加坡设有销售处。为此，画报的图片说明也一律改为中英文对照。

但由于战乱频仍，物价飞涨，相对稳定的画报定价在与日新月异的物价竞赛中更是望尘莫及。一方面报社要预算成本追赶物价，另一方面又要考虑读者的购买力而有所顾忌。但由于物价从一月一涨迅速发展到一日一涨，而画报的基本订户通常是预订全年12期，一次性交款，这就出现了订户越多报社亏累越多的尴尬局面。不堪物价重负的画报最终只得败下阵来，宣告停刊。

后　记

2000年初，自从在旧书摊上买到10册《三六九画报》后，我就对老画报产生了浓厚的兴趣。在接下来的日子里，我每周都要到文庙、三官、古文化街、天宝路、唐山道等几个旧书店淘宝，隔周到北京的潘家园、琉璃厂逛逛。随着期刊收藏热的升温，旧书市场上的老画报数量越来越小、品种越来越少、价格越来越高，我不得不另辟蹊径，往来于京、津、沪三地的图书馆、档案馆，扫描复制老画报。20年间，无论是出差还是旅游，每到一座城市，我必到当地的旧书市场和图书馆去看看。经过20余年的努力，我已复制老画报900余种。

我是个摆弄文字的人，有了这样丰富的原始资料，接下来自然就是细细地品味，深入地研究了。因为上海、北京、天津的老画报最具代表性，我搜集的数量也最多，所以，最先完成的就是《上海老画报》《北京老画报》《天津老画报》。

三本《画报》的编辑出版得到了我馆局领导及各处部室的大力支持和帮助，更为荣幸的是荣华局长还亲自为该丛书作序。感谢国家图书馆、北京市档案馆、上海市图书馆、上海市档案馆、天津图书馆、南开大学图书馆多年来提供的帮助，感谢罗澍伟、王耀成、李国庆、季秋华、邢建榕、陈正卿、吴裕成、章用秀、张绍祖、葛培林、李健新等各位专家、学者给予的指教，更难忘好友曲振明、尹树鹏、由国庆、王勇则、王振良、侯福志、王向峰等亲人般朴素的关爱，乐茵女士在收集资料、撰稿、编辑图片时给予的无私帮助更让我难忘。

这些只是介绍性的资料书，还谈不上什么研究。更由于有些画报存世较少，甚至仅有一期，因此，对画报的理解难免有些偏颇。希望研究老期刊的专家、学者、收藏家给予批评指正。

周利成

2022年10月